Lifecycle of a Technology Company:
Step-by-Step Legal Background
and Practical Guide from Startup to Sale

五南圖書出版公司 印行

科技公司的生涯

把公司從新創到出售併購
階段的法規眉角和實用手
法一步步教會您

愛德文米勒（Edwin L. Miller Jr.）————— 著

張溢修（Victor I. Chang）————— 編

林強相————— 譯

推薦序

　　我和張溢修律師結識於本世紀初期（因為認識太久，總是誤以為自上個世紀就已相識），當時我任職於中華民國創業投資商業同業公會秘書長乙職，非常積極地想為臺灣創投業開創新機、增進能力，因此籌劃開設多場的跨國法律、財稅訓練課程，讓創投新兵們接受最完整的培訓，健全創投投資內涵。透過朋友的介紹，我便邀請了張律師前來演講授課。

　　這是他來到臺灣後的第一場演講活動，當時他只能講一點點中文（真的是一點點，但是他現在可是語言長才，唱作俱佳），課程是以英文進行，不過我們都聽得如癡如醉，明白瞭解國外創投業的投資執行內容中有太多我們必須學習之處，為我們開啓眼界。當時尚不知他的學經背景，還以為是國外大學的法律教學課程安排得非常完善，否則怎麼可能有一個這麼年輕又瀟灑的律師，便能懂得這麼多學問，有這麼多實戰案例經驗可以分享。直到今天讀完「科技公司的生涯」這本書以後，才知道原來不是學校課程教得好而已，主要還是在知名律師事務所及啓蒙導師米勒律師的調教、磨練及經驗下，才能創造如此佳績。

　　多年來，我們都服務於創投、私募股權、科技產業及新創界相關領域，各有所為，互動頻頻。偶而見面，他總是和我分享參與國際大型私募股權投資活動以及論壇討論後的心得感想，讓我雖未參與也有所收獲。他對私募股權投資相關法律知識的熱情追求永遠不減，對新創與創投間所提供的專業知識永遠創新。再加上他對產業的脈動、趨勢及發展均有專研，近期我們又再度密切共事。我邀請他擔任新北市－亞馬遜AWS聯合創新中心的顧問，為所有入駐的新創公司提供法律諮詢，給予正確的法律架構建議，讓他們在創業的過程中不用多走冤枉路，集中心力於商機創業。對他的熱情投入，不計較成本地協助我們的新創團隊，我只有感謝感激再感恩，而新創團隊對他的評價則是：一位在私募股權、創業投資和新創領域非常專業，親切又笑口常開的大律師。

　　真心感謝他在繁忙業務執行之餘，還願意撥出時間翻譯「科技公司的生涯」這本書送給大眾。誠如過往，我經常被問到創投是什麼？是做什麼的？我總是回答：就是一個專注於科技投資，並藉以賺取高額獲利的專業投資事業，這個事業裡包括了許多跨產業、跨領域、跨科技、跨專長、跨地域及跨國別，甚至於跨性別（女性創業）、跨性質（公益社會企業）等，經全面性考量及專研，才能完善創業投資行為。這一點，張律師非常暸解，也提供專業服務。但是他卻不計成本地願意花這麼長時間與林強相先生一起完成「科技公司的生涯」的翻譯工作，讓原本艱澀難懂的法律文字，變得輕鬆易解。

　　我的書櫃充斥無數針對創投投資相關的法律專書，但都是工具書。而「科技公司的生涯」完全不同，它是由不同角度切入，從新創公司創業初期所遇到，如：技術、股東、員工、高階管理人、商標、專利、智慧產權、商業談判等問題，進而討論與投資人接觸後的各項合約布局。緊接著談及導入創業投資資金時，如何與創投洽談最合適的投資人協議、投後管理所產生，如：董事會治理規則、上市規劃、證券法規、退場機制、創辦人及員工的權益保護等等議題。甚至於在洽談合資併購時，無論是結構考量、定價，或是併購合約內容架構等都一應俱全。全書內容更囊括如何保護創業者的權益，尤其是當他們與政府、學校、跨業業者、研究單位合作時所產生的各項合約、授權、試驗、賠償、專利、費用、智財權限、期限、合宜性等等，也多有著墨。雖然所有內容是以美國的執業實戰經驗為基礎發展，但是美國有著健全創投經驗的歷史發展與跨境交流業務，確實體現了科技投資的全貌，非常值得閱讀，更何況在每一篇後的編者言，便是張律師及譯者團隊提供給我們的教學甜頭，直接將美國與大中華地區投資的差異處點明，深入淺出，非常容易悟出道理來。

　　總言之，讀完這本書便可一窺科技創業者及科技創投業者們在不同階段投資歷程中的實戰經驗分享，以及如何靈活運用相關法規知識，讓不

同利益相關者，皆能知己知彼，百戰百勝。極力推荐大家輕鬆地擁有這本「科技公司的生涯」，並開始實作，開展創業的新旅程。

楊正秋

領濤新創股份有限公司 董事長
新北市－亞馬遜AWS聯合創新中心 執行長

推薦人簡介｜楊正秋
曾　　任：中華民國創業投資商業同業公會 秘書長
　　　　　台灣併購與私募股權協會 秘書長
　　　　　台灣玉山科技協會 秘書長

編者序

我等不及想把這鉅細靡遺又豐富的信息介紹給中文讀者們了！

我的職涯啓蒙於波士頓一家大型公司，主要客戶群為創投投資及公司所投資的企業主。當時網路尚未泡沫化，局勢大好，市場生氣蓬勃。米勒律師是我多年來的啓蒙導師，給予客戶的見解全面又實際，在業界無人能出其右。米勒律師教會我的，讓我這些年來占有極佳的競爭優勢。施比受有福，我將從米勒律師的書籍所獲優勢，轉化成訓練教材，傳授予臺灣年輕、充滿抱負的公司法律師。

開始在臺北執業後，一如預期，我的工作不止含括境內投資，也遍及大中華地區的跨境投資，更突顯米勒律師為我帶來的優勢。二十年前在波士頓時，我常向在美國的臺灣和中國投資客解釋第一輪募資（Series A financing）的基礎概要。十年後，我發現自己做著一樣的事，但這次是在臺北、北京和上海。自那時起，由於創投和成長期私募股權投資（growth capital）在大中華地區的成功，我不再需要解釋基礎概要，因為參與的人變得求知若渴，等不及想瞭解實際操作手法。

有鑑於此，米勒律師同意與我合作出版本書的中文譯本，並結合我過去十五年在大中華地區累積的經歷，為此書增文下註。

最近我在加拿大和美國的新科技產業研討會上遇到了年輕的企業主和創投們，會後離開時，我心裡想著，比起早些年在波士頓遇到的上一世代，這一代的年輕人對經商和法務已變得多麼精通。現今市面上有許多創投書籍，提出個別案例、教條式的觀點，本書不同之處在於，我希望讀者們能很快地發現書中所囊括的知識與經歷千錘百鍊，而且還是一本充滿細節與實務的工具書兼教科書，有助於培養您對企業主和投資人之間的張力更深一層的認知與理解。

我深信下一代的年輕企業家、投資人、律師、會計師及其他領域的專業人士，對開公司和募資倘若只懂皮毛知識，將無法倖存；您需要的更

多。事實上，隨著市場越趨多變，近年我們目睹許多修法放寬了先前的標準，使美國創投和新創原則的適用範圍更廣，而這不僅僅在臺灣，放眼大中華地區亦是如此。過去二十年，我們見到的是，因臺灣房地產熱潮而致富的上一輩，卻也因不斷停擺的薪資水平而抵銷了他們的財富，並導致更多上一輩投入財富來支撐後輩成立新創公司。改變的鐘聲敲響，是時候在臺灣建立起一個新的基準線，重新築起我們對新創及創投技術和知識（know-how）的核心競爭力了。

張溢修

作者序

　　本書意於傳達不應省略的商業條款、慣用合約條款、法律背景等應用知識，以及科技業、新興成長中、或新創公司生涯等各階段的經營操作方式，包含從成立開始，以至天使和創投投資、智慧財產保護、私募、首次公開發行（IPO）／上市公司法規與併購。這並非是一本淺談如何成立和管理公司的書，也不是一本高談規章理論的書。

　　任何商務情況或交易均被各式法律和商業概念、結構和條款不斷左右彼此，在意義上而言，並無明顯區別。商務律師扮演的角色，有一部分是為了不讓客戶被潛在合夥人和其律師占便宜。對商務人士和其律師而言，重點是區別哪種情況屬於慣例、公平，又哪種情況屬於好處被對方不老實地橫刀奪去。本書致力於點破這些區別。此外，機敏的商務人士或律師也需熟悉公司的生涯，好在每個階段做出周全判斷。每階段的決策和動作（或未能及時採取動作）皆可能在往後產生重大影響，好壞皆具。

　　希望本書將有助於創業人士和管理層更深入瞭解相關法律背景；有助於創投和投資專家在和投資公司交易、或其投資公司和第三方交易時，更瞭解背後的法規原理；有助於律師更清楚地瞭解，當客戶在向您諮詢重大交易時，您應該和客戶討論的重點方向；有助於法律系學生一窺業界實況，取得先機；以及幫助商學院學生在遇到職涯第一位商務律師時，如何讓自己旗鼓相當。

　　每個章節會對每階段常見情況背後的真正意義加以評述，並針對特定主題深入討論。

　　本書的唯一目的為教學，並非法律諮詢。書中的觀點不代表作者律師事務所內部的觀點。

　　歡迎提出任何意見與問題，您可以透過以下的Email地址與我取得聯繫edwinlmiller@gmail.com。

譯者序
一失足成千股債的創投世界

　　科技公司的生涯是本教戰手冊，一步步教你從開公司前先行布局，在籌謀未來稅務、會計、募資、智慧財產權、股份發行或上市上櫃或併購等可能性的同時，每個動作如何牽動各方利益。與其他類似書籍不同的是，本書不只從單方的角度切入，而把公司上下、收購雙方、律師等利害關係人的思維，逐一闡明，讓不管身為哪方的您，皆能知己知彼，百戰百勝。最珍貴之處在於，所有一動一靜之間的進退應對與衍生結果，作者皆以其千錘百鍊般的實戰經驗，輔以靈活運用的法規知識，毫不保留地告訴您。

　　翻譯本書絕非易事，我們特別希望能夠克服坊間法律譯本常見詞不達意的通病。首先，儘管諸多法律條款合約已制式化，前有「古人」之翻譯供參考，但法律條款艱澀冗長，常出現數十行的段落到結尾才終於畫上第一個句號，換句話說，翻譯前須再三琢磨原文，方能確保譯文正確、行雲流水。以下列舉原文書的一個例子：「These provisions are solely for the purpose of defining the relative rights of the holders of Senior Debt, on the one hand, and Subordinated Debt, on the other hand, against the Company and its assets, and nothing contained herein shall impair, as between the Company and a holder of Subordinated Debt, the obligation of the Company, which is absolute and unconditional, to perform in accordance with terms of the Subordinated Debt, or prevent the holder of Subordinated Debt, upon default thereunder, from exercising all rights, powers, and remedies otherwise provided therein or by applicable law, all subject to the rights of the holder of Senior Debt under this agreement to receive cash, property or securities otherwise payable or deliverable to the holders of the Subordinated Debt.」譯文：本條款僅用於定義優先債權人與次級債權人對公司及其資產之相關權

利。本條款中提及公司與次級債權人之規定將不影響公司無條件履行次級債合約條款的絕對義務，或導致次級債權人逾期未受償而無法行使權利、權力及司法救濟，惟以上均受限於本合約中優先債權人獲得支付於次級債權人現金、資產或證券之權利。

　　第二，字詞不乏一字多義。在某頁出現過的「證券」（Security），下一頁變成「擔保」，英文皆為同一字。諸如此類的字詞貫穿本書，例如，「Warrant」有時須翻成「保證」，有時卻是「認股權證」；「Consideration」有時是「考量」，有時得譯成「對價」；而最常見的「Offer」大多時候意指「發行」，但也曾出現須翻成「銷售」的情況。

　　第三，有些字詞的翻譯須「入境隨俗」。例如，中文的不動產經紀人在英文中用「broker」，但「broker」不只能用在不動產上，也會用在證券上，這時則少把其稱為證券經紀人，而會說「券商」。

　　除此，翻譯過程中，會出現尚未有中文翻譯的詞彙，如「boot」。遇到該情況，會同時根據上下文推斷，再查找相關文章，最後，再經由律師把關，拍板定案把其譯成「現金補價」。這部分非常感謝張律師的幫助，想當年「私募」一詞也是由他所譯，並在業界沿用至今。

　　慢工出細活，本書耗費一年半載翻譯，過程分工合作，與律師無數次地校對及諮詢，只願創業者、投資人、公司董事、股東、雇員、高階人員或律師等各方，或是欲申請專利之對象，亦或欲瞭解專利權、版權、商業機密、商標權、服務商標和商號等智慧財產權之差異、申請或維護之對象，或欲進行私募、公開發行或收購之各方在閱讀本書時，能毫不費力地汲取作者多年來的心血，也避免閱讀法律譯文所造成的瓶頸。相信在各位的職場及事業上，這本集結各種法律知識與實戰經驗於一身的科技公司的生涯，將會伴彼邁向成功。

　　如有任何譯文上的想法或問題，您可以透過bisnla@yahoo.com.tw與我聯繫。

林強相

作者及編者簡介

　　愛德文米勒律師畢業於哈佛法學院，在波士頓的一間領銜業界、由400位執業律師組成的「科技律師」事務所（Testa, Hurwitz & Thibeault）任職律師及合夥人長達二十年，並為麻省理工學院在內等多間大學之客座講師。在公司法及證券法上執業逾四十年的米勒律師，代表證券發行人及承銷商主導多次IPO、二次股票發行等上市交易，募資高數十億美元。此外，也為創投公司及科技公司擔任創投募資代表。近期，米勒律師更著重主導新創科技公司，完成多次首次公開募股。分別代表過收購方和賣方的他，更是在併購案上身經百戰。

　　截至2019年，米勒先生連續超過十年被評選為美國最佳律師。

　　張溢修律師畢業於哈佛大學及芝加哥法學院，在併購、私募基金策劃及各類跨境交易上，擁有超過二十年橫跨歐美、加拿大、澳洲、臺灣及中國等跨多國交易的豐富經驗，並在各國不同的司法體系中，擔任首席律師。

　　2004年加入協合律師事務所（LCS）前，張律師為領銜國際、於法國證交所掛牌之分類廣告公司（Trader Classified Media）的代理法務長，並於波士頓的律師事務所（Testa, Hurwitz & Thibeault）執業七年。

　　2003年起，張律師多次代表委託人策劃、操作大中華地區私募及避險基金，有限合夥人委託金額合計逾44.45億美元。張律師代表投資方及企業主主導超過50個創投及私募案，其中包含運營多家中國公司，以及透過臺灣證交所、櫃檯買賣中心、香港交易所、紐約證交所及納斯達克策動的IPO。

　　截至2019，張律師連續超過十五年由Chambers Asia Pacific, Legal 500及IFLR等國際評級機構遴選為頂尖律師，也於2019年獲Asia Business Law之臺灣百大律師排行榜之榮耀。

目　次

推薦序　　　　　　　　　　　　　　　　　　　　　　　i

編者序　　　　　　　　　　　　　　　　　　　　　　　v

作者序　　　　　　　　　　　　　　　　　　　　　　　vii

譯者序：一失足成千股債的創投世界　　　　　　　　　　ix

作者及編者簡介　　　　　　　　　　　　　　　　　　　xi

■　第一章　新創階段　　　　　　　　　　　　　　　　1

　　創辦人合約籌備及公司成立程序　　　　　　　　　　1

　　選擇法人　　　　　　　　　　　　　　　　　　　　27

　　認股權計畫及股權報酬規定　　　　　　　　　　　　34

　　聘僱合約　　　　　　　　　　　　　　　　　　　　43

■　第二章　投資新創公司　　　　　　　　　　　　　　51

　　創投投資　　　　　　　　　　　　　　　　　　　　51

　　債權融資之基本面向　　　　　　　　　　　　　　　79

　　併購基金（buyout funds）的基本架構和操作　　　　86

■　第三章　智慧財產保護　　　　　　　　　　　　　　91

　　智慧財產保護之基本介紹　　　　　　　　　　　　　91

　　授權合約（license agreements）　　　　　　　　　106

技術授權合約：進階主題　　　　　　　　　　122

■　第四章　私募、IPO、上市公司監管規定　　　157

未上市公司證券法基本介紹　　　　　　　　　157

IPO　　　　　　　　　　　　　　　　　　　169

上市公司監管規定回顧　　　　　　　　　　　179

■　第五章　併購　　　　　　　　　　　　　　215

合併與收購：結構考量　　　　　　　　　　　215

併購合約概觀　　　　　　　　　　　　　　　225

進階主題　　　　　　　　　　　　　　　　　234

第一章
新創階段

創辦人合約籌備及公司成立程序

　　想要創業的企業家形形色色，從大學中輟生（如比爾蓋茲），到開過公司並越挫越勇的企業家（如賈伯斯），其中許多人的財產超乎你我的想像。這些新創公司在組織公司時面臨的問題大同小異，不見得會因公司型態或科技領域的不同而使面臨的問題有所差異。

　　想創業的人有時會問律師：「我什麼時候該找律師？」我自己喜歡把這個問題和另一個情況對照——您什麼時候需要看醫生呢？很多人很怕看醫生，年紀越大，越不敢去看醫生，寧可一拖再拖。請律師和看醫生這兩件事的共通點是，太早去荷包會失血，太晚去可能會致命。剛萌生創業想法、資金尚未到位時，無需僱用律師；而當想創業的您對開公司一事嚴正以對，投入了大量時間，則勢必得找律師。說出來您可能不會信，但我曾遇過五個想一起創業的人去找律師，每一個人都以為他們可以拿到50%的股權。

　　想一起創業開公司要清楚瞭解，公司本身擁有的是點子、創意及商業機密、專利、版權等智慧財產權（IP）。明白這個概念非常的重要！公司就像一顆自行車花鼓（hub），所有的創辦人、投資人、雇員等投注的時間、才力、精力、專利及資本則是連接花鼓的輻條（spoke）。一旦花鼓價值提升，每個人會依照擁有多少公司相關資產而受益。

　　無需一開始就把智慧財產權不可撤銷地轉讓給事業體。構思出商業點子的創辦人會希望在公司開始實質運轉後（即募資後），或等到達成一定的階段時，再把點子轉讓出去。這種情況下，我建議，商業點子轉讓生效而無法撤銷時，同時備好智慧財產權憑證和轉讓合約，預防某方未來變卦。

公司律師的角色定位為何？一旦成立了公司法人，各方理當明白，律師在這時的角色和職責是輔佐法人，而非輔佐個人。一般而言，律師會建議創辦人必須採取的商務或法定動作，也會告知創辦人通常會發生什麼事，但身為律師的他們無法替客戶做決定。每個創辦人想要的不盡相同，利己不利他，某創辦人想要的或多或少會不利於其他創辦人及公司。話雖如此，若每個創辦人都在事業體的最初階段就聘請律師，那整個新創產業將會面臨很大的問題。

創辦人最終希望做出對公司最好的決定。創辦人能募集到多少資金，一部分取決於公司成不成功，另一部分取決於每個創辦人的合約條件。舉例來說，創辦人可能會在首次公開發行（IPO）或其他清償事件（liquidity event）前遭受解僱或自動請辭。如果可以，最好建立一個解僱機制，清楚規定董事會的組成包含了數位創辦人，這個機制下，董事可以採多數決，投票解僱任一創辦人。若想塑造一個成功的事業體，設立解僱機制來淘汰尸位素餐、欠缺表現的創辦人將變得至關重要。相對地，若無法開除一個沒有生產力的創辦人，將致事業體於不利。每個創辦人都應支持建立此投票機制，在無法事先知情的情況下，您可能是解僱某個創辦人的董事，也可能是被董事會解僱的那個創辦人。若沒有這個權力架構，公司很容易就會經營不善，因為創辦人們的時間和精力將被耗在處理各種爭議，而沒力氣照顧公司事業。

創辦人和律師在最初階段最需要討論的事項為何？以下列舉了幾個基本的問題與答案。

- 誰得到百分之多少的事業體股權（即創辦人股權）？
- 股權行權條款（vesting terms of stock）為何？之後需做到什麼，才能保留自身股權？想當然爾，若某創辦人在事業體創辦的隔天就請辭，卻仍保有自身所有股權，而其他創辦人卻得賣命、領低薪、苦苦地等上幾年才能掙得股權（因此有了「血汗股權」（sweat equity）這個詞），將備顯不公。
- 當商業點子和相關智慧財產權轉讓給企業時：起初，企業必須擁有智慧財產權以獲得投資資金，也才能使所有創辦人和其他人願意豁出去替

公司工作。但若公司仍未取得資金前就瓦解，則不應設立轉讓機制把智慧產財權轉讓給發明的創辦人。這部分其實可以改用不可撤銷的方式授權，讓新創公司變成可在一段時間內使用智慧財產權的單一方，並規定在特定有利事件發生時，產權將自動轉讓予新創公司。

- 誰擔任什麼職位？誰負責哪些職務？何時要求部分或全體創辦人中斷某項工作而全職投入新的事業體？若事業體獲得投資資金，但某個創辦人決定不加入新公司，怎麼辦？該創辦人是否就此喪失股權？
- 創辦人要如何從現任雇員的身分抽身，而不被其他雇員提告？有什麼地方要特別注意嗎？如何縮小被現任雇員以偷取商業機密或違反競業限制承諾而提告的可能性？若某雇員同時受僱於其他公司，他可於哪些範圍內成立新事業體？一個創辦人的商業點子是否真的為他（前任）雇主所擁有？
- 事業體成立階段的預算是多少？資金從何而來？

　　這些問題皆將在本章詳細討論。

　　在大中華地區投資建構擴展新創事業並不簡單，尤其若想快速成立，但雇員、投資人、事業合夥人卻來自不同司法體系——例如中國、臺灣、香港、新加坡或其他東南亞國家——將更為不易。而軟體即時服務（SaaS）、人工智慧、區塊鏈、生技、基因體學等產業的創辦人、研發人才、投資方、業務人才和後勤人員往往分散於不同的管轄權中。

　　就上述原因及以下評述，較為實際的做法為，在最初階段採控股公司的操作模式。舉例來說，創辦人和投資人投資控股公司，成立一或多間全資子公司或分公司。雇員則由當地子公司或分公司所聘，惟在控股公司股權上漲時，雇員通常可分到一杯羹。控股公司的成立之處有許多選擇，但最後多半會選擇開曼群島。〔開曼群島公司位於租稅中立的管轄權內，且有許多在美國、香港、臺灣和新加坡證交所掛牌的先例，設立在特拉華州（Delaware）、中國、香港、英屬維京群島（BVI）、薩摩亞（Samoa）、賽席爾（Seychelles）等管轄權下的公司反倒不見得是如此。〕

事實上，隨著科技快速進步及各地文化的結合，國與國之間的距離拉近，許多北美的新創公司面臨著相同的情況。全球的趨勢是，越來越多新創事業必須在公司起步成長前，離開「自家」，把分公司和子公司設立在其他國家。

好消息是，由於美國在全世界創投經驗的歷史發展與跨境交流，美國創投的實踐與經驗在很大程度上奠定了「基礎」，得以高築。

以下的評述將會針對當創辦人和創投投資人（venture capitalists）勢必得遭遇多個管轄權時，策劃過程中會發生的狀況。

導引

本段落將概述成立新公司的主要考量點。首先，談及公司註冊時間點，接著說明創辦人資本和股權分配的基本概要，再論及最常見的公司法人類型，從成立於美國哪一州說起，繼續討論組織公司的過程運作方式、公司的重點管理文件（公司章程和施行細則）等常見合約。然後，探討公司股票分割、股利、贖回的基本要點，最後是基本忠誠義務法規，適用於公司管理層及董事。這邊我們假設公司已就美國特拉華州法之下註冊成立。

何時組織成立事業體？

企業家往往會詢問律師該在哪個時間點成立公司？但卻又因其他考量而躊躇不前。這些考量不外乎公司成立相關費用，或針對創辦人人選、股權分割或與現存雇員間利益衝突而產生的不確定因素。儘管合乎常理，但其實越早成立公司越好。接著我們將說明為什麼越早越好。

持有期

越早成立公司，便能越快發行創辦人股份，資本利得（capital gain）

持有期（holding periods）也能越快開始（攸關所得稅率）。在清償事件時，股份賣出，過去持有長達或逾一年的股份將以長期資本利得所得稅率來課稅。長期稅率的稅額會大幅低於一般所得稅稅率。反之，若出售的股份利得在出售前持有的時間未滿一年，則以個人一般所得稅率來課稅，也就大幅高於資本利得稅稅率。雖然如此，這不是一個很重要的因素，因為新創公司很少會在一年內出現變賣的情況（網路泡沫化那時期除外）。

低價股份之問題

　　公司創辦人往往會犯下一個錯誤，就是等到確定投資人有興趣投資，才會成立公司，然而，等到要募資的前夕才成立公司，會產生應稅責任。創辦人換取股份所支付的金額和當時外部投資人願意購買股份的公允市價之間的差額，會被歸為所得，進而變成可觀的應納稅額。舉例而言，公司成立時，若以每股0.01美元發放股份給創辦人，短時間內，公司外部投資人每股支付1美元不等，美國國稅局（Internal Revenue Service, IRS）會稽查創辦人，懷疑創辦人以遠低於公允市價的股價來給自己發放股份。

　　對公司內部投資人發行優先股（preferred stock）可大幅降低此風險。此方法會在第二章深入討論，總的來說，投資人只有在擁有優先股／普通股（common stock）的情況下，才能投資新創公司。舉個極端的例子，想像一間公司以100萬美元賣掉50%的已發行普通股（outstanding common stock）給投資人，然後隔天進行清算。這情況下，創辦人和投資人將平分投資人的100萬美元。若投資人拿到的不是普通股，而是優先股，並享有優先清算權（liquidation preference），在公司解散清算時，投資人可拿回所有的錢，一點都不留給創辦人，於情又於理。由於這種情況中，創辦人無法知道普通股股價的漲幅，在公司還在草創階段時，一般會把普通股以優先股價值的10%至25%做計算。價差應隨著公司趨於成熟而縮小，進而讓普通股和優先股達到同樣價值，使優先股的清算權不再具有任何實質意義。

署立合約之能力

創辦人會想與要求簽訂合約的第三方建立關係。舉例而言，假設有個正在開發程式碼的獨立委託人，公司為了擁有這個程式碼，需要和此人簽訂一個聘僱合約，而這得等到公司成立了才能達成。針對保密協議（nondisclosure agreements, NDAs）的簽訂，道理一樣。創辦人在公司成立初期往往與潛在策略夥伴、顧問、雇員等人有來有往。儘管創辦人可能且往往會在公司成立前與第三方簽訂這些合約，這種做法其實不太理想；有些情況下，一旦公司成立，會出現契約強制執行性的問題，且創辦人將付個人責任。

在公司成立前，以發起人為身分的創辦人所署立的契約，至少應在公司成立時轉讓給公司，方能受到公司保護，免於相關個人責任。

有限責任

成立公司最根本的優點是，可以受到公司保護。個人股東雖握有股權，但一般不用承擔股份有限公司（或有限責任公司）之債務。在公司法人成立之前，每個人以個人身分行事，因此將為個人行為或懈怠法律責任而承擔法律責任。一旦公司法人成立，為了享有公司保護，必得遵守公司規定，包含持有公司紀錄和公司帳戶、舉辦年度股東大會和董事會，以及以公司名義履行契約等相關文件。

選取公司成立之州

一旦決定以股份有限公司作為法人，下一步要決定把公司登記在美國哪一州。實際上，律師有兩個選擇：登記在他們執業的州，或登記在特拉華州。

經驗老到的律師一般會登記在特拉華州。第一，一般而言，特拉華州公司法被公認為發展最完善的公司法，其法極為靈活，也經常訂定新法，順應時下趨勢。除此，其法廣為人知，律師、投資人、高階土管皆熟知此

法。基於這些原因，創投投資人和投資銀行家等人皆偏好特拉華州的公司。

　　第二，新興事業體得加快行動，以獲得股東同意。舉例而言，公司必須取得股東同意，以修訂章程，完成一輪投資。所有的主公司法規皆准許股東於會議上投票表決，或以書面同意的方式取代召開會議。然而，美國許多的州立公司法要求要獲得全數股東的書面同意，亦有加諸其他限制的情況；相較之下，特拉華州則不同，其法規定，當簽署同意書的股東持股數達標，其效力等同透過股東會批准議案。針對這種全數股東書面同意之規定，儘管在閉鎖型公司（closely held corporation）有保護小股東的價值（對身為／變成小股東的創辦人等人也有價值），但多數計畫快速成長並欲取得創投投資的公司認為，這種得取得股東一致認同的書面規定是件麻煩事，而非優點。

初期注資與分配創辦人股權

　　股權該如何分配是創辦人剛開始會面臨的問題，也是個困難的決定。由於不同的動機、考量、風險承擔能力之差異，創辦人們對於股權如何分配可能會意見分歧。這對商務律師而言是個挑戰，畢竟律師代表的是公司，而非個別創辦人。但為了創辦人和公司之利益著想，反倒樂見公司在起始階段面臨股權分配的問題，因為若不攤在檯面上，而像顆不定時炸彈，等到之後問題忽然爆發，事情會相當棘手。以下將提供指導原則，教您如何去面對公司成立初期敏感且關鍵的決策。

 **編者言**（在大中華地區成立公司）

　　儘管實體通路和網路上找得到教材和資源，但要將大量的資訊吸收和應用又是另一回事。創辦人或創投投資人往往只顧及眼前的近火，忽略了公司營運多年後，要調整法律結構並非易事。

　　在大中華地區，創辦人和創投投資人不但得顧及米勒律師的建議，也得概略瞭解跨國管轄權的控股結構，因為不同於在美國成立新創公司，在臺

北、上海、深圳、新加坡及南美洲等地成立的公司會非常快開始從各國收帳、在各國僱用員工和顧問，並以不同幣別支薪和付費。

因此，諸如開曼群島和英屬維京群島等租稅中立的離岸管轄權，常在大中華地區作為新創事業的控股公司。在設立控股公司的同時或之後，控股公司會成立分公司或子公司來招聘員工。

好消息是，由於公司法在離岸管轄權的靈活性，以及近期大中華地區的法律發展，相較過去構思和操作新創公司的架構，如今的法律基礎，已更為標準化，且大多遵循美國創投常規做法。

然而，設立控股公司仍有其獨特問題，例如在租稅中立的管轄權內開立銀行帳戶相當耗時，又例如須遵循跨境稅務福利體制，以及處理境外貨幣控管問題。

基礎定義

為了讓您能更充分明白之後的討論內容，以下將先闡述會出現在股權資本等相關內容的詞彙定義：

- **授權股份**：按照公司章程，於任何規定時間內發行的總股本，不論其為普通股或優先股。股本總數之後易於更改，因此不是那麼重要。
- **已發行股份**：實際發行的總股本，不論是創辦人股權、因投資發行之股份、或行使認股權。
- **可「經轉換」的已發行普通股**：在任何時間發行的普通股總數，加上未來可由已發行優先股（及其他已發行的可轉換證券）轉換成普通股的普通股總數。
- **可經轉換及全面稀釋的已發行普通股**：以經轉換為基準的已發行普通股總數，加上購股權、認股權及其他權利持有人行使所有權後，而發行的額外普通股股數。

決定發放給創辦人的授權股數及實際發行股數

成立公司時，得下的決策如公司將擁有多少授權股本、要授權哪種股票，以及要發放給創辦人多少股份。公司成立時的授權股份（authorized shares）總數、已發行的股份總數可自行決定，並且，最後可按照創投投資人的偏好等外在因素而調整。一開始眞正重要的是創辦人之間已發行股份的比例分配。若您只持有十分之一的已發行股，則無關緊要；或您只持有1,000萬股中的100萬已發行股，也無所謂。這兩種情況下，授權了多少股份和有多少股份未發行都完全不重要。之後隨時可以依不同需求而授權更多股份。已發行股份可以藉由股票分割來向上調整，一股已發行股轉換成多股已發行股，實際情況也經常如此。已發行股份也可藉由股票合併（reverse stock split）來減少股份，將定量的已發行股轉換成較少的股份，例如可以進行10：1的股票分割，把1股已發行股變成10股；或1：10合併，把10股變成1股。話雖如此，仍有幾件事要特別注意。

發行給創辦人的股數要多到能讓公司可以建立員工認股計畫（option pool），以茲大量發放限制性股票（restricted stock）和認股權。不論公平與否，比起公司已發行股份的百分比，準雇員往往更在乎公司發放給他們的股數（非限制性股票即發放認股權）。因此，公司應考慮增設一個股數龐大的股權獎勵辦法，一般會介於100萬至200萬股。如此一來，公司給的獎勵可以符合準雇員的預期。對於剛成立的公司，股權獎勵辦法可設為承諾股份15%至25%的股數（即創辦人總股份加上獎勵辦法中的股數）。舉例而言，若要設立一個有100萬股且占20%承諾股份的獎勵辦法，創辦人總計需持有400萬股的股份。

誰是創辦人？這個職稱代表什麼意思？

每個人對「創辦人」（Founder）一職代表的意思有不同看法，對錯沒有標準答案。其實「創辦人」只不過是一個把成立公司這個構想化爲現實的人賜予彼此的稱號，讓外界知道誰是貢獻者。創辦人通常是那些公司成立時在場，並參與初期股權分配的人。話雖如此，公司成立後才加入公

司的關鍵雇員也可能被視為創辦人。

　　儘管創辦人一職有著偌大名譽，且在法律上不具意義，但某些情況下，身為創辦人與否存在著差異，這些差異有時對創辦人有益，但有時卻是累贅。舉例而言，創投公司（VC firms）往往會因某些原因將創辦人和雇員區隔開來。在首輪募資（first round of financing）中，創投投資人往往會要求創辦人對公司本身做出聲明與保證，並個別承諾為公司效力。之後若被認定聲明保證不實，創辦人有可能得承擔個人責任。創辦人也常常被要求把股份優先權讓與公司或投資人，並且把共售權（co-sale rights）讓與投資人（這個概念將於第二章解釋）。然而，身為創辦人，在金融交易方面有其優勢，例如，創辦人可透過談判取得某些權利，把於證管會（Securities and Exchange Commission, SEC）登記的股份在IPO中出售（稱為登記權）。創辦人在股票行權計畫中所占位置也比後進雇員好，例如，創辦人的部分股份可在發行時行權，或在掌控權更動時提前行權。

股權分配考量

　　創辦團隊發行股份一事由創辦人彼此共同決定，一般來說，會依據對公司成立的貢獻程度，包含點子的發想、推動、開公司承擔的風險、開公司前的支出負擔、商業計畫撰寫、團隊匯集、潛在投資人及顧客招攬，以及主要技術發展。除了公司成立前的貢獻外，對公司未來成長與發展的潛在影響力也是考量要點，包含每個人的背景、工作經驗、個人聲譽、對公司的相對價值及未來對公司效力的決心。

　　假設有三個人並非透過技術，而是依照商業模式共同構想出點子，這三個人可在公司成立時均分股權。然而，若其中一人構想出商業模式，撰寫了商業計畫，匯整了團隊，以50：25：25的比例分配股權較為恰當。此外，若商業計畫是以專利技術為基礎，研發人員得到的股權百分比通常會更高。話雖如此，若研發人員運氣夠好，吸引到有能力又有人脈的CEO擔任共同創辦人，這位CEO可能會形成拉鋸效果，讓創辦人之間的股權更為平均分配。

　　若其中一人的主要職責是把創辦團隊整合起來，這個人會以發行股權給其他潛在創辦人的方式來展開討論。最終股權分配拍版定案前，雙方一般會有一番討論和商議。身爲商業點子的主要推動人和股權分配的初始提議人都應該記住一件事：過於計較要給潛在共同創辦人多少股權將會省小失大，無法培養雙方之間的信任和凝聚力，而這兩件事是創業團隊之間缺一不可的。最好的情況是，達到一個所有人都認爲合理的股權分配，方能激勵每個創辦人，在未來替公司效力，進而帶領公司邁向成功。

智慧財產權之所有權問題

　　創辦人通常會在公司成立前取得智慧財產權。一旦公司成立，產權就是公司的核心資產。公司成立時，重要的是確認智慧財產權是否正確轉讓。未正確轉讓將會造成嚴重後果，尤其是當某個創辦人離公司而去後。舉例而言，投資人會想在盡職調查（due diligence）時，評估公司智慧財產權的所有權，然後發現產權在初始轉讓程序中有缺陷，因而改變投資意願。產權轉讓通常會以發放給創辦人的股權分配爲對價，透過轉讓與承擔合約而完成。智慧財產權一般往往會轉讓給公司，換取創辦人全部或部分股權分配。如前所及，當公司在募資過程仍存在變數時，創辦人可能會以不可撤銷的方式將技術授權給公司，但倘若公司表現未達預期，則終止授權技術。此外，若達到預期表現，不可撤銷之智慧財產權轉讓條件可訂於合約中。

　　若創辦人有任何和公司有關的智慧財產權，但無意轉讓給公司，應在轉讓書上清楚說明，該創辦人的智慧財產權不欲轉讓。最後，若想正確地轉讓特定智慧財產權給公司，須向美國專利商標局（U.S. Patent and Trademark Office, USPTO）申報（若需轉讓網域名稱，須與網域名稱登記機關進行申報等動作）。若要降低智慧財產權轉讓增值而使應稅額增加之風險，應諮詢稅務律師，確保依美國國內稅收法典（Internal Revenue Code, IRC）第351條爲免稅轉讓。

> 　　除了上開智慧財產權登記，大中華地區的創辦人和創投投資人也應在前期瞭解到，預扣所得稅可能適用於授權收入和權利金，而這可能是把新創公司智慧財產登記在哪的決定性因素。

股權限制（或行權）合約

　　若公司不止一位創辦人，建議讓每個創辦人署立股權限制合約（stock restriction agreement），據此，每個創辦人得持續替公司效力以「獲得」股份。如此的股權限制合約不但對公司重要，也對那些看到其他創辦人出走，自身卻留下來的創辦人來說很重要，因為這種情況可能會造成一大部分的已發行股份被掌握在「沒有貢獻的」人身上，所以制定一個從過早出走的創辦人身上取回不勞而獲的股權的辦法很重要。即使創辦人決定不在公司成立時署立股權限制合約，也應瞭解，在募資時，經驗豐富的投資人多半會要求看到此合約。單就此原因，最好於公司成立之時就署立此合約。若合約條款合理，投資人可能會同意保持合約內容原封不動，而不會要求重新擬定相較不利的合約條款。若公司成立時署立的股權限制條款與經驗豐富的投資人的要求相差甚遠，將很難不大幅修訂就順利通過募資階段。

　　公司和創辦人、或創辦人彼此於公司成立時常署立的合約，一般會彙整成一份股東協議（stockholders' agreement），例如，某合約可能是負責處理當某位創辦人欲出售其股份時，在股份尚未能夠轉讓給第三方前，公司或其他創辦人（或雙方）將有認股優先權。創辦人往往會問他們是否應署立買賣合約，即各方同意在某創辦人身故時，其他創辦人或公司（或雙方）將有權利認購身故對象之股份，這通常包含當時以此為目的而購買的人壽險收益。若公司為科技公司，則不適合簽署這個合約，因為難以換算一個公平的公司價值，特別當公司仍處於初始階段，更遑論訂出公司價值的方式是否公平。

　　由於本書以科技業等新創公司爲主軸，我們的討論將著重於，希望透過私募的方式募資、以助公司快速成長的創辦人彼此之間最常用的合約。

　　股權限制合約之效用在於，當某創辦人離開公司，不論原因爲何，此合約能授與公司權利，以原定價分批購買股數逐次降低的創辦人股份。這個認購權只適用於當創辦人離開公司而未行權的情況下（即受限於行權收回），股份會在預定時間內行權。有時，股權限制合約能讓留下來的創辦人認購出走創辦人的股份，而非由公司收回或與公司一同認購。儘管這對留下來的創辦人有利，但投資人會反對，因爲投資人希望包含自身在內的全體股東能收回股份，讓全體股東的公司權益按比例增加，使自身受益。

　　簽署股權限制合約的創辦人應注意，回購限制的失效可能會造成應稅額大增，除非創辦人在購買此受限股份後，或由認股辦法授權之事後受限日期後的三十天內依美國國內稅收法典第83(b)條之規定申報。若不申報，當股份行權後，創辦人須支付所行權的股份在其行權時的價格和支付此行權股份價格之間差額的所得稅。若創辦人被徵稅時依第83(b)條申報，創辦人只會在股份接收時的價格超出支付價格的部分被課稅，這部分一般幾乎等同零稅額。因此，若創辦人的股價可能大幅上漲，第83(b)條法規事關重大。在擬定股權限制合約時，應提出以下問題：

- 署立合約時行權之股數。若部分股權於發放第一天行權，稱之爲前定行權（up-front vesting）。
- 行權期和行權增額（每月、每季、每年等等）。
- 是否規定行權之最短生效期（cliff vesting）。舉例而言，若最短生效期爲一年，表示未達一年無法行權。
- 當雇員無故遭受解僱時，能否提前行權。
- 公司出售時，能否提前行權。

　　針對以上問題，可以遵循以下的基本原則，但這些原則會隨著創投趨勢或其他外在因素而改變，也會隨著產業和地區而產生差異。

　　創辦人的股權一般會在三到四年後行權。公司爲了對於他們對公司效力、承擔風險等貢獻表達感謝，通常創辦人的部分股權會在期初行權。

期初行權的百分比一般會落在10%至25%。最短生效期常見於六至十二個月，又以十二個月最常見。然後，通常會按月或按季分期行權（會隨著期末最短生效期之行權而更動）。另外，偶爾會看到按年分期行權。在決定要如何分期前，要仔細思考分期方式所產生的結果，包含之後創辦人離職會造成的影響。行權分期的時間拉得越開，分期的時間點越有可能對創辦人離職的時間點產生影響。我不鼓勵把沒有生產力的雇員留到下個行權日。此外，在長期分期之行權後解僱雇員，易遭受雇員主張公司惡意開除。

　　有些限制合約會根據離職原因，要求創辦人於離職時，行權部分股份（提前行權）。創辦人離職的原因一般有：

1. 辭職（無故辭職或有正當理由）。
2. 解僱（無故或因故解僱）。
3. 身故。
4. 失能。

　　若創辦人自願請辭或因故遭到解僱，理論上未來將無法繼續行權，因其辭職或其他不當行為嚴重危害公司，導致其喪失行權權利。若創辦人之請辭具有正當理由（即被迫離職）、或無故遭到解僱，部分行權時間得提前，創辦人保有的股份將比任職期間有權保有的多。儘管此般行權提前不普遍，但一旦生效，行權將額外提前六個月，或甚至提前整段行權。這樣的條款（尤其是行權額外提前六個月）對於股東一方面得自食其力獲得股權，公平原則另一方面卻主張公司不應不合理剝奪股東所得受限行權之股份，似乎是權衡之計。另一方面，遺憾的是，若創辦人身故或身心失能，一般不得提前行權。身故和身心失能會透過保險獲得相對完善的保障。由於因故離職與否或因正當理由離職與否易造成訴訟之可能，許多經驗豐富的投資人不喜歡不同離職原因而有不同處理方式。有鑑於此，不論創辦人因哪種原因先行出走，其「效力」皆不變。效力是指在提前出走後，若允許大股東繼續持股，大股東則能繼續藉由他人的付出而不勞而獲（不論這些付出是每日進出公司工作，或是對公司的投資）。這個過程中，將造成

公司難以找到一個折衷辦法來平衡留下來的創辦人／管理團隊／雇員和那些外部投資人之間的股權問題。另一方面，投資人也想減緩因聘用新人和發放新股權而造成的稀釋效應。

「因故」與「正當理由」之定義相差甚遠，我們會在本章的最後討論。

公司出售時，創辦人往往有權提前行權。這個部分將在「認股權計畫及股權報酬規定（stock option plans and other equity compensation arrangements）」討論。

掌控權及決策問題：管理層、董事會及股東

公司每天由管理層管理，管理層由董事監督，董事則履行忠誠及關心股東的義務。

董事會票選；董事於管理公司時的定位

公司的事業和事務由董事會管理和決議。依法、公司章程或股東協議，公司併購等重大決策須由股東同意。公司事業及事務涵蓋範圍廣泛，包含管理層決選、商業計畫研訂、公司策略、股權發放、認股權授與及紅利與股利發放。按照公司章程施行細則，董事會定期召開會議，討論公司狀況，採取只有董事會方能採取的動作。

公司的董事會由公司股東票選而來。董事任職到另一個符合資格的接班人獲選，或是直到董事提早請辭、解任或身故。

董事於每年股東大會上或替代會議上，由股東採多數制票選（plurality vote），取得最高票的人成為董事，以此類推，直到所有預定席位額滿。因此，若要選出4位董事，不論候選人獲得的票數是否過半，將由得票數最高的4位候選人當選。特拉華州法規定，不論原因為何，持股過半的股東們有權移除任何董事的職位，而股東仍有董事選舉的投票權，但此法規有例外情況。這個條款在科技公司無用武之地，因為創辦人之間或創辦人和投資人之間的股東協議或其他相關協議會要求簽署人以規定的方式票選

董事。

除非公司註冊證明或公司章程施行細則另行規定，否則當全體董事人數過半，即可構成法定人數，於董事會會議上批准公司交易。董事可組成一或多個委員會，在公司管理及業務上替董事會行使權力（但有法定例外，例外情況得由公司章程或章程施行細則所制定）。

股權發放；股東於管理公司時的定位

在美國特拉華州內，董事握有公司股權發放大權。一般會在最初的會議中，由董事授權發放股權予創辦人。一般而言，得以股權換取現金、服務、有形或無形財產、債務或本票、或以上之組合。在特拉華州內，以票據形式購買股份的認股人至少得支付以現金發行此股份之總面值。一般新創公司的面值不是每股0.01美元就是每股0.001美元。

除非公司章程另行規定，否則股東的每一股享有一投票權。儘管公司章程可能會註明各種股票類型的投票權，但對於沒有如此規定的章程，所有股份的投票權則等同視之，惟受限於某些例外情況，例如，若某類型股票的投票權因其他類型股東之投票結果而受不利影響，此類股票之股東將有分別投票之權利。

董事會人選攸關公司未來發展。在一間創辦人持有所有股份的新公司，對於有權參與決定董事會組成人選的創辦人而言，董事會由部分或全體創辦人組成。多數決可讓公司採取不利於創辦人之決策，而董事會的人選會隨著公司的成長而改組。外部投資人——尤其是創投投資人——通常最少會要求一席董事。這種情況下，如何分配席次使其能互相抗衡極其重要，且這一般會經過細談。席次分配之權利抗衡將於第二章討論。

一般來說，新創公司的董事人數少一點會比較好，五個剛好，上限七個，再多就會變得難以掌控。新創公司董事的動作需快速俐落，事情有時突如其來，事前甚至沒有準備時間，所以少人會比多人好管理。新創公司的董事也需要常開會（每個月與創投投資人或經驗豐富的投資人開會，取得他們的協助）。同理，每個月和五個董事安排開會時間，絕對比安排一大群人來得容易。另外，董事人數奇數會比偶數好，避免票數相同的僵局。

　　如上所及，有些事項須取得股東同意才能進行，例如修改公司章程、公司合併計畫（有少數例外情況）、重組和資金重募、資產出售、資產租賃、資產交易以及公司清算或解散。

管理層票選；股東於管理公司時的定位

　　公司的管理層負責管理公司每日營運事務，並在董事會的監督下，於職權內採取行動，達成公司訂立之目標。管理層一般包含總裁、總務以及秘書，依照董事會的需求可能還會包含副總等職位。

　　如公司章程施行細則所述或由董事會所決議，特拉華州法規定每間公司須有管理層。假設公司欲發行股票，董事長或代理人、公司總裁或副總裁、財務主管或代理財務主管及公司秘書或助理秘書等管理層必須簽署股票證明文件。以此動機篩選管理層，根據公司章程施行細則或董事會訂定的條款各司其職，直到新的獲選人接班，或直到此雇員請辭或被解僱。特拉華州法之施行細則明訂，董事會可因故或無故票選或解僱雇員。另外，其中一位管理層應負責股東和董事會會議紀錄，通常由秘書或助理秘書擔任。

編者言

　　上開原則和細則大多依據美國法律和實踐，最重要之處在於，財務權和管理權之間的平衡。許多時候，重點是瞭解平衡存在的本質，而非任由創辦人和創投投資人爭奪最佳利益。創投投資人會偏好連續創辦人（serial founders）不是偶然，除了過往累積的成績，連續創辦人在市場上也更具見識。

　　儘管大中華地區內的中國、臺灣、香港等地皆有適用法律、違反忠誠義務、股東權利及義務等準則，但各有歧異。利用開曼或英屬維京群島控股公司大都能解決這些問題，因為開曼和英屬維京群島的法規靈活，且一般會迎合市場實際反映的平衡交易。

公司之成立過程（律師須知）

公司註冊文件

首先，公司負責人要把公司註冊證明發給特拉華州的州務卿（the Delaware secretary of state）。負責人通常是代表公司的律師或其中一位創辦人。而申報的動作通常會交由承辦公司處理，這些公司會以法定代理人的身分來承辦業務。依法規定，必須有法定代理人。這部分常見的錯誤是，以承辦公司的雇員充當公司負責人。若此人離職，卻留下關鍵代辦手續，將會引發問題，形成無法挽回的局面（之後會討論）。

針對特拉華州的公司，公司章程稱之為公司註冊證明（the certificate of incorporation），經修訂的註冊證明則稱為修訂證明（certificates of amendment）。公司章程除了是公司和股東之間的契約，也是股東彼此間的契約。

章程中依法須涵蓋特定事項，負責人可在不違法的情況下列增其他事項。規定事項包含列出公司名，其須使用含有集團、股份有限公司（Corp.或是Inc.）或具有有限責任法人之意的名稱，讓外界知道此有限責任之存在。此外，公司名稱應盡可能避免神似已登記的州內公司或已登記的州內境外公司名，以免造成混淆。政府機關會判斷欲登記公司名是否和現有的註冊公司名有過分相似之處。聰明的做法是，事先查詢欲登記公司名是否仍可使用，若可，則把該名預定下來，但保留時間有限（重新預定也有其限制）。現存公司名可以在特拉華州州務卿網站上查詢。請記得，有些名稱在某些州內雖然仍可使用，但不代表使用這名稱沒有違反商標或商號權，有可能別家公司已在外州登記了此公司名（或用此名開業），且已有商標或商號，因此，一定要做足功課，查詢欲登記的商標和商號是否已被註冊。

此外，須有成立公司的目的聲明書。特拉華州法規定必須有一份簡單的聲明書，表明公司會從事合法行為與活動，避免之後公司濫權，從事不法行動等問題。

公司章程依規定須列出授權股本，且至少要有普通股，而優先股不

一定要立即列出。就算公司打算創投，或找尋一些經驗豐富的投資人投資而需授權出售優先股，但因爲優先股出售等條款有待與投資人商議，所以不可能那麼快就能於章程中說明。然而，可以設立「空白支票」優先股（"blank check" preferred stock），其可讓董事不經過股東同意，自行發行一或多種優先股，但正常來說須修改公司章程，效力上等於股東預先授權給董事來決定優先股種類，並發行優先股。

　　儘管空白支票優先股很實用，例如，您可以在首輪募資後，不需回頭再取得股東同意，輕鬆快速地發行優先股，但因未來後續幾輪投資更爲常見的投資人否決權與同意權，空白支票優先股的便利性因而降低。否決權與同意權在創投交易中存在已久，而隨著天使投資人（angel investors）的交易經驗越來越豐富，否決權與同意權也逐漸出現在首輪種子階段中。話雖如此，光憑空白支票優先股能讓公司在後續的投資輪中，只需取得優先股投資人同意，而不需要得到普通股股東同意，仍相當實用。然而，當公司處於新創階段、所有股東皆爲創辦人時，空白支票優先股的利用價值最低。

　　因爲授權股數可經由修改公司章程而調整，所以一開始要授權多少股數操之在個人，但請務必顧及費用申報差額。

　　按規定，必須表示出授權股數的面值。將面值訂低較爲有利（例如每股0.001美元），可讓創辦人以最低對價投資公司，購得股份，而不造成股份實支實付的問題。

　　特拉華州法規定，須在州內註冊公司辦公處，並於公司章程列出辦公處名稱及地址。如上文所及，登記的辦公處將會是特拉華州承辦公司的辦事處，承辦公司協助處理年費和提供各項實用服務，例如，協助申報公司章程修訂版、取得優良公司證明、解答特拉華州相關程序等問題。

　　公司負責人的名字及地址須列在公司章程中。負責人也必須在初版章程中簽名。爾後修訂的章程及最新聲明書則授權一名管理職簽署。爲了簡化程序，公司律師通常會擔綱負責人。

　　儘管分期分級董事會條款（staggered board provisions）、絕對多數條款（supermajority voting provisions）、股東權益計畫／亦稱毒藥計畫

（poison pills）及反收購條款（anti-takeover provisions）對上市公司很有幫助，但並不會放入新創公司的章程中，因為新創公司較少有惡意收購之情事，且惡意收購明定須有股票公開市場。此外，一開始制定的優先權等限制已有效排除私人收購未上市公司股份的可能性。

公司負責人的初步同意

　　特拉華州法規定，申報公司註冊證明後，負責人必須召開組織會議（organizational meeting），正式啟用公司初版章程施行細則，票選初始董事，完成其他組織事項。因為一般只會有一位創辦負責人，這部分會以書面方式批准。依照特拉華州法，若公司註冊證明有列出初始董事，則能以初始董事會會議代替組織會議（或全體同意書）。替代的董事會會議和組織會議須進行的任務是一樣的，只是不必票選初始董事，而是指派公司管理層。根據一般規定，負責人只是以代理人的身分將公司移交給初始董事。話雖如此，根據特拉華州法，若將初始董事票選日期延後，負責人有機會在公司成立後，持續以負責人的身分經營公司。但比較好的方式是立即選出董事，由董事從負責人手中將公司接管過來。

首次董事會會議紀錄

　　由公司負責人召開的首次董事會會議、或取代的首次董事會會議的書面同意書應在選出董事後及早完成（於特拉華州內，會在負責人選出董事後進行）。初步會議的目的是為了讓董事完成下列事項（以下僅列舉數項）：

- 票選管理層。
- 決定公司用章。
- 指定會計年度。
- 決定銀行作業機制。
- 批准首次發行股份予創辦人及其認購，批准相關股權限制合約。
- 決定普通股的股票種類。
- 若適用，則票選S分章（Subchapter S），但須取得特定股東同意。

- 授權聘僱合約。
- 授權公司其他業務管轄權。
- 授權租賃業務處。
- 批准其他必要的重大交易、合約及文件（例如，由創辦人轉讓給公司的智慧財產權合約或文件）。

股票樣張 (specimen stock certificate)

公司的普通股種類會於首次董事會會議時決定，而優先股的種類則在設立優先股時一併決定。

認購合約

發放股本予初始股東時，公司應使用確切的認購合約，或將相關條款納入股東合約中。

基本上，認購合約中會提出以下事項（這裡僅列舉數項）：
- 買方身分。
- 欲購入的股本數及種類。
- 欲購入的股權之對價。
- 符合證券法規定之買方確切聲明（購買之唯一用途為投資、買方投資知識及經驗、同意承擔新創公司之風險等規定聲明）。
- 依適用證券法規定，認購股本之後續相關登記事宜。
- 股本轉讓限制（如適用）。

章程施行細則

章程施行細則（bylaws）涵蓋公司內部事務的管理規定及程序，補足了適用公司法及公司章程不足之處。若適用公司法、公司章程及章程施行細則內容不一或相互牴觸，適用公司法之效力駕臨於公司章程及章程施行細則之上，其次為公司章程，而章程施行細則的效力最小。倘若公司簽署之合約牴觸三者之一，合約很可能無法強制執行。

公司管理

定期申報

　　一旦公司成立，公司有義務向公司註冊州的主管機關申報公司狀況。特拉華州公司的主要申報項目爲年度特許權利稅報告。每年年初，特拉華州公司會寄出一份標準表格和特許權利稅單給州內的公司，公司「每年最慢三月一日前」必須報稅。

　　實際上，逾期報稅不難處理，過程簡單迅速，但處理好前，公司將會從特拉華州優良公司的名單中剔除，可能造成公司在募資以及重大交易上遇到困難。

　　除了州單位規定的申報外，律師應留意公司可執業的外州是否有相關申報規定。

股票發行、限制轉讓銘文及轉讓

　　每間公司均須完整地、清楚地保存股票紀錄。律師一般會持有附有股票發行影本的股票紀錄冊。我建議律師可以把已簽署的股票放進紀錄冊中，然後把影本給其擁有人。這個做法很常用，之後若因股票轉讓或其他因素而須出示股票時，也相對省時省力。此外，律師事務所應保有一份Excel表，記錄已發放之認股權、認股權證（warrants）以及已發行股票。之後的募資勢必得出示這個表格。此外，認股權合約和憑證之影本應留存備檔。

　　一開始即應討論是否符合證券法規定。因爲新創公司屬於未上市公司，所以合乎證券法規定與否，全然取決於是否能依聯邦及州立證券法獲得登記豁免。聯邦法規和多數州法訂有股票發放及銷售規定。在任何銷售之前，律師應審查證券法的豁免資格。在發行時，公司應保有完整的發行紀錄，包含所有收到發行備忘錄或披露資料的人員名單，以及出售人及認購人的現居地址和戶籍地址，因爲將需要這些資訊來完成聯邦和州立證券法豁免申報。此外，在發放股票前，公司必須在章程中授權證券之發放。

　　股份繳款證明（支票影本或電匯收據）和已生效的認購合約也應備

檔。

　　股票限制轉讓銘文（legend）須置於股票背面，註明是否有任何限制。對於未上市公司，最基本之銘文限制內容（'33 Act Legend）表示，根據1933年的證券法，股份尚未登記前，任何股份轉讓皆須符合登記豁免。其他常見的銘文內容會註明，股票不止一種種類（法規規定），也會寫明不同股份協議，例如限制轉讓協議，或針對股東表決義務協議（也是法規規定）。

　　一旦發行股票，股東可能會希望將股票轉讓予第三方。轉讓前，至少要準備好目前股東的股票轉讓委託書（stock power），作為證明文件，此委託書具有將股票轉讓予買方的效力。新創公司的股票轉讓一般也須通過股東持有的證券限制，包含公司擁有轉讓股票之認購優先權（若公司棄權，其他股東則享有優先權）等所有合約限制。此外，合約限制還包含對第三方的多處限制。另外，重售證券須遵循證券法規定。投資人在豁免交易中取得股份後立即脫手會構成非法重售或非法經銷。某些情況下，取得股份隨後立即脫手會導致發行人在IPO之豁免權失效。

股東職能

　　股東擁有公司，但沒有經營公司的權能。股東票選出董事會，以及委任董事會管理公司。董事會票選出管理層，並委以管理層公司每日營運之重任。管理層向董事會呈報，而董事會則解答股東的疑問。股東有權票選、移除並替換董事。對於一個營運中的公司，該權利的行使是習以為常的。股東在董事票選、公司章程異動、新股票種類之授權（除了空白支票優先股外）、公司資產出售或與其他公司進行併購等足以改變公司的重大事件，皆掌有最後決定權。

董事職能

　　被委以管理公司之責的董事，召開董事會會議的頻率更甚股東會，且董事會須授權及核准公司的重大交易，通常也包含其他例行庶務。

電子通訊

　　特拉華州法允許公司某些商業行為以電子通訊的形式進行，包含股東和董事會的某些動作。

州外公司

　　一旦公司成立了，公司仍須履行公司營運所在州之申報義務。多數州規定，須於公司營運州登記公司，即使公司成立州是外州。每個州對於何謂公司營運活動有不同定義。多數州匯整了隸屬公司營運的商業活動，這些活動通常涵蓋了公司於州內的實質存在，例如辦公室租賃。關於「營運」的定義，案例法（case law）補足了法規之模糊地帶。某些州規定須登記為州外公司（foreign corporation），若未遵循規定，可於事後辦理，辦理程序極為容易，比較麻煩的是，可能會有回售（back sales）和稅收費用。

　　在重大交易中，各方一般不但會要求查看公司於成立州的優良公司證明，也會查看有業務往來的各州之優良公司證明。

股權分割、股利、回購及贖回

股權分割

　　公司可能會把發行的股本拆成更多股數（股票分割），亦或把股份合併，減少股數（股票合併）。以未上市公司而言，這麼做的目的是為了讓公司的資本結構達到設立標準。

　　股票分割和合併須修改公司章程方能進行，因此也須取得股東同意。

股息

　　公司可透過董事會發放股息，達到和股票分割一樣的效果。與股票分割不同之處在於，除非公司章程、施行細則或合約另行規定，否則無須取

得股東同意即可配息。在特拉華州內，只有在當年度存有資本公積或盈餘時，方行配息，該條款詳見於法規中。若有配息，公司須從公積轉出一定金額至資本帳戶，抵補股息發放後的股票總面額。

股票贖回及回購

贖回及回購是指從一或多位股東身上買回公司股份。某些情況下，公司章程、章程施行細則或合約會要求公司贖回股份（通常是優先股），公司也可能採自行表決回購股份。若公司自行表決回購股份，應顧及到股數較少的股東參與此交易的權利。在特定情況下，取得未參與之股東的棄權聲明將是明智之舉。根據特拉華州法，若公司資本虧絀，或會因贖回而導致資本虧絀，則無法回購股份。

在進行股票分割、分配股利、回購或贖回前，除了方才提及依法規定須取得的同意外，公司還須確認是否也須取得其他方的同意。公司章程、章程施行細則或重大合約可能會要求取得某類股票股東的事前同意、或是某第三方的事前同意。此外，當有任何重大公司交易，應考慮到交易對會計和稅賦上的影響。

董事及管理層之忠誠義務

董事及管理層須對公司及股東履行照顧及忠誠義務（fiduciary duty of care and loyalty）。照顧義務（duty of care）包含董事代表公司所做的任何動作，而忠誠義務（duty of loyalty）主要包含董事及管理層因自身利益而採取的任何動作。照顧義務意指董事及管理層有義務適度為公司謀利。在特拉華州法的商業判斷原則（business judgement rule）中假設，公司在做任何決策時，董事將無私、充分準備且確信此決策符合公司最佳利益。一般而言，若滿足了假設、董事履行了忠誠義務，董事做的決策將經得起法庭審判的考驗，並將從對公司及股東的忠誠義務之假設受益。若可以論證董事未以公司及其股東之最佳利益為出發點（例如，以自身為利益或以關係企業為利益），或未盡忠誠義務（例如，未充分做足準備即做出決

策），則不適用商業判斷原則之假設。藉由商業判斷原則而給予董事禮遇，旨在當董事履行維護股東利益之責時，法律認為董事處於被質疑的立場，所以應當受到禮遇，否則董事可能會乏力處理艱難和有潛在爭議性的事務，導致決策未果，或甚至不願擔任董事一職。

忠誠義務和照顧義務相仿。一般而言，忠誠義務禁止董事從事自我交易（self-dealing）。特拉華州公司法明文點出了有利害關係的董事將產生的交易問題。此法定義了利害關係人應對最重要的交易有所認知，對此清楚規範，不應因有利益關係之董事或管理層涉及某交易而使得交易無效化，但更進一步規定利益關係人須公開其利益關係，並且取得多數非利益關係之董事或股東的同意。特拉華州法禁止對董事違反忠誠義務的法律責任進行任何限制。

儘管有這條法規，特拉華州判例法對於內線交易訂定了更高的標準，稱之為完全公平標準（the entire fairness standard），大意是指，內線交易（insider transactions）的內容和程序對公司及無利益關係的股東而言必須是公平的。這個標準一般適用於公司併購，但以此標準為基礎的判例原則也適用於其他狀況，例如股價較前一輪募資低的後續創投募資。許多的特拉華州判例法對於出售公司會更動控制權等等的忠誠義務皆進行規範，露華濃公司（Revlon）等具有指標性的判例法將不在我們的討論範圍內。

編者言

　　大中華地區的公司治理標準越來越走向國際標準，例如，米勒律師所討論的內容諸多適用於臺灣的標準。若公司使用開曼或英屬維京群島控股結構，上面所討論的部分亦同樣適用。

公司成立方式：其他法人

S分章小型企業股份公司

　　S分章小型企業股份公司（subchapter S corporations）和股份有限公司（C corporation）的成立方式相同，但與股份有限公司不同的是，S分章小型企業股份公司與其股東須向國稅局申報規定表格，方能適用S分章小型企業股份公司之稅賦標準。

　　公司和股東須在規定的時間內，向國稅局提交完整、正確的S分章小型企業股份公司表（S election form）。表格一旦生效，除非撤銷或公司因未符合S分章小型企業股份公司之資格而遭中止，否則效力將持續。該表格規定須取得投票日當天全體股東一致同意。此外，如欲申請回溯、將時間拉至應稅年的第一天算起，則須取得此期間至申請前之全體股東同意。若要簽署報稅單，該表格須經過授權的管理層簽署。除此，對共同持有股份的配偶以及信託，另要求須取得其同意。

特拉華州有限責任公司

　　如欲成立特拉華州有限責任公司（LLC），須向州務卿申報公司成立之證明文件。

　　特拉華州有限責任公司法規定，該類公司只能有一位成員。單一成員的有限責任公司不被視為法人，除非公司改為股份有限公司，否則將與其擁有人共同報稅。因此，設立單一成員的有限責任公司的獨特優點是不被列為徵稅對象，公司的存在等同加上一層免責防護罩。

　　接著我們將討論決定S分章小型企業股份公司或有限責任公司之間，較為適合新公司營運的決定因素。

選擇法人

　　組織公司時要選擇法人類型，法人類型有：股份有限公司（C corporation）、S分章小型企業股份公司（S corporation）、普通或有限合

夥（general or limited partnership）以及有限責任公司（LLC）。選擇前要考慮到節稅效能、對未來投資來源的影響、簡易性和成本，以及對利害關係人的熟悉度，包含雇員、投資人、借款人、策略夥伴等對象。大部分的公司會選擇股份有限公司，但我建議「貨比三家」，思量每個法人類型的可行性與合意性。

新公司最常見的三個法人類型為股份有限公司、S分章小型企業股份公司及有限責任公司。儘管三種法人的創辦人皆免於承擔法律責任，但在稅賦部分卻有實質差異。股份有限公司和公司擁有人將分開申報所得稅；而S分章小型企業股份公司或有限責任公司的收益或虧損，一般由擁有人個人納稅。因此，在法人的選擇上，往往會會以稅賦考量為出發點，也須思考創辦人期望以何種方式替事業體創造盈利。

股份有限公司

股份有限公司須申報所得稅。因為任何分配給股東的收益（包含資產出售收益）都將會在股東手中再次被課稅（雙重課稅），所以股份有限公司分配收益之實際稅率（effective tax rate）可能會比S分章小型企業股份公司或有限責任公司來得高。股份有限公司的虧損也是由公司申報，而非股東，但當公司擁有人將股份脫手時，擁有人須把投資損失歸為資本損失申報。個人只能使用資本損失來抵銷資本利得和一些小額的一般收益（可以結轉未使用的虧損，但無法退算）。

股份有限公司之利處

儘管雙重課稅對股份有限公司是個大問題，但成立股份有限公司卻有以下利處：

- 創投基金偏好投資股份有限公司。基金不會對S分章小型企業股份公司進行股權投資，因為基金屬於合夥關係，而合夥關係無法持有S分章小型企業股份公司股份。有限責任公司的股權投資則會造成基金在免稅豁免及境外合夥人這兩方面的問題。此外，基金通常希望購買的是優先

股，但S分章小型企業股份公司無法發放優先股。

- 股權報酬之規定以股份有限公司最為簡單。股份有限公司（及S分章小型企業股份公司，非有限責任公司）可發放利於稅賦的激勵性認股權（incentive stock options, ISOs）。實務上，要在參與人取得股權時提供可避稅的公司股權獎勵（或支付公允市值之義務），並以長期資本利益稅率報稅是有難度的。透過盈利利息之應用，有限責任公司可和服務提供人達成節稅的協議，其中不須要求對方在收取利息時支付購買價或稅額。然而這個規定有點複雜，所以許多人不願意使用該方式。
- 只有股份有限公司的股份符合小型公司股的資格，脫手此股份而造成的損失可認列為一般損失，但有某些限制。
- 若符合特定規定，股份有限公司的股東（或S分章小型企業股份公司，非有限責任公司）可在免稅重組中和收購方以股易股而不須報稅（除了他們收到的現金或其他非股權資產外）。股東可等到股份過給收購方後再申報收益。
- 根據股份有限公司的收益金額和性質及股東的稅率等級（tax brackets），某些情況下，股份有限公司再投資之收益的實際稅率會比S分章小型企業股份公司低。
- 股份有限公司可豁免公司擁有人在全美各州及其他商業應稅的管轄區內申報個人所得稅。

成立股份有限公司之因

　　若創辦人欲藉由取得創投資金、發放股權激勵雇員及顧問而壯大公司，進而公開發行或出售，則應考慮以股份有限公司的形式成立公司。成立股份有限公司最主要的風險是，若公司變成一棵搖錢樹，或收購方在應稅條件下欲收購其事業體資產，股份有限公司則有雙重課稅的可能。有時創辦人會持觀望態度，等到申報個人所得稅時，得以個人資本利得稅率，也就是沒有雙重課稅的情況，出售資產並申報期初損失（存有被動收入損失之可能，具有風險及其他限制）。一般來說，這種守株待兔的方式不如以有限責任公司作為臨時法人來得好，因為通常可以把有限責任公司轉換

成股份有限公司而無須課稅，但從S分章小型企業股份公司轉換成股份有限公司則會徒增複雜程度。

S 分章小型企業股份公司

S分章小型企業股份公司的收入及依法所限之特定損失由股東按持股比例申報。因此，S分章小型企業股份公司通常可以避免股份有限公司因分配盈利而造成雙重課稅的情況。若S分章小型企業股份公司前身是股份有限公司，或者，若任何S分章小型企業股份公司在免稅交易中收購的公司是股份有限公司，資產被收購、或有累積盈餘的S分章小型企業股份公司則能適用某些特殊法規。由於本書著重於如何創立一家新創公司，所以不予討論這些特殊法規。S分章小型企業股份公司「已課稅的」收益分配不會在股東手中再次被徵稅。但遺憾的是，由於公司成立資格規定，並非總能選擇以S分章小型企業股份公司來成立公司。某些更嚴格的公司成立資格規定只允許擁有單一種類的股票（表決權之差異是可允許的），且股東須少於100位（股東須為美國公民或居住於美國境內之個人、遺產、特定信託、合格退休計畫信託、或慈善機構人士）。另外，特定家庭成員會以個別股東做計算。

此外，應記得S分章小型企業股份公司在不同州內的稅賦結果不同。

S 分章小型企業股份公司之利處

創辦人首先要決定成立股份有限公司、S分章小型企業股份公司或有限責任公司（即於應稅法人、免稅或稅賦轉由合夥人繳納之法人這三者之間選擇）。一旦創辦人確定不成立股份有限公司（通常是因為創辦人認為會採取定期營收分配或事業體資產出售收益的形式報稅），則於S分章小型企業股份公司及有限責任公司兩者之間做選擇。在所有的抉擇因素中，利於S分章小型企業股份公司的有：

- 若考慮到退場的問題，S分章小型企業股份公司比有限責任公司更為彈性。如同股份有限公司的股東（但不像有限責任公司的擁有人），若以

股易股之交易符合重組規定，S分章小型企業股份公司的股東可和收購方以股易股、不被課稅（除了他們收到的現金和其他非股票資產外）。此外，S分章小型企業股份公司的擁有人比有限責任公司容易在退場時利用股票出售（非資產出售）把退場收益當作資本利得申報，而非當作一般收益申報。

- 儘管S分章小型企業股份公司的股權獎勵規定比股份有限公司的複雜，但還是比有限責任公司的來得簡單。如同股份有限公司，S分章小型企業股份公司可以發放激勵性認股權。

- S分章小型企業股份公司之參與擁有人從公司取得的合理工資及盈利分配（distribution）中，只有工資的部分須繳納就業稅。話雖如此，有限責任公司之參與擁有人在公司收入的部分可能會有自雇稅。雖然就業或自雇之社會安全稅有上限額度，但這個額度不包含醫療保險稅。

- S分章小型企業股份公司可能適用於股份有限公司不適用的地方財產稅豁免。若事業體會有大量的存貨、機器設備或其他個人財產，這個豁免將至關重要。

成立 S 分章小型企業股份公司之因

若創辦人想要一份簡單、能避免雙重課稅的協議，且未來可以免稅的方式出售事業體換取收購方之股票，並欲藉由發放激勵性認股權來激勵雇員及顧問，且減少就業稅的問題，則應考慮成立S分章小型企業股份公司。

有限責任公司

除非有限責任公司選擇以股份有限公司的形式申報聯邦稅，否則將會以合夥的形式申報（而若是只有一位擁有人，則視為獨資經營）。因為有限責任公司的收益及依法受限的虧損是依據合約由公司擁有人（擁有人被視為成員）申報，所以有限責任公司也免於股份有限公司之雙重課稅的問題。儘管有限責任公司在諸多面向比S分章小型企業股份公司有更多空

間，但其實也添增了一些複雜性。話雖如此，有時有限責任公司需要面對的問題可能會比S分章小型企業股份公司的簡單，例如，只有單一擁有人的有限責任公司不必分開報稅。

有限責任公司之利處

　　有限責任公司與S分章小型企業股份公司兩者間，對前者有利的因素為：

- 有限責任公司不受限於S分章小型企業股份公司的資格規定。特別的是，有限責任公司有不同層級的擁有人（每種層級有不同的財務權和稅務特惠），且擁有人可為法人或外國人。（外國人可能會因其他的稅務問題而降低投資有限責任公司的意願。）

- 某些情況下，有限責任公司可以分配已增值資產而不產生資本利得，因此資產可以比S分章小型企業股份公司更自由進出。基於這個原因，若情勢改變，有限責任公司是最容易轉化成其他法人類型。（注意：若想在辦理轉換時符合免稅重組，可能會導致辦理應稅。）由股份有限公司或S分章小型企業股份公司轉換成的有限責任公司一般會於公司所有增值的資產上徵稅。

- 為了避免以S分章小型企業股份公司（或股份有限公司）股票交換已增值資產時被徵稅，交換人在交換後須隨即擁有（自身擁有或與其他分配現金或資產的人共同擁有）至少80%的公司已發行股份。但對於有限責任公司而言並無此規定，因此在資產分配上，增加新擁有人會比S分章小型企業股份公司容易。

- 若有限責任公司擁有人在轉換成股份有限公司時以公司權益換取股份，發放給擁有人的股份仍符合小型公司股的條件，因為公司於轉換前是有限責任公司。

- 不同於S分章小型企業股份公司，即使擁有人不具借款責任，有限責任公司擁有人仍可把等比例之公司借款合併申報個人稅。把借款納入稅賦基礎中能讓擁有人從有限責任公司免稅回收借款收益，並能申報更多的虧損（存有被動收入虧損之可能，具有風險及其他限制）。

- 若有限責任公司有使用特別稅表（special tax election）申報，因認購或遺贈而取得公司權益的人報稅時可增記投資成本（藉此能在資產上申報較少收益或較高的扣除額）。當擁有人的權益被有限責任公司買回，能以相同的表格申報方式使公司在資產科目增記稅務。一旦決定用什麼表格，表格將適用於所有的交易，且當帳面價值降低，可能會導致認列虧損。

成立有限責任公司之因

　　若要避免公司分配盈利而造成雙重課稅，並保有授與公司權益的權利（提供持有人不同的財務權和稅務特惠），或若擁有人不符合S分章小型企業股份公司的股東資格，創辦人則應考慮成立有限責任公司。若創辦人想暫時以稅賦轉由合夥人繳納的公司來避免雙重課稅，成立有限責任公司也是最好的選擇。在不動產或證券等資產投資上，有限責任公司也比股份有限公司或S分章小型企業股份公司更適合。

結論

　　若創辦人利用創投投資，期望大量配股，在事業體成長後，欲藉由出售事業體而獲益，股份有限公司可能是最好的選擇。若創辦人預期事業體將藉由分配收益（包含以資產出售的退場收益）而獲利，S分章小型企業股份公司或有限責任公司則會是比較好的選擇。

　　在大中華地區，若公司是在開曼或英屬維京群島的結構下，稅賦為導向的分析將不適用於這些管轄權，因為這些管轄權內皆屬免稅。然而，稅賦問題仍實質存在，因為公司經營和雇員皆須在本地，因此，每個管轄權選擇哪種法人，都需評估和分析。例如，對於境外控股公司掌控的臺灣子公司，通常會設立分公司，而非公司。

認股權計畫及股權報酬規定

股權報酬（限制性股權和認股權）是推動美國科技業革新的主要因素之一。科技業的企業家願意在新創公司中賺取比較少的錢以換取股權報酬。在過去二十年間，數以千計的科技業企業家賺得的巨額財富靠的即是股權報酬。大部分已上市的公司也有認股權計畫，但公司於新創階段時的潛在增值幅度會高出許多。

股權報酬的遊戲玩法是於公司新創時，以低價購得限制性股票或以低的行使價來取得認股權，希望公司在短時間內增值，變成上市公司或是一間賣得掉的公司。一般而言，清償事件會在四至十年後才會發生。在網路泡沫化時期，清償事件被壓縮至一年內。當時手上握有最新的網路或電信科技的企業家會成立新公司，並在一年內出售公司，有時公司能賣得幾億美元。這種快速致富的故事絕大多數已不復存在，但要在短時間內累積鉅額財富仍大有前景。

關於股權報酬，有一點不應搞混，就是個人所擁有的公司股權百分比才是重要的，而不是擁有多少股份。若要明白其中道理，首先要搞懂IPO的基本過程。當一間公司上市，對外出售的最初股票價格是承銷商對公司的交易前估值。每股股價範圍於預備招股計畫書中闡明，用於反應交易前估值的發行。承銷商利用許多估計方法來決定交易前估值，但其目標為根據目前股市環境和近期其他相似類型的公司收到的估值，設定他們認為可以成功出售股份的價格或價格範圍。我們現在假設承銷商認為在發行前公司價值為100萬美元。而對外公開的每股發行價格簡單來說就是價格除以已發行的股數和股票等價物（如認股權等等）。但因為IPO的每股價格照慣例會設在10至15美元，所以承銷商會規定公司進行股票分割或股票合併（即反向股票分割），使其落在正確的價格。正向股票分割會增加已發行股股數，而股票合併則會降低已發行股股數，以此為概念進行分割或合併來達到一個每股於10到15美元之間的交易前估值。

工程師及那些於科技新創公司工作的人往往對這個過程不夠瞭解，您會常看到高IQ和教育程度高的雇員們掐指一算，接著說：「如果公司給

我1萬股的認股權，每股以一般IPO的價格約10元來計算，那我會獲得約10萬美元扣除股權行使費後的金額。」這種想法大錯特錯！因為過程中往往需要分割或合併股票，所以這個算法是錯誤的。這就是為什麼未上市公司一般喜歡給予大量的認股權，為的是產生一個不合理的價格預期。再重複一次，若不知道已發行股數量，認股權股數是不具意義的。真正要看的是已發行股的百分比！這個道理鮮少人知。

股權報酬形式

　　未上市公司中有幾種常見的股權報酬形式。最常見的是限制性股票和認股權（激勵性認股權及非法定認股權）。購買限制性股票簡單而言就是在非上市交易中購買公司股票，但其股票容易遭受拒絕行權（收回）條款限制和出售限制。員工離職時，公司可能會用很低的原有價格買回未行權股權。另一種股權報酬的形式是認股權，意指在某時間內雇員能以某固定價格買入股票的權利。有認股權的人有機會優先行使一部分認股權（但也可能無認股權可行使），這部分的認股權隨著就職時間而增加（或隨著就職時間而可行權）。當雇員不再任職，行權也停止。雇員為公司提供服務，而發給雇員股權的公司規定股權持有人須持續保持僱傭關係／提供服務方能取得股權，這就是所謂的血汗股權。

　　除了稅務上的缺點，認股權另一個缺點是雇主往往會要求雇員須於離職後幾天內行使已行權的認股權。這會造成雇員左右為難，且雇員必須支付現金行使價。這金額可能會很高，尤其當公司脫離了新創階段後。若認股權為非法定認股權，在股票公允市價中得到的行使價和行使價格之間的差額是報酬收入，所以雇員之股權行使將有納稅義務。此外，因法律於未上市公司的股票出售有其限制，所以雇員無法出售股票來獲得資金。

　　股份行權計畫分門別類。有時會於期初行權一部分股權，創辦人或管理層通常屬於這種，而其他人則在未來三到四年內行權。有時會在任職滿一年後進行第一次行權，之後於每月或每季行權。另外，一般只適用於管理層的條款是，若雇員無故離職，或雇員因正當理由終止僱傭關係，換句

話說，雇員被迫因減薪而離開，則依此條款規定，雇員得以獲得更多有利行權。

最常見的行權方式是根據任職時間而決定，因為在過去只有這樣才能利於會計處理。在舊式的會計原則下，因任職期滿而行權的公允市價認股權無法產生會計費用。在新式的會計原則下，認股權是以特定的標準數學公式來計算（例如布萊克—斯科爾斯模型），不論是以時間或表現作為計算根據，其值在認股權行權期間會從收益中扣除。因為目前所有的認股權都會形成收益費用，所以現在的公司更常以個人和公司的表現來當作行權標準。公司真正希望的是達成目標表現，以茲獎勵，而不是獎勵未達目標表現的雇員，或在公司未達目標表現時以茲鼓勵。

除了在成立公司時發放股票，公司通常會按照所謂的多項股權計畫（omnibus stock plan）來發放限制性股權和認股權，這個計畫核准限制性股權、認股權和其他股權報酬之發放形式。

為了防止稅賦上的不利結果，公司必須以公允市價把限制性股權出售給雇員，也必須以和公允市價相當的行使價發放認股權給雇員。在未上市公司中，一般沒有一個明訂的公允市價，而由個人決定。在新創公司中，創投投資人往往會買入具有清償優先權的可轉換優先股。這表示當公司清償時，握有優先股的股東會比握有普通股的股東先拿到錢。當有清償優先權的優先股以市值的倍數出售，而普通股的價格與優先股的價格一樣或接近，則形成一個雙贏局面。

由於優先股本身有較高的價值，通常普通股會以優先股之折扣價來定價出售，或者，認股權行使價會以優先股的折扣價來定價。在公司初期階段，折扣通常是10%至25%。因為這個折扣已經變成一個慣例，許多董事會認為這樣的折扣計算是公平的。在IPO時，若普通股的定價是IPO價之折扣價，證管會會對此提出質疑，尤其是當普通股在IPO前一至兩年內就已定價時。

美國國內稅收法典第409A條條文（IRC Section 409A）等新稅法和會計原則使各方更注意限制性股權之價格及雇員認股權之行使價，董事會在公允市價的訂定分析上必須更專業。很多時候，董事會聘請估值專家來協

助公司的股權定價。然而，公司在新創階段時仍會以經驗法則定價，因為公司在剛成立階段除了臆測市價，別無他法。

　　此外，還有幾個罕見的股權報酬形式，包含股票增值權（stock appreciation rights, SARs）、虛擬股票（phantom stock），以及其他以股權價值推算的報酬等形式。股票增值權由上市公司授與，公司須兌現股票原定價和當前公允市價的差額（即股票增值）。股票從不屬於雇員。虛擬股票有時由未上市公司發放，為一種讓雇員「持有」股份的合約權。若公司出售了，雇員有權分得股利或收益。未上市公司的擁有人若不希望新的擁有人取得投票權等股東權利，則會發放虛擬股票。以上這些股權報酬的替代形式不會使持有人在資本所得稅上有特殊待遇，這些所得收益被視為報酬收益，以一般稅率計算。

　　公司有時會規定所有或部分認股權或限制性股票只能於公司收購時行權，並特別針對管理人立此規定。另外，少數情況下，會在IPO時部分行權，這個規定會對雇員的士氣產生重要影響，並可能造成收購上的阻礙。

　　股權很少會在IPO上提前行權，因為提早行權會對股份營銷產生不利影響；股票購買人希望創辦人能繼續「以血汗賣命」。

　　至於收購上的提前行權，以下兩點值得思考：

- 以公司和潛在收購方的角度而言，最好不提前行權，因為收購方收購科技公司所支付的一部分將持續配予雇員，特別是工程師的部分。收購方希望能有一個獎勵辦法，激勵雇員替公司效力，但不願因為提早行權而使他們拿到很多錢，進而失去工作動力。
- 藉由收購，創投投資人獲利，而雇員也從創投投資人和其他股東身上獲利。那為何創投投資人要和須透過行權來獲得股權的雇員一起兌現呢？

　　一般來說會常用於管理層的解決之道是在不行權和全面提前行權之間找到一個折衷辦法（即在收購上部分提早行權）。部分認股權於收購時提前，而剩餘的採加速行權或縮短行權期，但前提是雇員仍受收購方聘僱。以下有三個替代辦法，三者之間存在細微差異：可行權一部分固定的認股權、可行權一定比例的未行權認股權，或者，將部分額外的行權期視為過

期。此外，可於過渡期後（半年或一年後）提供全權行權。通常在這種情況下，若雇員無故離職，至少雇員不用面對失去未行權股權的恐慌，因為至少還可以全權行權。有些人可能會認為若倖存者／收購方未給雇員一個工作機會，或因為收購方理應不在乎，則提供全面提早行權應屬公平。若雇員沒有留下來的價值，則不需利用獎勵辦法來慰留雇員。但這個方法的問題是，沒有被僱用的雇員比受僱用的雇員受到了更好的待遇。

認股權和限制性股票之稅賦面

　　過去在聯邦所得稅法中，一般最高所得稅率和最高長期資本利得稅率相差甚遠，因此雇主和雇員設法擬定一個以股權為基礎的報酬協議，以創造資本利得。

　　一般只有在認股權為激勵性認股權及受讓人之認股權持有期期滿、或行使認股權之股份期滿時，才會允許以長期資本利得稅率對與原有股票等價的行使前增值課稅。然而，不是所有的認股權都符合激勵性認股權的稅賦優惠待遇。此外，雖然對於認股權持有人而言，在一般稅制下行使激勵性認股權為非應稅事件，但行使可能會使得受讓人須承擔聯邦替代最低稅率（alternative minimum tax, AMT）。實務上而言，激勵性認股權資格規定、持有期規定以及潛在聯邦替代最低稅之責任經常用來限制激勵性認股權之資本利得的優勢。

非法定認股權

　　非激勵性認股權之受讓人通常會在行使非法定認股權（nonqualified stock options）時，認列一般報酬收益，以行使非激勵性認股權時，收到超過行使價的股票公允市值超額值來等值行使；超額有時稱為價差（spread）。然後，受讓人會以公允市價收到原始股票和持有期於行使日開始計算的資本利得。若行使非法定認股權時收到的股票為限制性股票（即無法轉讓且有被收回風險），除非受讓人申報了美國國內稅收法典第83(b)條條文之規定表格（則不受限制，而非法定認股權為相關應稅事

件），否則當限制期期滿，將視受讓人爲行使非法定認股權。若公司在Form W-2或1099上確實申報受讓人的報酬收入（通常會如此），發放非法定認股權的公司將會獲得報酬扣除額，其扣除額會根據受讓人收到報酬的時間點和金額做計算，此外，扣除額的部分還須遵循相關法規。若受讓人是公司雇員，公司也必須在報酬收入上預扣所得稅。

　　非法定認股權有其迷人之處，因爲它不受許多適用於激勵性認股權的規定所限制，可發放給非受雇人，也可以使得公司獲得報酬扣除額。然而，在有激勵性認股權之稅賦優惠待遇的條件下，雇員一般會偏好激勵性認股權，避免行使認股權時被以一般所得稅率對與原有股票等價的行使前增值課稅。若非法定認股權依認股權合約規定須於離職後一定時間內行使（通常爲九十天，和激勵性認股權的規定雷同），受讓人將會非常爲難——受讓人不只要拿出錢支付行使價，也須於行使期滿股票增值的部分納稅。

　　許多人有錯誤觀念，認爲激勵性認股權之認股權合約要求認股權於離職後九十天內須行使，但事實並非如此。激勵性認股權法規規定，**若要取得激勵性認股權之稅賦優惠待遇**，認股權須於九十天內行權。在不違反激勵性認股權法規的情況下，激勵性認股權之合約可規定不論雇員是否離職，認股權將不會在一定時間內過期。如此一來，若激勵性認股權未於離職後九十天行使，則將被轉換爲非法定認股權。

激勵性認股權

　　只有於下情況認股權才可能符合激勵性認股權之條件：
- 認股權按照認股權計畫規定的股數及雇員授與標準發放，並在計畫施行後十二個月內由發放公司股東同意。
- 認股權於認股權計畫施行日或經由股東同意後之十年內發放。
- 行使日距離發放日不超過十年（若受讓人是10%股東，則爲五年）。
- 認股權行使價不低於原始股票發放日之公允市價（若受讓人爲10%股東，則爲公允市價的110%）。
- 除非經遺囑或遺產分配法而轉讓，否則受讓人不得轉讓認股權，且只能

由受讓人於生前行使。

- 受讓人於發放日至認股權行使前三個月（若受讓人身故或殘疾，則為一年）為發放公司的雇員（或為母公司或子公司之雇員）。

　　此外，若原始股票之認股權可於任何年度進行首次行權，並截至發放日時的市值超過10萬美元，此認股權則不符合激勵性認股權之條件。舉例而言，若雇員於發放日獲得可認購市值50萬美元股份的權利，且可立即行使認股權，則只有20%的認股權符合激勵性認股權之條件（10萬美元／50萬美元）。之後的五年，若每年行權20%，認股權就能完全符合激勵性認股權之條件。

　　激勵性認股權之行使力會受到方才討論過的法規於「非不一致」之處所限制。於此，激勵性認股權（如非法定認股權）的發放可能會受限於行權規定。

　　受讓人在行使激勵性認股權時不會被課稅。受讓人於出售原始股票時，以超過行使價之賣價申報長期資本利得，而發放認股權之公司則申報激勵性認股權之報酬扣除額。

　　有兩個要點須注意。第一，在原始股票發放日起兩年以及行使日後一年內，受讓人須持有該股票。若受讓人在持有期期滿前就出售原始股票（視為不合格出售），則必須以行使時的價差或出售利得價差，兩者間擇價低者申報一般報酬收入。若受讓人未能遵循持有期之規定，公司可扣除受讓人申報之報酬，但須遵守相關法規及申報規定。

　　第二，聯邦替代最低稅率對激勵性認股權沒有特惠，因此，受讓人在計算行使年的替代最低應稅所得時，須計入行使時的激勵性認股權價差。根據價差、其他調整項目及優先權之差異，聯邦替代最低稅率稅法可能會使受讓人須於行使年繳納行使時部分價差之稅額。

限制性股票

　　公司不一定會發給雇員、顧問等服務提供人認股權，有時會選擇發放

限制性股票。限制性股票一詞代表，若與服務相關的特定行權條件未能達成，公司有權以原價買回發放給服務提供人之股票（或可以少於公允市價的價格回購）。技術上而言，稅法所說的發給接收人的「非轉讓」和「有被收回風險」之股票指的是「尚未行權」之股票。我們一直以來所說的限制性股票指的是法規裡所說的「非行權」之股票。限制性股票可按照適用於認股權之持有期和優先權之相同限制條件來制定。於此，認股權之行權可允許受讓人行使認股權，並以發放日之固定價格購買原始股票。若受讓人行使了認股權，但公司仍保有股份購回權利，回購價一般為回購時的公允市價（或以某些數學公式計算出靠近公允市價的價格）。另一方面，限制性股票之行權一般會解除接收人須在離職時或諮詢關係結束時，以低於公允市價的價格把股票售回公司之義務。因此，這兩種行權使服務提供人獲得收取超過期初定價的股票之權利。限制性股票和認股權兩種方式之間的差異是，限制性股票規定須於一開始就發放服務提供人，而若服務提供人未能行權，公司有權以原價購回未行權之股票。由於限制性股票內容較為繁瑣，公司往往不太願意大量發放限制性股票給雇員及其他服務提供人。此外，每個股東都有權參與公司的運營管理，若股東為數不多，公司在股東紀錄和程序上就能相對容易。

　　有時公司會希望最大化認購權擁有人之稅務規劃的空間。公司讓認股權擁有人行使認股權未行權部分，其行使認股權所獲之股票為限制性股票。

　　限制性股票接收人一般有兩種稅制選擇。接收人可於三十天內選擇美國國內稅收法典第83(b)條之規定表格。這種情況為相關稅務事件，受讓人於股票授與時之價值超出購買價之間的差額將以一般所得稅率計算（無關服務相關限制）。受讓人以公允價格獲得股票，而資本利得持有期於獲得股票時開始計算。受讓人在行權時不須報稅，而是等到出售股票時，以售價超出公允市價之差額來申報資本利得。若未行權而造成股票被收回，損失承擔能力將受限；受讓人將無法扣除收到股票時申報的任何收入來降低未來稅務。若公司是S分章小型企業股份公司，接收人必須申報公司所得且無扣除額，此收回條款規定將更為嚴格。受到相關法規及申報規定，

公司的報酬扣除額須和接收人的報酬收益在金額和時間上須吻合。

　　話雖如此，接收人可選擇不用第83(b)條條文。這種情況下，在行權價格高出購買價格之下行權時，受讓人將以一般所得稅率稅賦（即不再爲「非轉讓」或「有收回風險」之股票）。股票授與後之增值會以一般所得稅率被課稅（行權時也是如此）。股票的價格變爲公允市價，而資本利得持有期從行權時開始計算。同樣地，受到相關法規及申報規定，公司的報酬扣除額須和接收人的報酬收益在金額和時間上須吻合。

　　實務上，科技公司和其他新創公司中往往會選擇使用第83(b)條條文，董事會主張以公允市價授與限制性股票，而受讓人會主張以公允市價購入。受讓人填寫第83(b)條條文之表格，表示購買價相當於公允市價，如此一來將不會被課稅。因爲要找出新創科技公司之眞正的公允市價是近乎不可能的，所以董事和受讓人決定的價格幾乎不可能被質疑。接收人須於收到股票的三十天內向國稅局申報第83(b)條條文表格，也須提供公司（某些情況下也須提供其他人）一份表格影本，另外還須留有一份影本用於年度報稅。

　　若沒有申報第83(b)條之表格，受讓人須根據每次行權高於購買價之公允市價差額來支付稅額。這將會讓受讓人非常爲難，因爲差額可能會非常大，而且由於法律對未上市公司有股票轉讓限制，受讓人將無法出售股票支付稅額。

　　限制性股票衍伸的問題包含：

- 一般而言，接收人之股票須實支實領。若接收人從公司借入購買價之額度，且不具償還責任，國稅局可能會視接收人僅持有非法定認股權。法規規定公司須回購股票，這可能會阻礙公司欲以限制性股票來達成節稅的目的。此外，由於薩班斯—奧克斯利法案（Sarbanes-Oxley Act）之證券法規定，縱然IPO未能走到交割階段，雇員須在申報IPO登記聲明前，償還向公司借入之款項。

- 一般來說，發放限制性股票給服務提供人全然是爲了替服務提供人達到節稅的目的。若不是爲了稅法問題，公司大可授與服務提供人認股權，規定服務提供人持股的權利要滿足行權規定。然而，美國州法規定，即

使接收人尚未獲得股份，接收人仍爲股東。這可能會造成股東合約上要賦予接收人多少股東權利的問題。

- 若不以第83(b)條條文申報，在稅務層面上，要等到股份行權時才算是持有股份。任何在行權前分配給接收人的股票一律視爲報酬，而非股利。若公司爲S分章小型企業股份公司，即使接收人有權接收未來可能分配的收益，接收人不須申報任何公司分配收益，因此，S分章小型企業股份公司常會要求有限制性股票的接收人申報第83(b)條條文之表格。

 編者言

　　由於缺乏稅務和服務條約，這部分仍是大中華地區新創公司常見的障礙。對於未透過境外控股公司成立而在大中華地區運營的公司，要施行股份獎勵計畫可能會有限制，含跨不同管轄權的股份獎勵所受稅收待遇差別可能會很大。如果公司是透過境外控股公司而成立，有機會給雇員不同類型的股份獎勵，但公司不得認列當地的補償費用，因此會導致稅收溢漏（tax leakage）。

聘僱合約

　　新創科技公司一般較少使用聘僱合約，或者說新創科技公司較少會使用那些又長又嚴謹、看起來非常正式的聘僱合約。一般來說，除了資深幹部外，幾乎所有的雇員都會收到一封簡單的錄取通知，內容敘述報酬及其他基本聘僱事項。這份就業信往往會要求（或應當要求）目標雇員爲「自由」雇員（即雇員可能於任何時間無故或因故被解僱）。此外，全體雇員和顧問（以及任何參與公司交易機密的一方）也須簽署保密條款／發明轉讓／競業限制合約。

　　多數的聘僱合約不具爭議性。合約會列出薪資待遇和福利，也可能會列出員工獎勵辦法。即使不受其他合約約束，聘僱合約也會照慣例涵蓋保

密條款／發明轉讓／競業限制合約。

　　儘管如此，有些地方仍是談判重點。關於聘僱合約，最應注意的一點是公司不應保證雇員之僱用期或某職位之僱用期，如此的保證對公司方是非常不妥的。若董事會決定解僱某職員，公司為了自身利益必須要能夠執行解僱動作，與無法勝任或無生產力的員工做切割，因此，合約上不應寫著這是一個為期「兩年」的聘僱合約。

　　若公司與雇員簽立了兩年合約，而雇員遭到解僱，雇員有權要求遣散費。遣散費應何時給、在什麼情況下給，都是要商議的部分。大家一般所說的「兩年聘約」指的是若雇員在前兩年被解僱，即便雇員已不再受僱於公司，雇員仍持續把剩餘聘約期的薪資一次性領取，或常規性遞增領取。或者，雇員有權一次領取高於指定總額的金額（或每月分期領取一定金額）。雇員會認為他們有權主張更高的一次性總付額，或主張分期付款次數，亦或主張兩年薪資的餘額，這會是主要商議重點。

　　另一個商議點是，雇員對於因故或無故被解僱，及因正當理由或無正當理由請辭的處理方式是否有任何差異。一般而言，若因故被解僱，或無正當理由而請辭，雇員只有權要求應記薪資。一般只有在無故被解僱或有正當理由請辭時，才會獲得遣散費。因此「因故」以及「正當理由」的定義在聘僱合約中變得非常重要。

　　經驗豐富的律師會確保只要雇員盡適當努力，「因故」之定義不囊括未能達成預期表現。此等律師會把「因故」的定義限於明確瀆職的離譜行為，且無法合理地予以不同解釋。以下六個「因故」的定義將會增加雇員的負擔。實際的分隔線在第五點和第六點之間；第五點之前雇員還有辦法適度掌控，第六點可能就難了。這一前一後天差地別！

「因故」的定義之範例

1. 對於雇員之重罪起訴，或於重罪採取不辯護也不認罪之答辯。
2. 雇員於工作上出現詐欺、侵占或其他不法行為。
3. 漠視公司重大規定或政策，經公司告知十五日後仍罔顧。

4. 工作上出現重大過失、不當蓄意行爲或違反忠誠信義。

5. 蓄意失職、蓄意違反董事之指示，但前提是此蓄意行爲爲重大失職或嚴重不遵守指示，且在職責或指示的部分無模糊地帶，並進一步規定其職責或指示與工作上訂定的目標無關。

6. 公司董事裁定雇員表現不合格（或未達工作目標等相關裁定）。

　　另一個問題是聘僱合約是否會涵蓋關於雇員因正當理由而請辭的條約。這邊假設一個極端的情況，若雇員薪資被削減至最低時薪，雇員被迫請辭，雇員會認爲這和無故被解僱沒有實質差別，這一點您很難反駁。唯一的問題是所謂的「正當理由」將如何界定，以下是一個定義「正當理由」之範例。

　　「正當理由」之定義應爲以下之一：(i)雇員之職責和職權未經雇員本人同意而縮小，且經雇員書面告知三十天後仍未改善（問題：若公司被規模更大的公司收購，雇員是否有權變成收購方的高階人員？）；(ii)公司未取得雇員書面同意，將雇員從公司主要辦公處調派他處（或把雇員調離辦公處一定英里數外）；或(iii)公司未取得雇員書面同意，將雇員之報酬或總福利降低（有時會發生全體資深高階人員報酬或福利縮減之例外情況）。

　　雇主一般普遍認爲合約越簡單越短越好。一般而言，除了保密條款、發明轉讓及競業限制條款外，一份聘僱合約應有利於雇員。

　　從雇員的角度來看，除了方才提及的關鍵點外，還有幾個雇員和其律師可以商議的要點。以下列出在聘僱合約上準雇員可與新雇主商議的問題：

聘僱期

• 不用明確表示聘僱期。重點是遣散費的多寡、何時支付（離職時立即支

付或分期）、何種離職情況會影響遣散費條款。

報償

- 紅利獎金——明確的計算標準，在非因故離職的情況下，可按比例獲得紅利獎金之能力。
- 福利辦法。
- 休假、費用等等——說明相關事項之初步合約。
- 說明高階人員有權參與所有其他高階人員可享有的福利計畫。

職位／職責

- 職責範圍。
- 明確的職責和忠誠信義之定義（即全職／盡全力為公司效力／競業限制等等），劃分何種商業活動可以進行，而不違反職責（舉例來說，擔任其他公司董事、服務於非營利組織、私人投資等等）。
- 若高階人員之辦公處或職責有重大改變，定義高階人員於「正當理由」而自願離職之限界。
- 董事席位與否。
- 因「正當理由」（可能包含降級）而自願離職的回報規定（即高階人員須向誰回報）。

離職

- 「因故」之定義：
  - 狹義且清楚定義。
  - 刪除任何關於工作表現、或任何以其他之名但行工作表現之實的條款。
  - 對於其他人予以通知和改善機會。

- ◉ 重大定義的例外（materiality qualifications）。
- ◉ 蓄意犯下／知悉不當行為之規定。
- ◉ 公司做任何裁職決定前予以事前通知。
- 身故／殘疾。
- 管理層因「正當理由」而自願離職。
  - ◉ 若合約清楚載明因故／無故離職之後果，正當理由之條款通常被視為必然結果。
  - ◉ 正當理由之構成要素。職稱被降級、職責範圍縮小、薪資或福利減少、被調離、掌控權更動或公司出售。

資遣規定

- 觸發機制／領取權／金額：
  - ◉ 因正當理由而自願離職者始得遣散費。但若無正當理由而請辭呢？
  - ◉ 若遣散費比規定的高，雇員是否仍可領取？
  - ◉ 遣散費可否一次領完？
  - ◉ 若雇員在領取遣散費期間找到其他工作，是否中止分期支付遣散費或減少支付額？
  - ◉ 若雇員身故或殘疾？
  - ◉ 遣散費支付期間是否提供健保福利或統一綜合預算調節法（Consolidated Omnibus Budget Reconciliation Act）之保費？
  - ◉ 雇主是否按照雇員意願，提供再就業（outplacement）服務之費用？
  - ◉ 離職時是否適用辦公處／語音信箱的規定？
  - ◉ 雇主是否同意合理的參考規定？

股權報酬

- 股票／限制性股票。限制性股票在稅賦上對雇員比較有利，但潛藏財務風險。若購買股票時規定須以現金支付，可考慮全數或部分使用票據，

且盡可能增加無追索權的票據。離職時公司是否將自動買斷股票，或者，由公司握有買斷之選擇權（若為現金價，應自動買斷）？

- 認股權（激勵性認股權／非法定認股權）——激勵性認股權與非法定認股權皆應在離職後給予一定時間行使。如前所及，這並非激勵性認股權之規定。此規定對於非法定認股權尤其重要，因為行使此認股權屬於應稅事件。

- 行權計畫——期初行權多少、行權期和剩餘的行權時間點。若無故離職，是否提前行權？

- 控制權變更時的提前行權——若全面提前行權，設法於控制權變更時取得一定比例的行權，並爭取雙重觸發條款（double trigger clause），此條款意指，若高階人員未被聘僱，或若高階人員處於過渡期，亦或高階人員於過渡期間無故離職，則觸發全面提前行權。

- 反稀釋（anti-dilution）——分析優先股特別條款以及／或後續折價投資之反稀釋的可能性（祝您好運）——即所謂的提前贖回補償（make-whole provisions）。例如，管理層有權在公司出售後得到一定比例收益的紅利獎金，或不論以經轉換為基礎的優先股之優先清算權而獲得股份（這個部分就要自求多福了）。

限制性承諾

- 競業限制／禁止招攬／反盜版：
  - 盡可能清楚定義何謂競業事業體，而非只是註明雇員將不會與雇主的事業體相互競爭。
  - 承諾是否於事業體停業時終止？
  - 若雇員無故離職，承諾期是否縮短或失效？
  - 確保競業事業體之定義不包含公司繼承人之事業體。
  - 雇員是否能於規模更大的競業事業體之非競業部門任職？
- 發明轉讓
  - 確保發明轉讓不包含離職後發明。

280G

- 雇員是否受美國國內稅收法典第280G條法規保護？此條款對於超額給付離職金（excess parachute payments）予以罰款。若公司為未上市公司，則考慮一開始就取得股東對離職金給付法規之同意，或考慮對離職金之納稅額「反計還原」（gross up）。

律師費

- 是否由雇主吸收？

併購條款

- 若公司出售，確保雇主書面要求承擔聘僱合約之義務。

損害賠償

- 應於公司現存章程施行細則中，訂定雇主對高階人員之損害賠償條款，若章程施行細則不完全或經修改，高階人員依法有權要求全額賠償。應要求董事會及高階人員皆受保於董事及管理層責任險（Directors and Officers, D&O）或其他保險。

編者言

　　這部分是在大中華地區營運的公司會遇到的障礙。原因有兩個，第一，因為當地法律要求，雇員須使用當地法人招聘，以符合勞工福利法規；第二，多數情況下，成文法規定了當地招聘條件和福利，因而給了新創公司比較小的彈性。

第二章
投資新創公司

本章我們將探討科技公司的首輪募資中,「天使」或創投投資人之間常見的商業及法律問題。這些投資輪一般幾乎都是股權投資。然而,投資人經常選擇過渡期過橋債務投資(interim bridge debt financings)。債務投資也常見於透過投資收購(leveraged buyout, LBO)而被收購的公司。本章也會論及債務投資的基本概念,並介紹創投與收購基金的種類與操作方式。

近年,大中華地區的創投實踐充分地融合了美國普遍的創投實踐。就我的經驗看來,米勒律師在本章的闡釋及實踐建議,是創辦人和創投投資人談基本交易條件和互動上,最好的辦法。他縱橫多年的經驗,在這議題上的呈現遠比許多時下的書籍或參考資料來得深入淺出。

創投投資

新科技公司取得創投投資是公司生涯中很重要的一步。簡單地說,「從此就再也不是您的公司了!」

當然,接受創投投資有幾個優點。許多成功的科技公司之所以成功,一大部分要歸功於創投的存在,其廣義而言指的是公司新創時有可用投資資本,但也因此代表著高風險性。儘管1990年代末期的投資成功案例僅短暫吸引創投投資人(venture capitalists, VCs)的目光,但之後創投基金、稅法的改變促使了投資人的增長,成為過去三十年間美國經濟成長的幕後功臣。

　　創投投資人不止提供了資金，也在其他方面幫助了其投資公司。創投投資人一般擁有豐富的新創公司投資經驗，其中不乏許多成功的企業家。他們利用自身的專長幫助創業團隊，提供管理人才、工程師及服務提供人等人脈網絡。他們也熟悉時下的市場狀況，包含設備租賃、流動資金債務融資、房市，以及和供應商之間的關係。

　　創投投資人是積極主動的投資人。為了換取創投投資人的資金和支持，他們積極參與事業體的管理運作。之後將會論及，投資人一般會占取投資公司一或多個董事會席位，並會對公司強加各種有正負面影響的條款。

　　然而，創投投資人真正對公司的影響力不是因為簽立了具有法律約束力的文件，而是因為公司需要資金，而部分資金就來自創投投資人。若公司達到創投投資人的預期表現，之後的創投資金通常不會出現問題。創投投資人會與公司進行另一輪投資，協助公司找尋新的投資人。然而，若公司沒有達到自身的商業計畫所承諾的目標表現，創投投資人往往會從嚴處理。雖然他們會提供額外資金，但代價是股東身將面臨嚴重的稀釋效應，也就是所謂的折價投資（down-round financing）。不止如此，若發生這樣的情況，公司將束手無策，因為外部的創投投資人不太可能會選擇投資一間現存創投投資人不願繼續投資的公司。就算公司達到預期表現，但若公司財政緊縮，折價投資仍可能因一般市場或經濟循環失衡而無可倖免。

　　這種情況下，新創科技公司要如何自保其身呢？這個問題沒有一個完美的答案，但基本上要確認首輪募資時，要能從創投投資人身上募集足夠的資金，讓公司有機會達成目標進度。要注意不要在任何投資輪中募超過公司所需的資金，因為若公司表現優異，之後的投資將會在創辦人身上產生稀釋效應，每股收益因而下降。但更要小心的是，千萬不要資金募集不足，因為後果將會更慘。

　　對於首輪募資，公司應試著吸引數個創投投資人的興趣，試探他們是否能提供資金和對投資條件的看法。另一方面，公司不應向創投投資人透露自身目前的財力（cash resources）。一旦公司顯露出迫切、急需用錢的樣子，投資商談上就會不利於己。相反地，商談之中很有用的一招是，巧

妙地讓目標投資人瞭解，他們不是唯一對公司有興趣的人。話雖如此，有時這種貓追老鼠的戲碼可能會過度上演。有個替代方式是從所謂的天使投資人身上取得種子投資（seed financing）。這些個體戶口袋深，專門投資新創公司。他們往往是成功的企業家（有時是半退休或在等待下個就職機會）。這類投資人也有穩固的人脈，且提出的投資條件一般比創投投資人提出的更有利於公司。此外，有些天使投資人積極參與投資公司的事務，有時甚至會幫忙經營公司。而創投投資人在面對策略投資人、公司合夥人和服務提供人時會給予對公司及其科技的肯定，且一般會在投資方向上盡更多的心力，就像董事會一樣。另外，不應假設參與首輪募資的天使投資人會參與後續的投資輪。之後公司所需的投資金額更大，這通常會超出天使投資人能力所及。發展成熟的創投公司資金比較雄厚，且一般會預留投資資金到投資公司後續幾輪的投資。

尋找目標創投投資人

在尋找創投投資人前，創辦人需準備好一份完善的商業計畫，內容涵蓋所有目標創投投資人關心的問題。

如何制定商業計畫來吸引投資人投資不在本章討論的範疇內，但針對沒有經驗的創業人士，我的建議是，商業計畫中應該要有一位有經驗的法律顧問、會計事務所和擅長商業計畫發展的顧問。許多創投投資人會說，交給外人寫商業計畫一般會是個錯誤，不如自己親力親為，因為商業計畫需要透過創業者自身才能充分表達商業機會和公司在何種市場必須成功的想法。

儘管創業者應訂定一份完善的商業計畫，但第一份要呈現給創投投資人的文件一般是精簡版的執行簡報（executive summary）。越精簡越好，但須涵蓋完整版的商業計畫中所包含的重要資訊，以提供目標投資人足夠的資訊，使其得以初步評估。

尋找投資人的第一步是，鎖定適合的潛在投資人。於此，創業者需根據以下要點篩選創投投資人：

- 投資公司的商譽和成績，包含其他創業者成功（及失敗）的經驗。
- 在地的辦公處，雖然其他區域的辦公處也有值得考慮的要點。
- 投資集中於哪些公司產業。
- 投資集中於投資公司的哪個發展階段。
- 投資金額是否與公司所需資金相符。
- 有能力在後續投資提供協助。

　　儘管這不是篩選要點，但創業者也應瞭解創投投資人是否偏好或堅持擔任領投方（lead investor），或是否同意由其他投資人擔任領投方。

　　篩選完成後，獲得潛在投資人之初選名單。接下來，這個名單應經由公司、法律顧問等人檢查，確認公司希望初步尋找的投資公司。這個確認過程主要是方才所及的「篩選要點」及雙方能否成功會面討論的可能性來判斷。初選名單應削減至5至10人。若創辦人或公司專業顧問認識投資公司的任何人，則應鎖定這些人。

　　商業計畫摘要完成後，要取得和投資公司會面討論的最有效的方式是，透過對方熟知且有地位的介紹人牽線（同時一併把商業計畫摘要遞給投資公司）。這些介紹人可以是成功從創投投資人取得資金的創業者、律師、金融專家、會計師、或其他曾經帶來過不錯機會的專業人士。一旦引出對方的興趣，一般會接著和投資公司的某一合夥人開會討論。若合夥人在最關心的事項上獲得滿意的答案，會再接著和投資公司的另一合夥人開會討論。

　　會面討論的目的不在於出售公司的證券，而是要協助潛在投資人瞭解這個投資機會的吸引力，解決他們所關心的問題。會面討論的氣氛可能會顯得緊張，最重要的是，創業者要保持耐心回答創投投資人的提問，他們的提問背後的意義不外乎是，為何要選擇您而不選擇投資其他公司。

　　過程中，創投投資人會針對創辦人和公司技術進行背景盡職調查（background due diligence）。盡職調查通常包含創辦人的資歷查核（reference checks）、和業界人士的討論，以及外部技術專家的協助。

　　過程中，創投投資人的言行舉止可能也會逐漸表現得像是合夥人，彷

彿在查閱、商議，而不像在審問您，其語氣的轉變可能代表了投資意願的提升。

投資條件書

　　一旦投資公司做了初步投資決定，他們會釋出投資條件書（term sheet），訂立投資交易條款及雙方關係的相關事項。

　　投資條件書一般不具法律約束力，但有時投資公司會擬定兩則具法例約束力的條款，其中一個通常是：公司不可於一定時間內與其他目標投資人議價，以讓投資公司有足夠時間完成交易。少數情況下，創投投資人也會要求：即使交易未成，新創公司仍須支付相關費用。但這則條款通常可以打回票。

　　投資條件書和最終協議（definitive agreements）已變成創投公司會使用的相對標準文件，但對新手創業者而言卻相當陌生。除非新手創業者的法律顧問給予事前教育，否則新手創業者收到創投公司的投資條件書時，肯定需要花點時間琢磨一番。雖說投資條件書中大多數的條款是制式的，其中仍有幾個重點有商議空間。請記得在處理投資條件書上不需具備道德命令（moral imperative），也就是說裡面的經濟條款本身沒有好壞可言，亦無關公平與否。就像一個自由市場（free market），創業者可以自由選擇接受或拒絕目標投資人的投資條件書。新創公司首先要做的是和法律顧問討論，確定哪些條款有商議空間，把精力放在有機會重談的條款上。創投公司的選擇上則應根據對公司的估值、技術條款細節、投資人是否能在公司事務上有協助效果，以及投資人與新創公司的契合度。

　　一般而言，投資條件書會提出以下事項：

- 創投公司對於新創公司的投資前估值（pre-money valuation）、創投公司欲投資金額及公司持股比例。
- 創投公司欲購買的證券類型（一定是可實際轉換的優先股，有時天使投資人在種子期投資中欲購買的可能是可轉換公司債券），以及證券內容規定。

- 是否可行權創辦人股份，有多少可行權。
- 投資人可於公司公開出售時登記其證券之權利。
- 投資人在公司後續的證券發行中是否有優先購買權。
- 公司董事會成員組成規定。
- 公司須分配給雇員之股份比例（一般會經由股權獎勵辦法給予認股權或限制性股票）。
- 在投資人實際投資前，新創公司須滿足的條件，包含投資人的法律顧問會執行的無償盡職調查。
- 創投公司預期新創公司和創辦人署立的附加合約。

　　以下將詳細討論投資條件書中的基本條款，並針對一般來說會採取讓步的條款、及其可能後果而給予指引。

法定盡職調查和公司內部整理（corporate cleanup）

　　在投資人完成初步盡職調查，投資條件書也取得雙方同意後，領投人會指定法律事務所擔任其法律顧問。通常法律顧問會擬定法定交易文件及執行盡職調查，確定新創公司在各個層面是否合乎法律規定，且不存在任何法律上的風險。

　　對科技公司而言，最重要的法律考量包含：

- 新創公司是否有將用於未來事業體的智慧財產權，包含創辦人是否正確地把產權轉讓於公司，對公司技術有貢獻之雇員和顧問是否簽署了保密條款和發明轉讓合約，以及是否曾受過任何侵權之主張。
- 創辦人和關鍵雇員是否能合法受僱於公司，把他們的發明轉讓給公司。相對地，他們是否未履行和前雇主之間的合約，例如競業限制、禁止招攬、保密條款或發明轉讓合約。
- 是否保有完整公司紀錄。這邊來說會考量的是，公司是否有妥善組織，股份證券是否有效發放，是否對於投資人詳盡股份發放之告知義務。
- 公司是否有纏上任何訴訟，或受到任何索償。

• 公司是否違反與供應商、消費者或債權人之間的重大合約許可。

　　這個流程往往是由投資人的法律顧問執行，此人會給予新創公司和其法律顧問一張法定盡職調查請求單，列舉投資人需審閱的法律和商業文件。然而，若新創公司委任了熟悉創投投資的法律顧問，其法律顧問通常會有助於盡職調查的進行。

首輪創投投資：基本條款

　　投資人在所有創投投資輪中所購買的證券爲可轉換優先股。此類股票之規定會於之後討論，以下所討論的是可轉換優先股的主要內容，包含：

• **優先清算權（liquidation preference）**：在公司的清償事件中，投資人在普通股股東前享有優先權，而就一般所定義，清算事件亦包含公司併購。

• **贖回權（redemption right）**：若公司在IPO或出售前的某時間點未能達到一定的流動性（liquidity），投資人可要求公司買回他們的股份。

• **可轉換性（convertibility）**：投資人可選擇將優先股以最初訂定普通股股數和優先股股數1：1的比率轉換成普通股，但這個比率將受稀釋事件而變動。稀釋事件包含公司以低於首輪投資人買進的價格來出售股份。

• **按已轉換基準計算之投票權（voting rights on an as-converted basis）**：可轉換優先股和普通股在必要事項上的投票權相等，然而可轉換優先股在選定事項上具有獨立投票權。

估值：投資前估值和員工認股計畫

　　創投投資中最重要的交易條款是投資人的估值，往往稱爲投資前估值，也就是投資前投資人對公司的認定估價。投資後公司的估價會因爲取得更多現金而立即攀升，這個估價則稱爲投資後估值。

　　一般會認為投資人支付的每股股價等同於公司發放的每股股價（若公司的估值為$x，然後發行了y股，每股估值則為$x除以y）。遺憾的是，事情並沒有這麼簡單，沒有經驗的新手可能會被創投公司如何計算新創公司每股估值的方式嚇一跳。一般不會以公司估值時除以已發行股份，而會除以全面稀釋後的發行股數。股數會因認股權、員工認股計畫或因創投公司要求認股增加而產生變動。

　　這個沒有公司金融或會計基礎的計算方式不只在全面攤銷的股數中列入已發放的認股權，也列入了未來為了填缺經理、管理、技術團隊而預期發放的股份或認股權（即所謂的員工認股計畫）。員工認股計畫通常占投資後估值的15%至20%（有時甚至會高至30%）。如此一來，所有預留給員工認股計畫的股份之稀釋效應將由創辦人所吸收，而非創投投資人。

　　舉個簡單的例子，假設創辦人持有100萬股，尚未授與任何認股權，投資前估值為500萬美元，而創投投資人計畫投資100萬美元。表2.1列出了有員工認股計畫和無員工認股計畫之間的差別。

表2.1　創投人有無員工認股計畫之差異

以已發行股股數計算的交易價 500萬美元除以交易前的100萬股等於每股5美元。	有員工認股計畫、全面稀釋的交易價 500萬美元除以交易前的130萬股（創辦人100萬股和30萬的員工認股計畫）等於每股3.85美元。
創投投資人的100萬美元可購買20萬股。	創投投資人的100萬美元可購買26萬股。
成交後估值（股東持股比和股數）：	成交後估值：

股東	%	股數	股東	%	股數
創辦人	83	100萬股	創辦人	79	100萬股
投資人	17	20萬股	投資人	21	26萬股
	100	120萬股		100	126萬股

創辦人會直覺認為不能對雇員吝嗇，計畫越大越好，但這可能會不符合創辦人利益。但至少在理論上，董事會以獎勵的方式授與認股權來吸引及留住人才將有利於股東，可是，請不要發放任何無謂的認股權。其實這不只對股東有利，也有利於創投投資人和創辦人，所以不管最後用何種方式估值，創投投資人都可能在必要時選擇發放認股權來吸引人才。因此，一開始員工認股計畫最小，之後對創辦人和創投投資人造成的稀釋效應最小。

不論是否合乎邏輯，員工認股計畫都會是創投投資中的一部分。計畫的大小取決於公司所屬產業別等因素，主要與公司未來預期需要僱用的雇員類型和人數有關。因此，若在首輪發放可轉換優先股的公司已有完整的管理團隊，它的計畫會比目前沒有管理團隊，而仍須僱用管理團隊的公司來得小（根據就業市場上對此人才的供需狀況，公司可能需從計畫中發放大量的認股權給雇員）。

若創辦人想在投資交易中得益，每股股價（即估值和稀釋效應的表現）將是最重要的一件事。它將決定在既定投資額下，創投投資人將取得多少比例的公司股份。

交易後建立董事會

創投投資中的一個重要商議點是，交易定案後，要建立董事會，討論公司掌控權之相關事項。這對各方而言往往是個敏感的討論點。以多數決機制運作的董事會將握有公司掌控大權。公司和管理人員依法須遵照董事會的決定，包含僱用和解僱任何人（包含創辦人）。某種程度上，這就是我們先前所說的「從此就再也不是你的公司了！」有時候的確會出現創辦人被「自己的公司」解僱的情況。

創辦人往往希望掌有董事會大權。這時創投投資人腦中會警鈴大作。創辦人的立場是，這是他的公司，他不想讓外部投資人握有公司掌控權。而購買大量股份（如30%至50%）的投資人的想法是，他不願意投資一間由創辦人掌權的公司。過去多數的案例中，握有董事會超過半數席位

之人往往不是創辦人，也不是創投投資人。一般的解決之道是各退一步。投資人和創辦人個別提名席位人數相同的董事，這些董事共同選出一或多個獨立董事。這些獨立董事最好是相關產業人士或本身曾經是創業者。利用這個方法，董事會可以達到初步分權。此時，創辦人仍有可能被自己的公司解僱，但這位獨立董事必須同意解僱創辦人是最有利公司的決定。這是一個很合理的方式，若獨立董事也同意，那解僱創辦人對全體股東而言是公平的。（以上所及的前提是創投投資人購買了大量的股份。若投資人投資人買的量小（例如10%至15%），而董事席位總數為3至5席，通常投資人會願意接受只擁有1席。）

因為創辦人會和創投投資人提名的董事會成員緊密合作，創辦人應試著取得投資人對提名名單的口頭承諾。一般而言，這部分會由資深投資人負責協商，但有時會出現例外。資淺的雇員有時會被指派為董事，尤其是時程緊湊時。創辦人希望得到的是資深投資人的知識、經驗及協助，而不是跑來一位剛從商學院拿到學位的「萬事通」。最重要的是，創辦人不應預設立場，認為創投公司的主管會是創投公司於董事會的指定人選。

特拉華州及其他州立公司法註明，股東可按多數決選出董事會。如前所及，基於董事會人數是自行決定的，採多數決的票選機制將不盡人意。這個凌駕於公司法之上的機制是一個票選協議，闡明了董事會席位分配制度、簽署協議的各方（須為擁有投票權之多數股份股東）同意進行票選，並在必要時選出雙方的提名人（即創辦人與投資方）。同樣的機制也適用於董事之罷免及替補。

一旦雙方確定了董事會的組成方式，票選協議中有一小部分是可以協商的。然而，一定要再三確保這個協議於IPO或公司收購時失效。

有時會採用一個替代方式，以如願獲得董事席位分配，即修改公司註冊證明，表明優先股股東有權從雙方同意的董事會中指派某位董事。有些人認為這個方式是必要的，但這方式無法盡得人意。票選協議依法可強制執行，而投資交易的文件一定會具體表明創投投資人的董事提名人會在交割時上任。如此地在公司章程中異動只會使得董事會在人選安排上變得過度強硬，且換人不便。票選協議／交割方式的條件在法律上和實際上皆足

以確保董事席位適當分配。

創辦人和雇員股權報酬及行權

　　另一個在投資交易中至關重要的商議條件是，已發放給創辦人的普通股及認股權能否行權、行權比例為何、以及何種情況下能行權。創投投資後，不論創辦人是否有對自身加諸股份行權計畫（vesting schedule），應假設每個雇員手中（包含創辦人）的股份及認股權將跟著該計畫走。

　　全體或部分雇員的股份將會在聘僱關係終止時以原購價被購回（或「收回」）。「行權」一詞指的是，隨著聘僱時間的流逝，雇員的股份或認股權之利益逐漸減少，最終被公司收回的一個過程。一般對於行權的見解是，當聘僱關係終止，公司有權以原購價從雇員身上買回某比例的股份。若不是股份而是認股權，雇員可按比例行使的認股權將遭受終止。另外，公司得以原購價購回的股份比例或終止行使的認股權比例隨著雇員任期時間而減少。

　　若新創公司妥善成立，創辦人會在自身加諸股份行權計畫。即使創辦人沒有如此行動，首輪創投投資中的行權規定一般也會強諸於創辦人身上，這就是「血汗股權」一詞的由來。其背後的理論是，創辦人須持續為公司效力來賺取股份。若創辦人不再為公司效力，其部分股權理當被收回，進而將其授與被僱用於頂替此職位的接班人。此觀點的模糊之處在於其背後的假設為，創辦人未以公平價格買得股票，而是購得低價股票（票面價），因為他們不會獲得與市價等同的現金報酬（若創辦人本身在創投階段放入投資金，創辦人和投資人的持股處理方式則相同）。

　　另外，一般會建議在公司的新創階段，創辦人應對自身加諸行權限制，有經驗的法律顧問也會如此建議。因為若創辦人已經把一個合理的行權計畫準備好，創投投資人不一定會要求創辦人要實行行權計畫，而只把其擺在一旁以備不時之需。此外，先把行權計畫準備好是為了公平考量。創辦人不只是因為其對於商業點子和商業計畫貢獻的角色關係而獲取創辦人股份，如前所及，其也因為公司預期創辦人在未來會持續替公司效力。

創辦人之間把彼此視爲承諾兌現者，在公司需要他們的時候，他們不會因此退縮，而會盡一份心力來幫助公司成功。從另一個角度想，若三個創辦人在成立公司之日收到的股份一樣多，然後假設其中一人於隔天辭職，並得以保留自身的全部股份，試問有多少人會覺得公平？

行權與否很少有商談空間，但行權的條件規定是可以商談的。這些條件規定是由創投投資人於投資條件書中所立，而雙方之後會署立一份合約，列入這些條件規定。這份合約稱爲股票限制合約（stock restriction agreement）。

理論上而言，行權規定應根據創辦人於公司成立後三至四年之間的預期表現而定。於此，創辦人之間在預期表現的定義上應達成共識。一般而言，創辦人於公司成立之初對公司會有一定貢獻，例如，因爲他們的商業點子，才有公司的萌生。假設創辦人之間同意商業點子的部分占總預期貢獻的20%，則公司在成立之初時或期初，創辦人應行權20%。剩下的行權按照預期貢獻的期間持續進行。在創辦人有重大貢獻的情況下，例如，發展出了產品、獲得智慧財產權或達到銷售數字，一般可以在期初行權20%至30%，之後的三至四年再行權剩餘的部分（創辦人一般會選擇三年，而創投投資人正常會希望是四年）。若全體創辦人的所有貢獻爲撰寫商業計畫，則可能不會在期初行權。

行權可以逐年、逐季、逐月或逐日遞增。一般而言，間隔越頻繁，對公司和雇員越有利。以公司的角度而言，若行權日到來前不久，有雇員決定出走，其整天只等著行權那一天的來臨，失去工作動力，那對公司是很不利的。逐年行權會放大這個缺點，而逐月行權則可大大減低對公司的傷害，因此比較不可能控制解僱決定（有些公司甚至會選擇逐日行權，因爲公司不想看到雇員有一天的怠惰）。在新雇員身上最常見的方式可能是在聘僱第一年後進行第一次行權，之後的二至三年再逐月或逐季進行剩下的行權。這可讓公司評估，若因情況所需，可於聘僱的第一年內，在雇員尚未有權拿得股權前即解僱雇員。而對於創辦人而言，應力圖從一開始就逐月或逐季行權。

期初的前定行權比例和行權期僅爲所須處理事項的一部分。創辦人

可能成功議得收購後的部分或全面提前行權（或更不可思議地在IPO後，部分或全面提前行權）。這個條款會深深影響雇員鬥志，並可能阻礙公司收購。提前行權的條款有幾個值得討論的要點。針對收購，以公司和潛在收購方的角度而言，最好的方式是不提前行權，因為收購方在收購交易中所支付的一部分是為了換取公司雇員持續性的預期貢獻，特別是技術類雇員。收購方希望利用獎勵方式讓雇員有動力替公司效力，但不希望雇員變得太有錢而失去工作動力。其中的重點在於，透過收購，雇員能替創投投資人和股東賺取收益，讓創投投資人能變現公司價值。問題是為什麼創投投資人可以兌現，而雇員卻得以勞力賺取股權。不管什麼情況，部分提前行權是市場常態，至少對於高階管理層而言是如此，或甚至更常見於大型企業。

最常見的解決辦法（至少在資深管理階層和關鍵雇員身上）是在不提前行權和全面提前行權之間做取捨，也就是在收購時部分提前行權。在收購時，按比例行權部分未行權之股權，並持續行權剩餘的部分。剩餘的部分可能採提前行權的方式，或是全面縮短剩餘的行權期，但前提是雇員仍為收購方所僱。可行權一定數量的認股權、可行權一定比例的未行權認股權、或把指定的額外的行權期視為過期，這幾個替代方案有微妙的差別。若使用第一或第二種方式，為了持續行權計畫，會規定遞減行權。若用第三種方式，合約應清楚表明剩餘的行權日期都比照提前。

若收購後聘僱關係無故終止，雇員也就不需再擔心喪失未行權股權。這種情況下有全面行權。有些人認為若雇員未能從公司倖存方／收購方獲得工作合約，則應授與雇員全面提前行權，這是根據公平原則或是因收購方理應不在意。若收購方不打算留下雇員，則不需以獎勵方式慰留此人。但這樣做的問題是，未被續聘的雇員獲得的待遇比續聘的雇員還好（會出現選擇不續聘的奇怪現象）。此外，有些人會認為未被續聘的雇員實質上是無故被解僱。另一個方式是，在過渡期後（收購後半年或一年）給予全面行權，除非雇員辭職或因故被解僱。

有個難以掌控的事情是，有時經驗豐富的創投投資人會清楚定義只有以現金或公開換股為對價、或兩者兼具的對價才滿足「收購」的定義。這

邊要思考的是，若公司被另一間未上市公司收購（尤其當兩間公司都有困難時），創辦人不能算有提供一個退場機制給創投投資人。

理論上，相似的收購對價方式適用於IPO。然而，現行做法不會納入提前行權的條款。這背後的理論基礎大概是因為提前行權可能導致關鍵雇員離去，且公開IPO的招股計畫書會造成投資人的疑慮。

有時創辦人可在無故被公司解僱或於正當理由離職時（而非自願離職，即無正當理由而離職，或因故被解僱）商議到更好的條件。這個方式的可取性在專攻新創公司和創投的律師眼中仍有辯論空間。然而，有些人認為若創辦人無故被解僱或辭職，公司應採取比較溫和的解決方式，因為公司未能履行對創辦人的義務。年輕的公司不希望因無故或因故離職、或有無正當理由一事而產生爭議（更不希望演變成一場官司）。且若未有效解僱創辦人，將會導致公司喪失原先股權商議的有利位置（公司須想出補償辦法），因此，創辦人離職後，應全面收回未行權之股份。以上兩個方式都有其優點，但後者通常能在商議中勝出。

未行權股份的回購權往往是公司用來在一段時間內（三十至九十天）購回離職創辦人股份的一個選擇權，但比較好的方式可能是把這個回購選擇權改成回購義務，因為絕大多數的公司都想以票面價格購回股份，且若把回購變成義務，則可避免因疏忽而未能及時行使回購權的可能性。

缺乏經驗的法律顧問或創業者通常會在已行權的股份上加諸額外限制，讓公司可以在聘僱關係終止時以公允市值（通常由董事會決定）購回股份。於此，其中一方100%會受到不公平對待，且很有可能走上法庭，因為科技公司在新創階段時，很難估算它的價值。老實說，真的沒有適當的估算方式，唯一可以決定公司價值多少的方式是出售或是上市。總歸一句，在未上市科技公司中，以公允市價回購股份的做法將不會帶來好結果。

第 83(b) 條條文

不論公司何時發放有回購權的股票給雇員，雇員都應諮詢稅務專

家，以瞭解是否應填寫美國國內稅收法典第83條之表格。根據此條款，雇員提供服務而獲得的資產（包含股份）應計入收益。收益的金額為雇員接收股份時的股價和雇員支付的價格之間的差額。然而，若股份有時效限制，例如回購權過期，在受限期期滿時，股份則視為報酬收益（即一般收益），且同上，報酬收益等於期滿時的股價和支付價之間的差額。因此，在公司新創期間，因公司事業成功而被授與股票的雇員，以及須於之後幾年內行權之股票都會被予以一般所得稅率課稅，課稅的部分為股份增值額度超出支付價的差額，而課稅的時間點為公司的回購權期滿時。

若雇員相信股價可能會漲（即相信公司可能會成功），且可能行權股份，使用第83(b)條之表格則能有效節稅，且往往也會使用此表申報。若雇員選擇以第83(b)條表格申報，雇員的股份接收將列為相關應稅事件，且被予以一般所得稅率課稅，課稅的部分為接收時的股價（無關行權規定）超出購買價的差額。若最初的購買價等同於公允價格，則免於稅賦責任。更重要的是，若選擇以第83(b)條之表格申報，雇員在行權時將不會被列入收益。這種情況下，雇員要在股份售出時申報資本利得，而非一般收益，申報額度為出售額超出最初股份購買額之差額。

第83條條文可能也適用於當創辦人或關鍵雇員以現金購買股份（或被授與股份），而之後同意創投投資的行權限制課稅，或適用於因行使認股權得到股票而受限於回購權時。

第83(b)條之表格須於獲得限制性股票後三十天內申報。逾時申報將可能導致稅額劇增。

　　獎勵性認股權或限制性股票在大中華地各區有不同的稅賦優惠，透過境外控股公司亦能夠取得這些福利，且隨著中國、臺灣、香港、新加坡的地方公司法走向現代化，福利適法性的機會也越來越高。有個實用手法是，多加一則條款，准許公司將獎勵計畫從A管轄權轉到B管轄權，因為在大中華地區預備IPO的過程中，通常需要進行轉換。一開始在獎勵計畫和合約中加了這個條款，將能免去之後的爭執不休。

保障形式：普及的可轉換優先股

最常見的創投投資形式爲可轉換優先股。因爲持有人可選擇將其轉換成普通股，若公司事業成功，可轉換優先股將使創投投資人得到全面勝利；若公司倒閉，可轉換優先股可讓投資人比創辦人早一步拿回投資的錢。此外，可轉換優先股提供了其他的保障，包含投票權、反稀釋條款、核准權及贖回條款，將於之後討論。

以上投資架構有時會有例外，例如，在公司新創階段，投資人（尤其是天使投資人）和公司有時難以在投資價格上達成共識；或投資人確定這間公司值得投資，但卻對創辦人出的價不滿意，會選擇其他投資架構。另外一個相似的狀況會發生在經營歷史較長的公司，當有私募股權基金市場之浮動造成估價困難，或是因預期下一輪投資迫在眉睫而發放過橋貸款給現存投資公司，加上因爲在接下來的投資協商會個別和新的創投投資人訂立投資價格，所以此時在要避開過早定價的情況下，也會選擇其他的投資架構。這些情況下，投資人和公司可能會選擇延後估價而協定簽立承諾付款的票據。票據會自動轉換成下輪優先股之投資價、或其折扣價、或是下一輪投資未發生時之共同約定價錢。相對而言，這些投資交易在施行上其實快又不貴。

優先清算權

可轉換優先股的首要經濟面向是其優先清算權。在多樣化的可轉換優先股之投資中，其共通點或許可以這句話來形容：「人頭朝上我贏，字朝上你輸」。我們所說的一般可轉換優先股（straight convertible preferred stock），在公司清算時，可讓投資人在下列二選一的投資報酬選項中，選取比較多錢的那一個：(1)當時支付股份的原購價，通常會再加上贖回優先股時5%至10%的股利，或(2)在優先股轉換成普通股後，分配給普通股股東和前優先股股東的份額。（和創投投資人解釋這件事時，一定要這樣說：「不管(1)或(2)哪個錢比較多，投資人有權拿到比較多的那一

個」，而不是要求投資人預先選擇。有些情況下，尤其在有業績提成費的交易（earn-out transactions）中，優先股股東不可能在清算時就知道行使優先清算權或轉換成普通股哪個比較有利，只有確定業績提成費後，才可能會有答案。）

另一種可轉換優先股稱爲分紅優先股（participating preffered stock）或稱雙重分配優先股（double-dip preferred stock），此股可讓投資人先行使優先清算權（最少能拿回原購價和應計股利）。之後，優先股等同已轉換爲普通股，投資人可和普通股股東一起按比例分得剩餘的收益。上述的方式等同於債券附認股權證、或債券附普通股的形式，但公司的負債將不會在資產結構上對借方產生任何不利影響。

若公司財務吃緊，創投投資人可能也會在議定優先清算權時，要求每股有更高的回報。憑藉著優先清算權，投資人有權要求公司在分配給普通股股東任何報酬時，（舉例來說）以5倍的原購價當作投資報酬。許多評論員質疑這樣的做法，即使是投資方也會搖頭，因爲這可能會嚴重影響到管理階層和關鍵雇員的投資報酬，甚至進而導致創辦人和雇員提出辭呈，以示不滿。

優先清算權選哪種完全由雙方商談而定。兩者本身不分好壞，也無關公平與否。如果一切照常進行，分紅優先股反而會使公司估價偏低。於此，創業者應嘗試透過商談發放一般可轉換優先股，而非分紅優先股。若創辦人同時擁有兩個選擇，他們只需要比較選擇哪一個會有比較大的贏面。在收購中，投資人收到並用來支付的價格越高，分紅優先股所帶來的贏面越低。創辦人一般可以透過商談，要求分紅優先股的上限。若有規定上限，投資人雖可用清算優先權選擇較高的份額，並加上剩餘的收益份額，但不能超過原投資額度的規定倍數（通常爲3至5倍），或只能收到清算前立即轉換成普通股所能收到的份額。

不論選取這兩種計算方式的哪種，「清算」的定義意指公司收購。不久之前，才出現創投投資人投資的新創公司進行了所謂眞正的清算，形成收益須發放給股權持有人的狀況。一般的「收購」定義係指：

(i)　合併，其中目標公司的股東不再擁有其公司的多數股權，且／或不擁

有其公司或母公司的投票權。

(ii) 公司已發行之股本全數出售。

(iii) 公司資產全數出售。

股利

創投交易中，可轉換優先股的條款沒有明確規定要發放優先股股利，除非公司清算或贖回優先股；反之，條款會禁止發放普通股股利，且通常會包含優先股的累計股利。這個股利隨時間增加（或累計），但除非董事會宣布發放，否則將不會發放（而董事不可能發放，因為成長中的公司需要資金，且創投投資人一般也無法操控董事會）。然而，若發生清算事件（公司之出售稱為清算事件，IPO通常不被視為清算事件）或優先股被贖回，董事會則會發放股利。股利累計是一個保障機制，用意是保障最低報酬率，但通常會在IPO時、或在優先股轉換為普通股時而喪失股利領取權。（其原因為在這些情況下，投資報酬會大於最低累計股利，因此不再需要保障機制。）累計股利有許多不同類型，包含以現金支付的股利和發放額外優先股為股利。此外，儘管一般的累計股利是以單利計算，但有時創投投資人會要求以複利計算。

反稀釋條款

可轉換優先股中的反稀釋條款可能是對新創公司創辦人最具威脅的條款。於轉換時可發行的普通股計算比率易變不一，且可能會對創辦人及普通股東產生不利影響。

反稀釋條款有兩種類型。條款之設立有兩個基本目的，其中一個不具爭議性，但另一個具有潛在高度爭議。

不具爭議性的反稀釋條款為，當股票分割、股利發放、資本重整（recapitalization）等相關事件發生時，自動調整轉換價的條款。此條款本質上是公司內部管理的條款（corporate housekeeping provisions），但仍有其

必要性，因爲尚未成熟發展的案例法可能無法在這些事件中保障投資人。

　　另一個投資人會堅持要求的反稀釋保障爲價格反稀釋。爲了瞭解反稀釋條款如何運作，首先要先瞭解，當優先股剛發放時，優先股轉換成普通股的比率會設定成一比一。其比率公式爲優先股起始發放價除以轉換價，也就是原始支付價，所以就變成一比一。當第二輪投資結束，會希望發放的證券價格提高。若公司事業成功，價格自然會提高（在市場條件和其他因素都正常運作之下）。然而，價格可能會維持不變或降低。若價格不變或提高，反稀釋條款將不會起作用。只有當第二輪投資時的價格下降，反稀釋條款才會發揮作用，降低起始轉換價，在轉換時讓優先股股東得到更多的普通股股份。這背後的理論基礎是爲了補償之後的投資人以較低的每股股價買入股份而使優先股股東的股權蒙受稀釋效應。

　　加權平均條款（weighted average）和全完全棘輪條款（full ratchet）（或完全棘輪條款，ratchet）是兩個基本的價格反稀釋保障。加權平均反稀釋會減輕反稀釋的效用。簡單地說，當發放給投資人股權而造成實質稀釋效應時，加權平均反稀釋條款會比完全棘輪條款更有用：若以較低的價格發放更多股份，則會對優先股的轉換比率做出更大幅度地調整；而若以較低的價格發放較少的股份，則減少調整幅度。有了加權平均反稀釋條款，當以比轉換價更低的價格出售股份時，轉換價會降至公司已發行股份全數售出的平均價，把公司發放的普通股定價爲未調整之轉換價。認股權證、認股權或可轉換證券之發放被視爲是原始股份之出售。（加權平均法可進一步細分爲分廣義及狹義加權平均，差別爲相同普通股之權益皆會算到全面稀釋效應的基礎上。）

　　另一方面，完全棘輪條款把之後以比投資人購買價低而發放的股票一視同仁。不論發放了多少股份，轉換率的調整幅度皆不變。不管賣出幾股，轉換價被調降至原始可轉換優先股發放後股份出售的最低價。如此，若下輪投資的定價爲首輪的一半，原始優先股的轉換價會直接砍半。原先的優先股投資人會在轉換時不費吹灰之力，無條件地收到2倍的普通股股份，造成創辦人和其他普通股持有人必須承受大幅度的稀釋效應。如此一來，等於公司在出售股份時給了優先股投資人最低的價格。

以下為典型的加權平均反稀釋條款內容：

假使公司在A系列股首次發行日後的某時間點發放了額外的股通股股份，在沒有對價或每股對價低於發行前生效的轉換價之情況下，轉換價與發行價應同時調降。以下的公式所計算的結果恆為調降後的價格：

$$p = p^1q^1 + p^2q^2 \div q^1 + q^2$$

其中：

p = 發行新股份後的轉換價

p^1 = 發行新股份前的轉換價

q^1 = 發行新股份前，已發行普通股之股數（或是全面稀釋的已發行股份，即所謂的廣義反稀釋計算法）

p^2 = 新發行的每股股價

q^2 = 新發行的股份中，額外的普通股股數

完全棘輪和加權平均法之反稀釋條款存在數個常見例外。以下是發放股權或認股權時，不得進行反稀釋調整的範例：

「額外的普通股」意指公司在A系列股原訂發行日後發行的所有普通股，但惟不含：

(i) 在A系列股原發行日所發行的普通股或認股權行使後應發行之股份、或經轉換或經交易得到的可轉換證券；

(ii) 發行為股利的普通股、或未來應發行為股利之股份、或發行之優先股；

(iii) 因股利、股票分割、公司拆分（split-up）而發行之股份或應發行之股份、或根據以下情況而發行之普通股；

(iv) 先前發行上達〔〕股之普通股、或根據董事會核准的計畫規定，未來應發行予公司或子公司雇員、董事、顧問上達〔〕股之普通股（若董事會多數決同意，則可超過上限）（認股

權也比照辦理）（若因發行股利、股權分割、合併或注資而
造成股數改變，則調整上限）（且進一步規定任何與此股份
有關、期滿或終止而未行使的認股權、或根據條款以原購價
購回之股份將不受此上限所限制）；

(v) 以公司爲一方，與銀行融資、和供應商之間的合作關係、或
和設備租賃公司之間商定而發行於銀行、供應商、或設備租
賃公司之股本、認股權、或可行使之權證；或因併購另一個
事業體而發行之股本；兩種情況皆由董事會以多數決核准。

　　雖然後續降價投資中須注意的細節事項不在本章所討論的範圍內，但
任何關於價格反稀釋的討論——尤其是網路泡沫化後出現的創投投資世代
——都應提及有時會由公司提出的一個保護機制，讓前面的投資人在不提
供更多資金下，無法從完全棘輪條款獲益。所謂的參與條款（play-or-pay
provisions）是一個可促使現存投資人想參與後續的投資的強烈誘因。若
受參與條款所規範的優先股投資人不參與新一輪的投資，優先股投資人的
部分或所有特權（例如：價格反稀釋保障、優先清算權、特別投票權、或
贖回權）將會被剝奪。沒有特權後，通常會自動轉換爲某類優先股，或直
接轉換成普通股。各方投資人往往會在參與條款上熱議一番。

強制轉換成普通股

　　可轉換優先股之條款規定，依1933年證券法，主管機關認可的承銷
商對公司普通股公開承銷之受託義務，於登記聲明生效後，優先股將於
IPO交割前自動轉換爲普通股，因爲若在IPO後仍存有可轉換優先股，可
能會不利銷售及股票定價，而許多創投優先股之條款規定會和上市公司的
實際營運相違背。

　　除了承銷受託之規定，通常還會規定公開承銷價至少須爲轉換價的倍
數，讓公司可以從IPO中獲得規定的銷售總額。這些額外的規定實質上是
不必要的，因爲你很難想像創投投資人會不歡迎國家認可的承銷商發布的

IPO。而且這些額外的規定可能也會造成一些問題，例如，若未完全滿足該規定，在最後一刻決定降低規定門檻，可能就會使IPO無法及時定價和交割。有經驗的法律顧問會在一開始就試圖說服創投投資人撤銷掉這些額外規定。

優先股協議和個別投票權

因爲投資人沒有董事會的多數決掌控權，所以他們認爲公司應在某些重大事件上賦予他們否決權。以下列舉公司在未取得一定比例的優先股持有人同意下，被禁止採取的幾個行動：

在未取得〔一定比例〕的優先股持有人之同意下，

(i)　若此行動可能對優先股持有人的優先權、特權及其他權利產生不利影響，公司不得在章程施行細則中修改、廢除或增加任何條款；

(ii)　公司不得支付或宣布發放股利、或分配股本（應付普通股股利除外）、或不論是否透過子公司，將資產直接或間接用於股本贖回、股本退廢、股本購買、股本收購（除了在聘僱關係終止時，以原購價購回普通股外）；

(iii)　公司不得重新定義普通股之類型，以致該股擁有高於或同等於優先股之優先權；

(iv)　公司不得出售、租借或讓與公司所有資產；

(v)　公司不得自動清算或解散；

(vi)　公司不得收購其他公司或法人之所有資產或股份；

(vii)　公司不得進行合併、或核准子公司進行合併；或者

(viii)　公司不得於任何時候借貸超過$〔 〕的自有資本總額而造成負債。

「一定比例」的高低須由各方商議。投資人往往關心是，能否擋掉不

中意的交易，所以會把這個比例拉得相當高。創辦人應試著說服投資人，這樣做對他們沒有利處，因為如此一來，大多數投資人中意的交易更可能會因某個不講理的投資人的阻擋而無法進行。

贖回

　　於創投投資中發行的可轉換優先股為贖回型優先股。若公司未於規定時間內被收購或上市，一定比例的優先股持有人可要求公司以優先清算價贖回他們的優先股。通常贖回額會分期於幾年內全數攤還。此條款的目的在於，若公司顯然沒有成長，反而每況愈下，創投投資人將可要求公司贖回股份。因為創投基金有限期，創投投資人有須在一定時間內清算投資的壓力，因此才有了贖回型優先股。

　　然而，贖回的情況其實很少見。只有高增長的公司手頭上才會有足夠的資本來支付收購價款，所以這則條款之威脅力如同紙老虎一般。在公司法之下，除非公司有足夠的法定股本，否則會被禁止贖回優先股。為了強制執行此條款，投資人可以要求設立這則條款：若有違約，投資人將獲得董事會的掌控權。但投資人很少會真的掌控董事會，因為他們會怕背後的承擔責任（特別是在債權人身上的責任）。如同在經濟蓬勃發展的1990年代，贖回條款通常會直接從優先股的條款中省略。

　　贖回型優先股的條款內容會將贖回定義為強制回購權（a put right），而非自動贖回。於此，在顛簸微升的情況中，若公司優先股每股股價高於贖回價，股東不願股票被以固定價格贖回，更不願看見股票被自動贖回。因此，較常見的做法是雙方在估值上達成共識，讓投資人擁有較高的清算優先權或公允市值。

　　總而言之，花錢請律師著墨贖回條款是沒有必要的，但此條款仍是創投投資中的標準條款。

 編者言

　　十年前，由於執業律師缺乏經驗，優先股在大中華地區並不普遍。今天的大中華地區，優先股不只用在創投投資交易，也應用在公司併購、不動產投資等情況。有些地區也增修其公司法，讓優先股的應用更為彈性，例如臺灣。然而，差異和限制仍存在（或模糊不清），也是許多創投公司堅持用開曼群島控股公司的主因，因為投資人對開曼群島優先股股東的權利穩定性和強制性更為放心（即以英國法律為基礎）。

附帶合約

　　一般而言，在創投交割時，會簽署數個附帶合約（ancillary agreements），使某些常規商法條款生效。

股份購買合約

　　股份購買合約是一份投資人同意投資於公司的合約。它和一般的購買合約長得很像，會註明優先股的購買價、公司的聲明和保證、肯定和禁止條款（affirmative and negative covenants）、交割條件，以及證券法中投資人必須遵照的私募投資聲明。其最受爭議的問題是，創辦人是否必須做出個別聲明，以及是否要根據公司表現和其他條件而決定要有一輪投資或多輪投資。

　　創辦人之個人聲明常見於首輪募資。某種程度而言，公司的個別聲明沒有意義。若之後發現聲明有問題，不可能把錢全還給投資人，因為投資的錢全源自投資人，而部分或甚至全部的錢早已花掉。因此若違反聲明與保證，投資人只能拿回一部分的錢。對於這個問題，創投公司會有不同的做法。比較極端的方式是，創辦人會被要求和公司進行一樣的聲明和保證，包含公司正當組織營運（due organization of the company）、股權有效發放、不違反對方權利或違約（non-contravention）。創辦人和公司顧

問通常會強烈反對這個要求。另一個比較公平的做法是，要求創辦人對他們應該瞭解的事情做出聲明：不承諾發放更多股權；創辦人自身沒有違反先前的聘僱合約、發明轉讓、保密條款和非競業合約；創辦人未受到任何上述所及之威脅或任何有關智慧財產權之威脅。相對而言，在之後幾輪的投資中，當公司營運了一段時間，創辦人比較不會被要求做出聲明保證。

　　投資次數（一次或多次）會大大地影響投資金額。有時投資人會要求投資基金階段式交割。能否馬上拿到資金不重要，要等待一段時間亦無所謂，真正重要的是在什麼條件下，投資人可以免於更多投資。有時投資人會要求第二次交割，完全是為了要公司對於聲明與保證再次重申，包含公司在這段期間無重大不利改變。若真有此要求，重申時要特別注意。例如，若公司聲明已發行了某股數，重申的內容需與第一次聲明的發行股數一致，否則，額外的發行數將違反聲明與保證，且不符合第二次交割的要求。除此，通常還會要求無重大不利改變的聲明之「持續性」所適情況。創辦人會對此爭議，認為不可能在聲明與保證中完全涵蓋他們所需保障的狀況。以公司的角度而言，聲明本身就存在模糊地帶，容易遭受爭議。公司也會認為投資人理當接受高風險的科技公司本身就存在不利改變的風險，不應以公司發生不利改變為藉口而拋棄公司。

　　同樣地，有時公司會被要求，須達到規定的表現方能進行下一輪投資交割。投資人認為，他們會投資是因為公司保證在一段時間內會達到目標表現，他們想要把錢投資在刀口上。公司對達到目標表現越沒信心，越容易失去投資人的信任，也就失去投資基金。不論如何，公司需小心翼翼，在首輪募資中募足可達成目標表現的資金，然後，達成目標表現，完成投資人要求，順利進行後續投資。

優先購買權和共售權合約

　　對於未上市公司，創辦人和投資人希望自身和雇員在公司持股上能保持團結。創辦人——有時也包含投資人——會被禁止把股份先賣給新投資人，而必須把證券的優先購買權（right of first refusal）以相同價格先給公司，其次再給投資人（有時也包含創辦人）。一般還會規定若創辦人未全

權行使優先購買權（很少會在投資人身上有此規定），出售股份的那位創辦人須同意投資人按比例將一部分的證券賣給新的投資人，這稱之為共售權（co-sale right）。設定此條款的原因是因為投資人的投資動機是出於，創辦人投身了事業以及設立了股權獎勵辦法，創辦人自身不應比投資人先一步打退堂鼓、退出公司。此條款理應不具爭議。

　　有時合約會附加一個領售權（drag-along right）條款。若達一定比例的投資人希望出售公司，創辦人則一併被拉進此出售交易，即和投資人一起表決是否出售，並和投資人一併簽署合約。這個條款對創辦人很危險，因為投資人的利益常異於創辦人。投資人可能因公司成長不如預期而死心，希望出售公司，拿回他們當時投資換到股份的錢。因為投資人有優先清算權，投資人能比股東先行一步在清算時拿回錢，但創辦人對出售公司的合乎性卻持不同想法。要修改這個條款的方式是，透過提高出售的財務和法律門檻條件，讓創辦人可以被迫被拉進這場出售交易。

投資人權利合約

　　投資人權利合約是個能讓投資人對公司強加肯定和禁止條款（affirmative and negative covenants）的方式。肯定條款一般包含使用權限（access rights）、每月財報編制、每年預算編制及優先認購權（preemptive right），讓投資人能優先購買公司新發放的證券，維持其比例權益（但存有和反稀釋雷同或相同的例外規定）。另一方面，禁止條款會包含公司章程的投票表決章節未提及的某些事項。

　　大中華地區的股東協議中所訂定的權利絕大多源自於美國。據我所見，兩者其中的一處差異在於，在美國，基於當地的「標準做法」，各方往往不會像在併購交易大動權利，而是會設法加快交易速度。而在大中華地區，基於你我所認知的「標準做法」，各方往往無法加快交易速度，有時便導致協商過程延宕（例如，在中國常見創投投資人要求創辦人，倘若公司被發現低報稅額或應收帳款數字很差，創辦人個人得賠償公司損失）。

登記權合約

　　登記權合約詳細記述股份於公開市場出售的標準和程序。此合約的收益人為投資人，但有時也會有創辦人。

　　該合約賦予了兩種登記權：要求登記權（demand rights）、共同登記權（piggyback rights）。

　　「要求登記權」使投資人有權要求公司登記部分或所有股份，讓他們可以對外出售而不受限。該權利通常會在IPO一百八十天後生效，能有效建立起承銷商會對投資人提出的閉鎖期。「要求登記權」的用意是，可讓投資人在幾年後迫使公司進行IPO，因此，雙方會對該條款的適當性有所爭議，然而，實際上，要迫使公司進行IPO是不可能的（管理階層的參與很關鍵），所以雙方應該把力氣省下來用在其他的條款。

　　公司上市了一段時間（一年）後，就符合S-3的資格，可向證管會申報簡易版的登記聲明。因為S-3的申報程序相當容易，所以創投投資人通常會要求在S-3的需求登記權上不受限制，但登記時須達到最低額度之規定。因為一般的創投基金在公司符合S-3資格前就已經把公司的證券分配給投資人，且因為S-3登記費用低廉，所以該條款亦不值得雙方爭論。

　　共同登記權可讓投資人（有時也包含創辦人）在公司申報登記聲明時，登記自身的股份。

　　因為在IPO上二次發售是一件敏感的事情，因此登記權合約中有一個所謂的排序條款（cut-back provision），內容是把IPO二次發售的可行性讓給承銷商決定。若主承銷商斷定只能發售部分股份，登記權合約中一般會排列投資人股份出售的優先順序，而創辦人有時也會被納入排序。

　　這些合約也會詳細記述證券登記程序和證券法賠償責任等相關問題，這部分的條款相當制式且不具爭議。雙方不應把焦點過分集中於登記權合約，失去它原有的美意。事實上，承銷商在公開發行上有全權做任何決定，所以除非承銷商有異議，欲刪除某條款，否則登記權合約很少從抽屜拿出。

創投投資人會要求的其他合約包括

- 雇員保密和發明轉讓合約。這些合約規定全體雇員保守公司的機密資訊，且應無條件將雇員自身將與公司事業體有關的發明、於上班時間的發明、或使用公司資源創造的發明轉讓於公司。
- 創辦人、關鍵管理人員和技術人員的非競業合約。

後續投資輪

　　從實際面和法律層面而言，後續幾輪可轉換優先股的投資應比首輪募資省時，耗費也較低。一般而言，雙方會承諾儘快敲定交易，盡可能簡化形式，並希望在首輪就解決掉大部分具有爭議的問題。若每一輪的投資人大抵維持不變，通常法律顧問更會同意沿用首輪使用的表格文件。正常來說，為了簡化公司的合規要求，所有的主要合約會由各方共同修改、重申及簽署，隨後整合成一份完整一致的文件。而公司章程僅會要求增加後幾輪投資的一些要點。

　　然而，後幾輪投資中會出現幾個新的問題。第一，誰擁有兩輪投資中優先股之優先權——也就是說，新一輪的投資是否和前一輪在優先清算權、股利分配等等具有同等位次（pari passu）？此外，董事須確定要增加一或多個新投資人之指定人。最後，以首輪投資人為利而商議的肯定和禁止條款須整合納入新的文件。整合成一份條款文件對公司而言是比較理想的，其讓新舊投資人可共同透過表決而撤銷條款。新的投資人可能會堅

持要有自己的一份條款文件，撤銷權由他們掌握。我認為這個方式短視近利。在多數情況下，新投資人自成一團，欲阻礙其反對之行動，這將不及其他輪的投資人聯合阻擋對新投資人有利的交易，所以最好的方式是把條款整合起來。若所有投資人以多數決表決（必要時，則以絕對多數決表決），認為某行動為有利行動，則可撤銷條款，批准行動。

結論

　　法律層面的問題在創投投資中或許是最微乎其微的。最重要的是獲取足夠的投資金以助公司成長，並找到創辦人認為可以合作和信任的投資人。不管從哪一方的角度而言，在合約或條款上取得的優勢和劣勢並不太會影響投資結果。重點不在簡化估值、董事會掌控權、反稀釋等創投投資的法定或經濟條款，而是確定多數合約文件合乎標準。各方應把精力集中在那些少數可協商的問題，迅速達成協議，隨後回到工作崗位各司其職。

債權融資之基本面向

　　未上市科技公司只在這兩種情況下債權融資：當公司起色，有應收帳款和存貨時，會與現存或目標投資人進行過橋貸款（bridge loans）及資產擔保融資（asset-backed bank financings）。未上市公司有時也會舉債籌資以收購其他公司。因此，具備一些債權融資準則的實用基礎知識是很重要的。除了到期日（maturity date）、利率、應付本金及利息等基礎經濟條款，債權融資的主要問題環繞著自身債權之於其他公司債權的優先順序。優先順序指的是誰在清算時先拿到錢，而這裡的「清算」指的是公司經營失敗，自行把資產分配給債權人和股東，或公司自行或被迫宣告破產而由法庭分配資產。若某債權須比另一債權先行受償，此債權則擁有優先順位。若兩債權位次同等，則稱為平等受償。優先順位是由債權契約條款所定——由借方（即公司）和貸方簽署的契約，而借方之間的契約稱為從屬協議（subordination agreement）或債權人互信協議（intercreditor agreement）。

在一個結構複雜的未上市公司中（在舉債收購後），可能會有以下情況：

- 優先擔保債（senior secured debt）。
- 次級擔保債（subordinated secured debt）。
- 優先債（某人從屬於優先債權人）。
- 優先次級債（這個用詞並無自相矛盾——意指次級債權人從屬於優先債權人，並且有另一個次級債權人從屬於此次級債權人）。
- 次級債（往往可轉換）。
- 優先股。
- 普通股。

公司財務和債權融資之基本面向

在討論從屬協議和債權人互信協議前，我們先討論公司財務的基本面相和一些專有名詞的定義。

公司的資本包含股權和借款債務。股權一般包含了普通股和／或優先股，一般稱爲股本；借款債務則是一個在規定日期或按期（在每個到期日）償還借款（本金）以及利息（固定或浮動利率）的承諾。本金可於到期日償還，稱爲期末整付（balloon payment），或以分期攤銷償還；而債務不一定能預先償還（若可預先償還，會有額外費用或預付罰款）。債務可能爲純債務或股權型債務（可轉換成普通股或保證能以固定價格購買股本）。公司也將會有其他類型的債務（如應收帳款），其不被視爲資本。

公司的股權價值即公司的股本價值，即所有可出售之股份。公司的控制股東可在出售時收到控制權溢價（control premium），或比大股東收到更多的錢。相反地，小股東的股份容易被打折。

公司的企業價值是公司股本加上長期債務（funded debt）或借款債務。理論上，股權價值爲股權持有人手上的公司未來淨現金流量之現值，即未來的現金流量，包含貼現爲當前債務的未來債務或償還債額。股市看的是股權價值，而公司的資本、或稱市值（market cap）等同已發行股數

乘以每股股價。上市公司會以累計每股盈餘（EPS）被估算其市值。盈餘和每股盈餘由一般公認會計原則（GAAP）所定，而本益比（或市盈率或累計市盈率）是市場用來衡量每股盈餘成長的計算方式。

　　公司何時會在資本結構中舉債，又是為什麼呢？一般現行公司的財務策略是，在可接受風險內極大化每股盈餘。若無特別因素，增加每股盈餘就是增加了公司市值。情況合宜下，謹慎地操作債務可使每股盈餘增加，帶來金額高過應付債務利息的現金收益。因為股本不會和純債務一併發放，所以在定義上，這種情況下的每股盈餘會升高。此外，上市公司買回股份時，每股盈餘也會升高，此時，公司會有超額現金，產生相當低的利息或其他投資收入，而買回部分已發行的股份會使每股盈餘上升。

　　若以正確的價格出售額外股權，每股盈餘也會升高。公司預期（不論長期或短期內）其事業體和盈利可透過出售額外股本而成長，一旦公司成長，即使股份發行了更多，每股盈餘也會升高。

　　貸方要如何衡量借方（公司）債權融資的風險呢？貸方會以借方之資產負債表衡量其資產、負債和負債對資產的超額（或對股權的超額）。股東的股權會結合公司過去的累計盈利和已發行股的收益。此外，貸方也會利用損益表和現金流量表衡量其風險（即借方盈利和現金流是否足以償還債務）。

　　最安全的貸款為資產擔保貸款（asset-based），其以應收帳款及存貨等公司資產作為抵押（即置留權），其貸款額度為應收帳款及存貨價值的一定百分比（即可收回的帳款，而非逾期帳款），而利率等債務條件由貸方衡量風險後而定。該風險一部分包含對公司的預期表現和債務級數（tier）。貸方喜歡名下有很多低級數的債務，使公司保有充足資本。

　　為了降低風險，優先貸方和次級貸方皆會透過債務條款和權利要求提前償還拖欠債務。這是必要的，因為股權持有人和債權持有人的利益不盡相同，在公司尚未成長前有不同的權衡取捨。債務條款包含：
- 限制公司其他債務額度。
- 禁止分配股利予股東。
- 禁止預付其他債務，尤其是作為高級債緩衝的次級債。

• 禁止發放置留權於其他債權人。
• 禁止授與同等位次或位次較高的債權優先順位。
• 應維持一定的財務比率或正常的財政措施。
• 禁止轉讓子公司資產。

　　未按規定償還債務、違反債務條款和逾期未償還其他債務（連帶違約）皆構成違約。

次級順位

　　次級債意指在優先債全數受償後，得以受償的債。次級順位（subordination）須由次級債權人簽署次級合約而產生。次級順位也可以作為次級債權人接收的部分債券條件或其他債務工具。後者用於當公司沒有任何優先債，但預期未來會產生其債，希望以此方式發放的債務次於未來債務。這個方法非但可行，也對次級債權人產生法律約束力。但若在發放次級債時已有優先債權人，優先債權人通常會堅持要求次級債權人簽署次級合約和次級順位。

債務級數的產生除了與次級順位有關，還與什麼有關？

　　您可以同意在債務償還的順位次於另一個債權人，別的債權人也可以同意順位次於您之後。但您無法要求對方排在您後面，除非透過擔保權益（security interest）。

　　與次級順位不同的是，公司和債權人可透過擔保權益擔保某債，使其順位優先於其他債務。次級合約相當複雜，除了清算順位和破產順位，還牽涉其他問題。擔保權益與次級合約的不同之處在於，在沒有次級合約的情況下，擔保權益和其他相關優先債無法影響次級債的條件，只會影響順位。

　　在有子公司的公司結構中，也就有所謂的結構性次順位（structural

subordination），意指若債權人以母子公司的結構關係貸款於母公司，在清算時，不論子公司的債權人在順位上有多後面，仍排在母公司的債權人前面，這是因為母公司債權人能觸及子公司資產的唯一方式就只有透過子公司發行股利予母公司。因為股份屬於股權，所以順位上排在子公司的債務後面，而子公司的債權人以股東的角色而言，順位上優先於母公司，因此有「結構性次順位」一詞。母公司的債權人試圖藉由獲得子公司擔保母公司的債務，進而規避結構性次順位，創造與子公司債權人對等地位。該方法應屬可行，但在破產的情況下會因反詐欺轉讓法和破產法條款而失效，因為以上法規用於保護債權人，使其免於因借方產生債務責任而使債權人無法拿回任何或足夠的帳款。

針對破產，還有一個衡平居次（equitable subordination）的概念，適用於因債權人的內部地位或債權人濫權時，法院依據衡平居次法則把優先債或平等受償債改為次於公司其他債的次級債。

為了更瞭解清算事件和破產時的次級順位，我們可以先認識破產時，債權人的債務分配順序。首先，擔保債會受償。然後，再根據積欠未擔保之債權人的債款，按比例將餘額分配於未擔保的債權人。接著，若債權人之間簽有次級合約，次級債權人將其收款轉讓予相對的優先債權人，直到優先債權人全數受償。圖2.1為轉讓之範例。另外，有種債項稱為優先次級債，乍聽之下似乎有些矛盾，其意指順位上優先於某些債，但同時位居某些債後面的債（也就是說，雖然有些人為次級債權人，但仍有順位更後面的債權人）。老實說，這裡的討論有點過於簡化；在破產時，破產法其實還有規定級數和優先權（priorities）。

圖2.1為清算時資產分配的範例：

資產負債表
資產$600,000美元
擔保債$0
優先債$500,000
次級債$500,000
應收帳款$500,000

如何分配？
優先債得到$400,000：首次分配時拿得$200,000，轉讓時再從次級債權人身上得
到$200,000。
次級債分毫未得：債權人必須把所得轉讓給優先債，直到優先債全數受償。
應收帳款增加$200,000：首次分配時增加$200,000，且無須轉讓。

圖2.1 轉讓範例

以下為更趨複雜的上市次級債權融資中會出現的慣用句型，希
望這句子有助於之後的討論。

「基於該次級順位，在無償還能力的情況下，非屬優先債的
〔無擔保〕債權人之受償比例可能會低於優先債之債權人，但
可能會高於次級債之債權人。」

次級順位之其他面向

次級合約比清算優先權條款來得複雜。

會如此複雜是因為當債權人認為情況變得不確定時，優先貸方會希
望，等清算到來的同時，能擁有更多掌控權。次級合約負責處理三大問
題：清算優先權、阻擋受償，以及解除清算權或補償限制，也就是為什麼
只取得借方資產擔保權益對優先債權人來說是不夠的；即使優先債權人本
身已具有清算優先權，還是會希望簽訂次級合約——因為其想要的是阻擋
受償和補償限制的掌控權。

次級債完全受償條款是在次級合約中會被熱議的問題。在「高度」
或完全從屬的情況下，只有在優先債完全受償後，次級債才能受償。想
當然爾，優先債之借方處於優勢時，會樂見這種方式。然而，更常見的
條款是，要求公司支付次級債利息（有時會要求支付期中本金及分期付
款），但前提是未逾期償還優先債或未發生優先債違約事件（event of
default）。前述兩條款意指優先債並無實際違約事件，或無未履行告知
義務或僅因某條款之期限超過而造成違約事件。該條款還有另一種制定

方式，內容為禁止在優先債到期日時償還次級債（不論是正常或提前償還），而須等到優先債全數受償後才能償還次級債。這條款指的是，即使有逾期未償還的情形發生或發生違約事件，次級債仍可正常受償，但前提是優先債行使補償、提前受償或宣告到期。

　　次級債權人手中仍有籌碼運用的情況下，會認為不該被永久阻擋受償；優先債權人應在一段時間後當機立斷，做出選擇（即若在逾期後一段時間內不提前債務——例如，六個月內——則不得繼續阻擋受償）。

　　另一個類似的概念是補償限制條款，意指次級債權人不但無法在逾期時正常受償（無法執行任何談好的條款），也無法因為尚未受償而行使司法救濟，亦或對公司提告。換句話說，儘管次級債權人已同意阻擋受償以利優先債權人，並同意轉讓所有清算獲得的補償或任何反阻擋受償的補償，但不表示次級債權人放棄他對公司欠錢不還而提告的權利。優先債權人通常會堅持要有封鎖受償條款，因為在情況危急時，可擁有較多掌控權——只有優先債權人可以解除清算，公司和其他債權人卻得想辦法處理這一團亂。

　　有些債權合約或文件會有承認以下這則條款：儘管次級債權人在清算時順位次於優先債權人，但不同意無任何補償限制。以下擷取了某債權文件的一小部分：

　　　　本條款的唯一目僅定義優先債權人與次級債權人對公司及其資產之相關權利。本條款中所及公司與次級債權人之規定，將不影響公司無條件履行次級債合約條款的絕對義務，或導致次級債權人逾期未受償而無法行使權利、權力及司法救濟，惟以上均受限於本合約中優先債權人獲得支付予次級債權人現金、資產或證券之權利。

 **編者言**

　　舉債或債務工具在大中華地區越來越廣為使用，特別是用來簡化天使和種子投資階段。原因其一在於，如先前所言，很多情況下，理想的做法是利用境外控股公司的方式設立新創公司，然而，境外控股公司要開設銀行帳戶耗時數月（即便成立法人僅需短短不到一週的時間）。因此，與其設立一間在地公司和組織重整，有時不如透過創辦人個人貸款（或加上抵押），反而能順利讓事業體開始運作，也能在一開始設立境外公司和開設銀行帳戶的期間，為事業體注入資金。

併購基金（buyout funds）的基本架構和操作

　　創投產業和科技經濟發展速度驚人，今非昔比，過去二十五年科技革新深深改變了人們的生活與工作型態，例如，這聽起來可能難以置信，但「文書處理」在三十年前左右仍未出現，對發明的渴望及對致富的嚮往造就了這一切的成長。從1970年間開始，科技創業人士累積的財富扶搖直上，創投產業儼然成為了這些創業人士的資金來源，而創投中的佼佼者也在這個期間為自己賺進了大把財富。

　　創投產業的法規架構和經濟面向雖已發展得相當完善，但相對而言，只有少數的律師專攻這個所謂的創投基金領域。

　　創投操作中的法律實體為創投基金本身。創投基金簡言之為投資合夥（investment partnership），一般會設立為有限合夥（limited partnership），把資金投資在新創公司或其他未上市科技公司。有限合夥人提供創投基金的資金，而創投基金的普通合夥人〔一般會設立為有限責任公司（普通合夥有限責任公司，GPLLC）〕決定要投資及管理哪些基金。普通合夥有限責任公司的管理人為個人，此人若非基金組合的創辦人，則以高階經理人代為之。規模較龐大的基金管理也會有非管理人員，可分得公司的獲利，但有其限度。這些非管理人員的背景從尋找定所的成

功創業者或各領域專家，以至同等律師事務所或顧問公司高級和初級合夥人的專業人士。

　　創投基金的經濟基礎面向說起來其實相當簡單。普通合夥有限責任公司有權在期限內獲得20%的基金累積利潤，稱爲績效獎金（carried interest）。投資收購基金的經濟面向與之雷同。另避險基金也有績效獎金，但不一定會按比例採累積利潤。（避險基金爲私募投資合夥，多半投資於上市證券，而投資收購基金一般投資於非科技公司的投資收購。）

　　擬定合約時，不容易訂出普通合夥有限責任公司的績效獎金等同累積利潤的某百分比。若普通合夥有限責任公司被規定，等利益實現後，才取得績效獎金，事情就輕鬆多了。但經理人不會想等那麼久。而且，稅賦法規會要求期中時把利潤分攤給公司，且有限合夥是稅賦轉由合夥人繳納的法人，須把收益分配給公司，讓人員得以納稅。

　　期中分攤和收益分配相當複雜，因爲創投投資很少會是一條平穩攀升的直線，投資組合中會有不同的贏家標的與輸家標的。通常會早先出現贏家標的，之後才出現輸家標的。若完整地將早期贏家標的之20%的績效獎金予以分配，在基金期滿前一旦出現輸家標的，普通合夥人會獲得過多績效獎金。舉個簡單的例子，若創投基金只進行兩次投資，第一次獲利$100美元，第二次卻損失了$100美元，普通合夥人則無法分得任何獎金，因爲沒有任何累積利潤。然而，倘若已將20%的利潤分配出去，而在第二次投資中損失了$100美元，則需有一個拿回損失的機制。對於這個問題，合約有很多不同的擬定辦法——包含聲名狼藉的回補機制（claw-back），或是列一項條款註明普通合夥有限責任公司必須償還累積的損失。然而，回補機制存有一個問題，就是公司人員可能早已把錢拿去買私人飛機了。這種無法拿回錢的不確定性造就了進一步的防護機制，例如由公司經理人保管要分配給保證人的所有或部分績效獎金。

　　在投資基金中，除了基金本身和普通合夥人，還有其他法人。此外，創投投資基金還包括一間受託管理基金而收取管理費的管理公司，一般來說，收取的年費爲所管理資產的2%。基本上管理公司和普通合夥有限責任公司的人員爲同一批人。圖2.2爲一基金組合的結構。

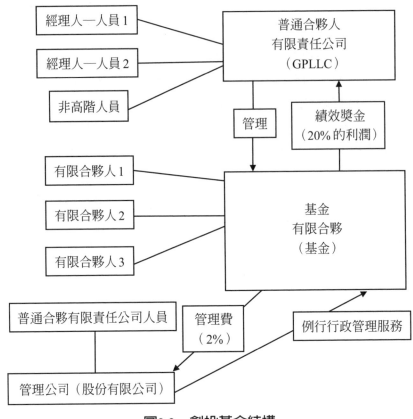

圖2.2　創投基金結構

組織結構之進階說明

　　創投基金會設立為有限合夥（有時會設立為有限責任公司）。這些稅賦轉由合夥人繳納的法人不須納稅，不須繳付應稅收入，而是將稅賦轉給合夥人或人員：普通合夥有限責任公司（然後轉給公司的人員）及有限合夥人。此外，在有限合夥或有限責任公司中，投資證券可無稅分配給合夥人（不同於S分章小型企業股份公司）。若把基金設立為股份有限公司，在投資組合獲利時須納稅，且合夥人分到的收益時也須納稅。若把組合證券分配給股東，而非出售，分配時也會產生公司稅。此外，想當然爾，有限合夥會在有限合夥人身上加諸有限責任。

因為所得稅和利得稅課在合夥人上，而非課在基金上，所以一般會要求基金把現金收益分配給合夥人，使其得以繳納本身的利得稅。此外，若組合投資出售或公開交易，一般而言，基金有義務將其證券分配給合夥人。

管理公司一般會設為股份有限公司，向基金提供行政管理服務（辦公室、行政人員等等）。基於此而成立股份有限公司是合宜的，因為營運費用（租金及一般管理費用）及薪資和紅利可抵銷掉收入。此外，股份有限公司還有稅賦福利，例如退休基金計畫、401（k）退休福利計畫等等。

創投投資合夥經濟條款之其他細節

以下總結了一般創投投資基金主要的經濟和法律條款。

- **投資人／有限合夥人承諾出資：**

有限合夥人一般會承諾出資一定金額到基金。但設立基金時，僅會支付承諾出資的部分額度來支付組織成本及償還管理費。一旦需要基金進行投資及支付費用（包含管理費），普通合夥有限責任公司會請求有限合夥人繳納足夠的金額，兌現承諾。

根據創投基金的性質，承諾期一般可為三至七年，並會附帶一些延長期限及其他基金投資條款。一旦承諾期終止，即無法再發出出資請求（capital calls）。

有些機制可允許有限合夥人終止承諾（例如絕對多數決）。另有些條款則用來懲罰未履行義務的有限合夥人，這些違約條款通常殺傷力十足。

- **投資限制：**創投基金可投資的種類往往會有投資規模、產業取向及地區等限制。

- **績效獎金之變型：**

過去，附帶權利分配比例為：有限合夥人得80%，普通合夥人得20%。隨著產業趨於成熟，有些大型收購基金開始修改創投基金的分配條款，其中有三個主要的變型：

1. **基本績效獎金（simple carried interest）**：80／20拆分累積利潤。

2. **門檻收益率（hurdle rate）**：普通合夥有限責任公司可在有限合夥人之前，先一步取得部分累積收益，但這種情況很少見。

3. **遞減式門檻收益率（disappearing hurdle rate）**：若有限合夥人優先取得80%的限額，普通合夥有限責任公司則有權拿到20%的總額。若未達到門檻收益率，在有限合夥人優先取得該額度前，普通合夥有限責任公司可取得的比例將下降。這是目前常見的分配法，但最成功的創投基金不一定會採用此方法。

- **專屬性**：經理人承諾會花時間處理創投基金的事，並同意在創投基金完全到位或近乎完全到位前，不成立其他投資基金。

- **諮詢委員會**：諮詢委員會有時由有限合夥人之代表共同組成。委員會向普通合夥有限責任公司提供建議，在解決利益衝突上扮演了重要的角色。

- **撤除普通合夥人**：有限合夥人有權撤除普通合夥人，但此權利備通常限於發生詐欺、違約之情形下，方能行使，或透過絕對多數決而得行使。

 **編者言**

　　以上是約束創投基金經理人和投資人的基本規定和原則。創辦人應對創投基金經理人的職責有基本認知，以達成雙贏協議，也更能站在長期合夥人的立場，肯定創投經理人。實務上，許多創業經驗豐富的企業家在走過多次公司生涯後，最終的確會成為創投投資人。

第三章
智慧財產保護

智慧財產保護之基本介紹

智慧財產（intellectual property, IP）意指由人類知識或想法建構而成之無形資產或實際表徵。新創公司最常見的智慧財產有：專利權、版權、商業機密、商標、服務商標和商號。

編者言

儘管司法強制性有明顯的分級，智慧財產的法律概念大多已趨於一致，本章所及將直接適用於大中華地區的企業家和創投人士。在臺灣，智慧財產權的強制性極為平常，且有特別的智慧財產法院專門處理智慧財產權的爭議。話雖如此，在智慧財產權的部分，授權協議的用語至關重要，而本章節詳細地論及了一般授權條款，也特別講述了適用於軟體和生技企業的條款和對價。

專利權

專利權為政府給予發明人的獨有權，用以禁止他人製造、使用、出售、提供出售或進口該發明。

「禁止他人之權利」一詞具有特別意義。專利權與其他類型的智慧財產不同的是，其不授與任何人任何行動權，而是授與發明人禁止他人使用該發明的權利。舉例來說，若您發明了一種搖椅（rocking chairs），隨後取得專利權，但有人握有椅子（chairs）的專利權（即您的搖椅為他人椅子的改良版），在您尚未從握有椅子專利權的人那取得授權許可前，您

將無法製造、使用或出售該搖椅。然而，您可以禁止他人製造、使用，或出售該搖椅（也包含禁止擁有椅子專利的人，除非他們從您這取得您的授權）。

可申請專利的發明包含某程序／過程、機器、生產製造、或物質組成、或上述之改良作品（如某製品之非功能性設計、某經營方式、或各種無性繁衍植物或有機體）。印刷品、演算法、自然物質、科學法則無法申請專利。

發明必須創新、實用且非顯而易見才能得到專利。美國採用先發明原則（first-to-invent approach）來衡量某發明是否堪稱創新，換句話說，在某發明被發明以前，該發明不得在美國或國外被使用過；而多數國家則採用先申請原則（first-to-file approach），然而，美國有意改成先申請原則。針對實用性，該發明須有使用益處。最後，該發明對相關技術人員而言並非顯而易見。最後一點通常是外行人最難掌控的。通常發明人會假設該發明對他自己是「顯而易見的」，所以對相關技術人員來說也會如此。然而，非顯而易見是法定的，美國專利商標局（U.S. Patent and Trademark Office, USPTO）的審查律師針對一項發明是否對該發明人顯而易見，可能抱有不同的檢視角度。因此在做任何非顯而易見的假設前，最好先諮詢專利法律顧問。

時常忽略或犯錯的一重點是所謂的禁止銷售（on-sale bar）：於專利申請日前，該發明不得公開使用或銷售超過一年。同樣地，於專利申請日前，該發明也不得於美國或國外取得專利或為某印刷出版品之內容。這種過早對外公開的情況往往是發生於公司的行銷部門在產品推出前，等不及先打了廣告，或發明人在學術刊物中或展示會中評述了該發明。

該發明的專利權將被授與該發明人，除非該發明人指定或有義務轉讓該權利（如依聘僱合約而轉讓於僱主），或除非有隱含轉讓（implied assignment，如當僱員受僱於從事發明之工作）。若不存有指定或隱含轉讓，但發明人利用了僱主的資源創造了該發明，僱主將擁有「僱員實施權」（shop right）：非獨有、不得轉讓的發明使用權。這種情況下，發明人保有該發明專利之所有權。

　　美國的專利權及其禁止他人使用該發明之權利，將從專利申請日起持續二十年。該期限會因專利商標局內部流程延遲而延長，或在某些適用情況下經由聯邦食品藥物管理局（federal Food and Drug Administration, FDA）獲准延長。

　　取得、維持和保護專利權的所需花費相當高。委託規模中等或較大的專利事務所申請及執行專利的律師費從7,500美元（較為簡單的發明）到15,000或20,000美元不等，抑或更高（若為複雜的發明）。至2007年5月1日起，小型公司（雇員少於500人）的申請費為500美元，大型公司為1,000美元。小型公司的發明專利（utility patents）之發放和維持費為450美元（為期三年半）、1,150美元（為期七年半）、或1,900美元（為期十一年半），大型公司則為900美元（為期三年半）、2,300美元（為期七年半）、或3,800美元（為期十一年半）。

　　欲保護其專利權，公司最少應：
- 要求所有雇員和顧問簽訂發明轉讓（保密及競業限制）合約。
- 教導員工落實政策、手冊及訓練。
- 要求全體技術／發明人員在發明手冊中標註日期，其中：
  ◉ 所有書寫皆使用油性簽字筆，禁止竄改或毀損手冊。
  ◉ 書寫時除了發明人本身外，須有第三方在場並於手冊中註明日期。
- 要求填寫發明揭露清單（invention disclosure forms）。
- 定期對可能發明進行法律和技術審查。
- 至少在使用、出售、提供出售或發布／宣傳發明前三個月委託有經驗的專利法律顧問。
- 申請保護有潛在價值的創新研發（innovations）。
- 在獲得專利的發明上註明「專利號碼」，在正在申請專利的發明上註明「待審專利」。

版權

版權保障存於任何透過有形表媒介表達的原著作品中。

「原著作品」（works of authorship）可包含文學、音樂劇、歌劇、圖繪、書寫、雕刻作品（如動畫和聲光作品、錄音、建築和其他有形作品）。原著作品可包含一間公司的軟體、公司文件、技術書畫繪圖、網站、廣告、行銷素材、白皮書、研究報告以及資料庫。

不論在原著作品中以何種形式描述、解釋、闡明或體現，任何想法點子、流程、過程、系統、操作方法、概念、原則、或任何探索發現皆不受版權保護。

針對原創性而言，若一作品出自於其作者或由某作者所創造，該作品則稱之為「具有原創性」，換句話說，該作品不得為抄襲他人之作品。因此，原創作品是針對侵權聲明之基礎辯護，即便另一作品剛好與第一件作品一模一樣或極為神似。

版權擁有人在擁有版權的作品上掌握以下的行動獨占權，並能授權予第三方：轉載／複製重現、衍生作品（derivative works）、經銷、公開表演及公開展示。

版權於創作產生時即為作者所擁有，除非作品是在作者受僱範圍內創造，或簽有受僱作品合約（work-made-for-hire agreement）。關於前者（若於受僱範圍內創造），因為獨立委託人（independent contractor）不屬於雇員，委託人擁有其創作，除非另有書面約定。因此，公司應與委託

創作的各方簽署書面合約，闡明將轉讓公司該作品之所有權。技術上而言，因為受僱作品合約僅適用於版權法中描述的九種類型之作品（幾乎沒有任何一個類型適用於軟體業等多數公司），所以僅在研發合約中說明該作品是受僱作品是不夠的，合約還必須清楚說明該作品的所有權將轉讓予公司。

版權在作者身故後七十年內具有效力。若為受僱作品，版權在發布日後九十五年內具有效力，或於創作日起一百二十年內具有效力。

無須透過版權註冊以獲得版權保護，因為版權保障會自動生效；也就是說，一旦原著作品存於有形媒介中，該作品即受版權保護。話雖如此，在美國向聯邦法院提起侵權訴訟之先決條件為有註冊之版權，登記的同時也會給予版權擁有人一定的好處。明確地來說，被侵權者有主張法定損害賠償金之權利，賠償金高達3萬美元（若證實為蓄意侵權，則高達15萬美元），並加上律師費。此外，若此情況於作品發布後五年內發生，版權註冊將作為陳述內容（包含作品創造日期）之有效初步證據（prima facie evidence）。版權註冊費不高，政府註冊費為35美元，而且由於註冊程序是一般行政程序（ministerial），律師費相對而言微不足道。

欲保護版權，公司最少應：

• 和雇員及委託人（特別是委託人）簽訂版權所有權／轉讓合約。
• 教育雇員公司版權及其他智慧財產權之重要性。
• 於軟體、手冊和廣告文宣等所有原著作品上附上版權告示。
• 同樣地，在所有網站貼文中或公開發布的作品上附上版權告示。
• 對有價值的作品註冊版權，尤其是可能會被侵權之作品（如消費者軟體或音樂詞曲）。

商業機密

有商業價值並不對外公開之商業資訊為商業機密之構成要件。以下為最常使用的商業機密之定義，內容取自侵權法重述第757條（the Restatement of Torts）意見b：

「商業機密包括用於公司之配方、設計、設備或訊息，賦予商機，使該公司相對於不知情或未使用該機密之競爭對手更具優勢。上述所及之配方可為化合物之配方、製造過程方式、材料／原料之處理或保存方式、機械／設備設計或客戶清單。」

商業機密可為以下任何一點，不論其是否構成專利權之條件：想法點子、發明、發現、研發、設計、改良、公式／規則、化合物、合成物、專業知識／技能（know-how）、方法、過程、技術、產品規範及性能資料、其他資料、電腦程式、商業計畫、製造及生產計畫、定價及其他策略、預測、產品、財報、預算、估算、授權許可、價格、成本、客戶及供應商名單、客戶及供應商合約條款、人事資訊及上述資訊之彙整。

因為點子不構成專利或版權之條件，無法提供保護、杜絕第三人之使用，因此必須以商業機密或商業資訊之形式保護。此外，商業機密之保障在某方面來說凌駕於版權和專利權保障之上，因為就其定義而言稱為機密。欲取得專利，申請人必須盡其所能披露資訊以獲得專利。版權禁止第三方抄襲該作品，但該作品並不處於未公開狀態。

商業機密權非由政府授與（不同於專利權），也非在作品被創造時而自動生效（不同於版權）。商業機密權是透過該資訊的價值及機密維護性而產生。具體而言，在美國多數州內，若該機密業務或技術資訊不為該產業所知，以某部分來說，言因其未廣為人知而有其價值（賦予擁有人競爭優勢），且是公司於合理範圍內盡力維持機密的對象，則該機密業務或技術資訊受商業機密保護。「於合理範圍內盡力維持該機密」通常是引用作為有效商業機密之要因。侵權法表明，欲確定某資訊為商業機密，須將以下要點考慮進去：

• 該資訊被不屬於事業體之外人所知的程度。
• 該資訊為僱員或其他公司相關人士所知之程度。
• 擁有人用以保護該資訊所採取之辦法。
• 該資訊對擁有人及公司之價值。
• 擁有人研發／獲得該資訊所盡之力或投入金額。

• 該資訊可被他人合法取得或複製／重現之難易度。

如同專利權保障，以不正當方式習得商業機密者，不得使用或握有該機密之掌控權。若未取得擁有人授權而在知情的情況下使用該機密，將構成侵占。侵占商業機密之賠償辦法包含實質損害及假處分（injunctive relief）。

若機密為自行創造或合法獲得，則不構成侵占。具體來說，藉由取得產品，進行反向工程（reverse engineering），進而發現機密是合法的。然而，許多產品不是透過購買，而是透過授權許可，而許多授權許可含有禁止使用者進行反工程之條款（包含多數的軟體授權）。根據美國法律，這些禁止條款可強制執行，但考慮到軟體的互操作性（interoperability），所以在軟體方面存在例外（但未必在其他方面存有例外，舉例來說，歐盟指令（European Union Directive）確保特定反向工程之權利在其成員國內無法撤銷）。

雇主擁有雇員所研發之商業機密（至少針對那些領薪來創造資訊之雇員而言）。至於專利權的部分，法院也會授與雇員實施權。

商業機密保障持續至該資訊不再屬於機密為止。因此，未顧及全局的揭露方（disclosing party）會犯的一個錯誤是，簽署一份有時效性的保密協議。接收方（receiving party）常基於行政管理及責任限制之考量，試圖在保密協議中規範披露後的時效性，一般為三到五年，揭露方則不假思索地簽下協議。然而，一旦保密條款到期，接收方等人會認為有該資訊已不受到商業機密保障。

儘管保障商業機密的法務費用一般來說低廉適中，但客戶要維持該機密的總花費可能會相當高，其部分費用來自於客戶所要求的主動行動，這些主動行動如下所薦。

欲保障商業機密，公司至少應：
• 與目標合夥人及雇員進行披露前盡職調查（pre-disclosure due diligence）。
• 與雇員及委託人進行保密協議及離職面談。
• 與關鍵雇員簽訂保密協議並強制執行。

- 若與競爭對手或相關領域之對象簽訂合約，應一併簽訂禁止招攬協議（禁止「挖角」雇員）。
- 限制披露對象，僅披露予「需知情之對象」。
- 回應競爭對手對雇員的挖角行為。
- 銷毀含有商業機密的多餘報導／訊息。
- 掌控電腦及網路存取權限。
- 審查潛在合夥人、供應商及客戶之合法性及信譽。
- 將所有機密文件及素材標記為「機密」，在適當的情況下，附上更詳細的標記，例如，針對商業計畫：

> 該商業計畫所涵蓋的資訊為機密資訊。該訊息僅用於Acme Corp.（「公司」）所傳遞之對象。未於事前取得公司書面同意，禁止轉載或複製該商業計畫、或洩露任何內容。
> 此商業計畫為公司擬制，屬公司資產。接收人同意依公司要求退還此商業計畫及所有副本。
> © Acme Corp.於2007年設立該商業計畫尚未公布版權所有。

- 針對非機密文件／素材，不標記「機密」。
- 針對高度敏感之文件／素材，應按照以下流程進行：
  - 鎖藏。
  - 限制拷貝複製，對副本及複製品予以編號，記錄每次的發布及披露。
  - 在適當的情況下，設立密碼。

 編者言

　　商業機密是最基本的智慧產財權，但因為其不受註冊，許多企業家和新創公司往往未充分保護自身的商業機密。就我的經驗看來，至少在大中華地區內，新創企業家第一次諮詢法律顧問的時間點往往是在第一個（批）外部投資人提出要求的時候。

商標

　　商標（trademark）包含用於或有意用於定位或區隔公司產品或服務之任何文字、名稱、符號或設備、或任何上述之組合使用，並藉以表示產品及服務之來源。簡言之，商標即為品牌名稱。為了便於討論，「商標」、「服務商標」及「標誌」三個詞語一併涵蓋商標及服務商標。商標實質上可為任何符號，包含文字、字母、數字、標語、設計、形狀、物件、聲音、電話號碼、網域名稱、顏色或氣味。

　　商標和商號（trade name）是兩個不同的東西，不應混淆。商標用來代表產品或服務的來源或由來，而商號則代表公司或法人。舉例而言，全錄（XEROX）這個名字用於「全錄印表機」時指的是商標，而當全錄之於「全錄製造的印表機獨一無二」指的則是商號。

　　商標法建立於標誌擁有人的權利之上，保護其商譽並使其受益。商標法禁止除了商標擁有人之外的任何人使用該商標、與同樣商品或服務之相似標誌，或使用與擁有人密切相關且可能在市面上造成混淆之商品或服務。商標權有地域性；普通法在商標於商業用途之地區賦予權利，而聯邦註冊則不計商標使用處，賦予國內範圍之權利。

　　此外，若商品或服務不那麼密切相關（仍有可能造成混淆），但標誌很有名，擁有人仍有權利禁止他人使用該標誌，這背後的理論是根據對方使用了該標誌會弱化標誌的強度（換句話說，對方會模糊標誌或使之失去原有名聲）。

　　標誌的強度取決於它是否通用、具有描述性、提示性、跳脫框架、或是否為自創文字。通用標誌（generic mark）意旨該標誌就是東西本身，例如，把您喝的流質物質標誌化，稱之為「水」（WATER）。對於一個通用的字彙，您無法獲得商標保障。描述性標誌指的是直接形容該產品或服務的品質或特性，例如「好果汁」（GOOD JUICE）。除非這名字具有第二種含義，否則您無法獲得商標保障；換句話說，儘管潛在消費者看到標誌主要想到的是產品或服務的品質或特性，但該標誌對消費者而言具有第二種意義，使其一眼就能認出產品或服務的來源。具有提示性之標

誌指的是須具備想法、想像力及理解力來找到產品或服務的性質，例如
「非常好」（VERYFINE）。具有提示性的標誌屬於中等強度。跳脫框架
或具有想像力之標誌指的是把一般文字以非常規方式使用，例如「蘋果」
（APPLE）電腦。跳脫框架或具有想像力之標誌極具強度。強度最強的
標誌為自創文字之標誌，即具有原創性、自我創造之文字，例如「全錄」
（XEROX）。

　　依據普通法，商標權在作為商業用途時而產生，所以不需要進行聯邦
或州立註冊，但註冊能帶給擁有人某些益處。聯邦註冊賦予擁有人有效初
步證據，並針對註冊證明之商品或服務，禁止他人在全美使用該標誌。它
也被當作是擁有人在美國提出求償之推定告知（constructive notice），允
許擁有人在連續獨占使用五年後建立不可抗辯性（incontestability），可
用為外國註冊之根據，也可於美國海關註冊，防止山寨商品進口。聯邦註
冊也允許擁有人援引聯邦法院之裁判權，擁有人有權得到侵權行為人之獲
利所造成的損害及費用之賠償，包含三倍損害賠償金（treble damages），
且某些特殊情況下，也能獲得律師費。針對無法取得聯邦註冊的擁有人
（例如，擁有人無法滿足「州立商務用途」之要件），州立註冊（state
registration）也能帶來益處。州立註冊一般比較容易獲得，也具有某些聯
邦註冊賦予的利處（縱然範圍僅限於該州州內），且也能視為標誌所有人
之證據。

　　若標誌遭到遺棄或通用化，則會失去商標權。當標誌不再被使用，
或當試圖轉讓標誌但未連帶轉讓商譽，又或者當擁有人授權該標誌但未能
在使用該標誌之商品或服務上維持品管水準，則可構成遺棄。當標誌被大
眾用於形容該商品或服務本身，而非用以形容商品來源或由來，該標誌則
會通用化。例如，阿斯匹林（ASPIRIN）、玻璃紙（CELLOPHANE）、
電動手扶梯（ESCALATOR）皆曾為法定標誌，但之後被大眾泛指詞彙本
身，而非意指標誌的來源，因此失去了商標權。全錄公司花了很多時間和
精力，（舉例而言）透過刊登報章雜誌，教導大眾「全錄」一詞不是「影
印」的同義詞，而是一個品牌名稱。

　　普通法商標權未訂定有效期限，其效力維持直至標誌遭遺棄或通用

化。聯邦註冊之效力可維持十年，但可無限期更新效力。

　　取得並維持聯邦商標註冊之費用適中。至2007年5月1日起，線上申請費為325美元；一般紙本申請以每張標誌及類型計算，為375美元／張。法務及第三方檢查費（安全許可、登記、註冊程序）一般約2,000美元。

　　欲保障商標，公司至少應：

- 於使用標誌前，進行安檢（clearance search）：檢查標誌、商業名稱、網站內容。
- 若可能，依用途或未來用途進行聯邦註冊。
- 提供商標告知：以 ® 表示聯邦註冊之標誌，其他的則以 ™ 或 ˢᴹ 表示。
- 正確使用標誌：
  - 應確保商標以專有形容詞表示，具體而言：
    - ◇ 應以大寫及斜體字表示、或以其他方式區隔開鄰近的文字內容。
    - ◇ 應以專有形容詞表示，修飾一般用語，例如：
      - ◆ Pampers® disposable diapers（幫寶適®免洗尿布）
      - ◆ Xerox® photocopy machines（全錄®影印機）
- 遵循符合常規之授權許可，尤其禁止不受管控之授權許可。
- 抵制侵權行為。

　　網路／非實體公司應：

- 監控網路、網域名稱、元標籤／關鍵字索引（meta tag）以防止侵權。
- 將標誌備為網域名稱（或將網域名稱備為標誌）。
- 將標誌備為頂級域之下（Top Level Domain）（如.org、.net、或外國頂級域TLD）。

編者言

　　大中華地區內並無任何商標註冊處，然而，因為書面資料準備和花費相當便宜，許多新創公司和企業家會在公司初期時於各國註冊商標。

保護智慧財產之備忘清單

　　有個判斷自身是否有適當保護其智慧財產的方式是，檢視自身是否有依常規動作，也就是當他人決定是否要投資或收購您的公司時會檢視的區塊。潛在投資人或收購方之律師會用來審查公司智慧財產強度的盡職調查備忘清單如下。

專利權盡職調查備忘清單

☐確定所有專利、專利申請及發明披露，包含涉及的國家、發明人、轉讓人、日期、申請程序或專利代號及有效發明。

☐檢查專利商標局紀錄、及州立和當地註冊處，以確保所有專利及申請、留置權、或負擔（encumbrance）已做記錄（且未被適當撤銷）。

☐針對重要的專利，進行有效性研究，包含現有技術（prior art）調查評估、註冊執行紀錄等資料。確認所有發明人正確提名，且所有人已執行並確認將專利轉讓予公司。檢查可能會涉及公司欲使用的重要技術及智慧財產之第三方專利。

☐審閱所有聲明、控訴、訴訟、或其他所有權駁回，包含律師函（demand letter）、訴狀（pleading）、或其他有關資料來源。

☐確定是否有須立即或近期處理之求償或維持專利之申請動作。

☐按需求決定是否要針對重要專利安排鑑價。

☐核對含有「潛藏陷阱」之資料訊息。

　　☐所有發明人是否為目標公司雇員？如否，他們是否確實已透過書面形式轉讓專利？

　　☐是否已提名所有發明人？

　　☐申請資料是否於發明首次出售或發布後一年內提交？

　　☐申請資料是否於國外及時提交（時間可能是出售和發布前）？

☐公司是否已授權本專利？如是，確定授權範疇、領域、時限、維持義務、反向限制（counter-restrictions）及其他規定是否合理，且不會危害收購方之計畫。

☐公司是否已讓全體雇員及發明人簽訂保密、發明、轉讓合約，或（更理

想的情況）簽訂非競業及禁止招攬協議？收集並檢視所有簽署合約。

☐以前曾研發過富有價值的智慧財產權委託人是否委託過分包商（subcontractors）？如是，檢視分包合約文件，以確保智慧財產所有權已確實轉讓。

版權盡職調查備忘清單

☐確認為公司擁有受版權保護的所有重要作品，並確認版權申請資料已於管轄範圍內提交。（美國是關鍵且往往是唯一有版權註冊過程之相關轄區。）留意是否有任何應當註冊之有版權作品尚未註冊。

☐向美國版權辦公處（U.S Copyright Office）調出紀錄，確保所有重要版權為公司名下，核對紀錄。除此，也與州立及地方辦事處核對，確定無任何轉讓、留置權、或負擔紀錄（且未被適當撤銷）。

☐確認所有用於目標公司事業體之重要版權著作為雇員於受僱範圍內及／或於受僱作品（或由買方認定之有價值之作品）合約之效力下所創作，或由已簽立受僱作品合約或轉讓權合約之委託人所創作。若委託人委託分包商，檢閱分包合約文件，確定智慧財產權已確實轉讓。

☐審閱所有聲明、控訴、訴訟或其他所有權駁回，包含律師信、訴狀、或其他有關資料來源，並確定是否有須立即或近期處理之求償或維持版權之申請動作。

☐根據從盡職調查獲得的資訊，按需求決定是否要對重要版權進行鑑價。

☐針對重要作品，註明版權保障期限（公司一般從作品創造起享有一百二十年的版權，或從作品首次公開發表後享有九十五年）。請注意到所有於「轉讓」而獲得之作品可於轉讓後第三十五年至第四十年間由作者終止轉讓（不含受僱作品）；因為可提前十年給予轉讓終止通知，所以應要求公司出示其未收到任何終止通知之證明。

商業機密盡職調查備忘清單

☐確認商業機密及其他有價值之機密資訊。

☐調查及評估遵循之程序，以防止未授權轉讓、公開或使用。

☐務必確保知悉的雇員及委託人簽訂保密協議（亦可進一步簽署禁止招攬及非競業協議）。收回協議並審閱。公司是否將和委託人及雇員履行計畫終止、離職面試，以確保將機密資料讓渡予公司，以及確保這些人明瞭持續保密之義務？如否，應修正目前做法。

☐評估所有披露予第三方的機密之授權及保密協議。所有流程是否妥善進行？現正關係爲何？若關係終止，所有專屬文件是否歸還？接收人是否未保留任何備份？

☐是否有設立流程以備不時之需，例如，政策聲明及受僱合約條款中明確禁止不當使用機密，以確保相關人員未侵占其他公司之商業機密，尤其是針對那些前雇主。

☐與州立及當地辦事處確定將公司權利限於商業機密的擔保權益、負擔（encumbrance; lien）是否已登記（且未被撤銷）。

☐確認是否有任何商業機密待審訴訟，評估其重要性。

☐公司採取什麼方式防止電腦系統被盜用，特別是內部網路、外部網路等網路權限？

☐具體而言，公司是否允許在公司內使用筆電？這些筆電是否能被帶離公司營業場所？有什麼程序能保證筆電尚未且無法變成商業機密洩漏之來源？

☐若雇員或委託人可從家中或其他地點連結上公司內部系統，有什麼防盜及侵占之已備措施？

☐若公司有架設網站，是否授與使用機密資訊之權限？如是，有什麼已備措施以預防未持有權限之人盜用？

商標盡職調查備忘清單

☐確認所有重要商標、服務商標、商品外觀及包裝（trade dress）、商標名及網域名稱。

☐確定上述是否可「安全無虞地」使用，也就是說，確認已做過調查：在目標公司將使用其標誌時（或將擴大標誌之使用範圍時），第三方沒有相似標誌之權利（使用及申請）。

□確定是否有妥善使用標誌。專有形容詞一般與通用的產品或服務類型搭配使用（如直排輪Rollerblade® brand inline skates），包含正確的符號（聯邦登記符號：®，及州立登記商標或服務商標：上標的 ™ 或 ˢᴹ）。檢閱已備措施，確保公司正確使用商標、授權許可及代理。

□確定所有已確認之重要標誌（包含所有可受保障之部分及外觀）於現有註冊或申請程序保障內。

□檢閱專利商標局之紀錄，確保所有權已被妥善認定，且所有轉讓已被妥善記錄。於專利商標局及州立和地方辦事處檢查，確認所有擔保權益、留置權、或負擔皆已確實記錄（且未被撤銷）。

□檢閱與商標有關之合約，例如轉讓、設計及研發合約、聘僱合約及製圖設計師聘僱合約，確保所有最終標誌為公司所有。

□務必顧及版權所有人終止受託第三方設計圖形轉讓之權利所會產生的影響。

□檢閱程序，確保向專利商標局及時申報，包含回報動作、第8條及第15條宣誓書（Section 8 and Section 15 affidavits）、遭拒回報、取消程序及更新申請之動作。務必確認哪些申報登記動作須於近期內執行，並確保如實執行（適時在公文上附加提要（docket））。

□評估全球使用範圍，以確保標誌可安全用於相關地區，並已辦理或取得國外所需註冊。

□檢閱公司現存網域名稱，確定與公司名稱相同、可轉讓，且將轉讓予收購方。找出任何會造成問題之網域名（例如，公司因第三方已先行擁有「company.com」而採用了「company.net」）。確定是否應取得額外的網域名或展開其他保護動作。

□檢閱現存授權合約，包含口頭及默許授權許可，確保該授權品管效力充足。

□確保品管如實進行，例如，定期檢驗授權產品及廣告宣傳。

□是否發生過任何侵權行為？侵權行為是否已終止（或解決），或仍持續中？確認仍存在之重大侵權行為及訴訟問題，包含待審求償、已備行動方案及任何您認為方案所需異動處。

授權合約（license agreements）

授權許可是一種協議，依據協議條款及條件規定，擁有或合法掌控特定標的（一般為無形標的）之個人或法人（稱為授權人）授與第三人或其他法人（稱為被授權人）使用該標的之權利，或同意不因被授權人妥善使用該標的而對其提告。授權許可不會轉讓標的的所有權。某種程度上，授權許可是用來在沒有轉讓標的的所有權的情況下，限制該標的的使用。

編者言

　　一如全球多數地區，臺灣也採用了沿用了四大智慧財產權——專利權、商標、商業機密和版權——的法規。除此，個資保護和公司交易法等不同法規也同樣適用，而這見於中國及其他東亞國家。然而，亦如同美國，即使這個領域採用了許多法規，最重要的保護措施仍為授權合約內容所述，所以新創企業家和創投投資人務必要有一套完善的作業流程，以防簽訂智慧財產權授權合約時，出現嚴重錯誤或誤解。

授權合約之主要條款規定

儘管授權合約彈性極大，可依利害關係人之間的想法制定而不受限，但多數授權許可涵蓋了幾個關鍵條款，緊接著會討論。簡言之，我們將按照最常見的授權合約——軟體授權許可——來討論這些條款。生物科技授權許可之特別對價將於「技術授權合約：進階主題」中討論。

識別各方身分

毫無疑問地，應確保雙方／各方簽立授權合約，尤其要確定由誰擔任被授權人。授權許可權是否應僅限於被授權人？是否也將一併授權被授權人之子公司或關係企業？一方可為公司方，其智慧財產必須授權予持有標的之公司，然後再授權至其關係企業，分派授權標的。相較之下，可預期到終端用戶授權許可的經濟條款將規定標的僅限企業集團的特定公司

或部門使用，而非集團的所有公司。舉例而言，若授權人授權其軟體給Acme美國股份有限公司，但未授權予該公司之關係企業，授權人有機會和Acme英國股份有限公司簽立附加協議。由於關係企業的身分確認存有不確定性，不建議賦予被授權人再授與其子公司（即相關方）之權利。若被授權人主要是透過子公司操作某事業體，用詞時應使用「子公司」，而非「關係企業」。若允許子公司再授權（sublicense），應確保一旦子公司不再符合授權許可資格，轉授權將同時終止（也就是說，若被授權人出售子公司，則不再擁有授權許可）。

然而，若授權人對被授權人之財力狀況有疑問，授權人可要求被授權人之關係企業或股東一同簽署協議，使其作為擔保人，或針對聲明與保證及賠償條款做出保證。

授權標的內容

應詳細敘述授權標的內容。被授權人應確保授權許內容涵蓋所需標的。例如，被授權人會認為授權應包含免費的系統故障修復、維修版及細微更新。另一方面，授權人應確保不過度授權，導致喪失收益機會。例如，授權人想確保軟體之主要更新、升級版及更新版不在授權標的範圍內，除非被授權人額外付費。這些軟體的主要更新、升級版及更新版之條款及條件是合約最主要的問題，其中也包含該條款之定義、價格及時間點。

標的內容也應包含授權標的形式，這對於軟體而言特別重要：是否只授權目標碼（object code）？或連同原始碼（source code）一併授權（會讓授權人之商業機密暴露於風險中）？

授權許可範圍

授權許可授與

授權時很重要的一點是，授權標的中智慧財產授權之內容限制。

舉例而言，若授權標的有版權保護，授權許可應明確表示其授與

「組合權利」。也就是說，被授權人獲准的包含轉載、準備授權標的之衍生作品、發布、公開表演及／或公開展示，或僅上述之部分項目？

若標的為某項專利，授權時應明確表示生產製造、使用、提供出售、出售及／或進口該發明之授權程度。請留意，當擁有人被授與專利時，依法規內容，其被授與權利為禁止他人於美國製造、使用、提供出售、或出售該發明、或進口該發明於美國境內，而非製造、使用、提供出售、出售或進口之權利。因此，一份妥善擬定之專利授權許可，惟在不被授權人提告之情況下，獲准利用該發明之權利；擬定內容時應避免以下暗示：授權人在不侵占第三方智慧財產權之情況下，授與被授權人利用該發明之所須權利。

授權許可用途及限制

除了謹慎擬定法定授權內容，也應描述權利之特定用途。例如，軟體授權許可可允許對方使用軟體來進行以下部分或所有行為（或禁止以下行為）：評估、內部操作、內部使用，以提供第三方服務以獲取收益、提供產品研發或經銷於終端用戶或以經銷到終端用戶為目的銷售予第三方。

若存有授權標的限制，也應於合約中註明，例如，用戶人數限制或可安裝軟體之電腦數量。若禁止租賃、出租、或禁止維護處使用或分時使用（timesharing），應於協議中註明。此外，協議也應（在法律許可範圍內）註明禁止軟體反向工程或移除、更動軟體上的版權聲明。若有任何相容性要求，也應註明。

專屬性

所有的授權許可應註明專屬與否。若為專屬授權許可，被授權人所得之權利不得賦予包含授權人在內等任何一方。因為專屬授權許可限制了未來某些商業買賣特權，在授與專屬授權許可前，授權人應仔細考量對公司自身的長期影響。雖然專屬授權許可就短期而言對資金緊絀的新創公司授權人有其吸引力（例如，要求在授權簽約後支付可觀的款項），但其會使授權人無法在未來簽署更有價值的交易。此外，專屬性條款常是併購盡職調查之檢查重點。

　　基於上述理由，若授權人選擇了部分專屬授權，通常授權人會試圖限制其專屬性（exclusivity），其僅能於某地區範圍、市場或領域內使用，或限制授權時間，亦或限制被授權人之目標表現，例如須達成或維持銷售目標，或繳納最低權利金（royalties）。

地區

　　授權許可可能是全球性的，或有地區限制。形成地區限制的因素包含授權人在哪些國家取得了授權標的的專利，或取決於被授權人的活動地區。

市場／領域

　　同樣地，授權許可（尤其是轉賣或經銷授權合約）可能有市場／領域限制，此限制受被授權人的專業領域或市場的活躍度等情況而定。

期限

　　授權許可可能有固定期限，或屬於「永久」授權。不管爲何，都應闡明其長度或「期限」。若有固定期限，並可於期滿時可更新，合約應表明是否爲自動更新（但各方可通知另一方其拒絕更新），或於各方同意後更新。在多數情況中，期限條款受合約的終止條款所約束，這將於之後討論。

　　針對永久授權，有一點需謹愼行事；因爲版權及專利權皆有其限期，技術上不可能永久授權。以版權而言，「永久」授權一般的解釋是，授權持續至版權期滿爲止。就專利權而言，延長含有權利金之期滿專利權授權許可可能會觸及貿易限制，違反反壟斷法（antitrust laws）。

　　永久授權許可和不可撤銷之授權許可之間有個區別。「永久」描述的是授權許可之期限，而「不可撤銷」指的是在期限內不可撤銷授權許可。若被授權人違反了不可撤銷之授權許可規定，授權人可針對違反部分提告求償，但無法撤銷授權許可。若授權人想因對方違約而取得終止協議之權利，則應在授與條款中規定，永久或不可撤回之授權許可皆受限於進階條款，尤其是受限於終止條款。

編者言

　　專屬性對新創公司來說，不管是在大中華地區或在美國，皆同等重要。許多公司（甚至是上市公司）皆因專屬性條款的用詞不當而受害，導致必須犧牲公司利益（更慘的是走上訴訟），來換取談判空間。

再授權之權及經銷權

　　合約應註明是否允許再授權予第三方，包含先前所提及的子公司或關係企業。如否（例如，僅供內部數據資料處理使用），則應將再授權列為專屬權。如各方預期須包含再授權，方能使用授權標的，則應定義再授權之權限範圍，並註明排除任何其他的再授權。舉例而言，若某硬體製造商欲把授權人之軟體裝入自身硬體，經銷給終端用戶，授權許可則應允許製造商把軟體再授權予終端用戶，但僅適用於當該軟體安裝於被授權人之硬體上之情況，且應註明除了硬體外，其不取得再授權軟體之權利。

　　針對授權許可，應在授權標的使用上對再授權人加以限制，以能有效保護主要授權許可為最低限度。授權人可要求被授權人使用授權人提供之終端用戶授權協議（end user license agreement, EULA），允許被授權人使用授權人同意之終端用戶授權合約，或規定被授權人須列入終端用戶授權合約條款。

　　同樣地，授權人應清楚表明，除了無法再授權，被授權人也沒有權利轉讓授權許可予第三方。被授權人會反對這項限制，要求授權許可可用於銷售轉讓。授權許可可能是被授權人經營事業之要件，若無法轉讓，被授權人的事業價值會大幅度降低。即使授權人允許銷售轉讓，授權人會希望其無法轉讓予某些對象，例如競爭對手。此外，若允許轉讓授權許可，是否應一併允許再授權給買方子公司或關係企業呢？允許一家小公司再授權予全球的子公司是一回事，允許規模龐大的跨國公司再授權予全球的子公司或關係企業又是另一回事。

付款條件

授權許可可爲免權利金，但一般在授權後，被授權人有交付授權費或權利金之義務。授權費用會在事前決定採一次繳清或分期繳付。權利金爲經營費用，一般可與經銷授權許可綁在一起，其視授權標的及產品銷售程度而定。經營權利金可爲每單位費用或以毛利或淨利按比例計算。淨收入（net revenue）爲被授權人收入額（或發票額）扣除某些營運費用，如扣抵款（credit）及退款、折扣、呆帳、營業稅（sale and use tax）、關稅、催款成本（cost of collection）。因爲這些扣除額有時難以定義，也難以查核，所以授權人偏好以毛利計算權利金。若權利金以授權技術的產品銷售計算，條款通常針對當該產品或元件僅於最終出售產品之一部分而訂。

權利金可於事前或事後支付。授權合約生效後，被授權人通常須預繳一筆權利金。這筆預繳金額將從之後產生的權利金中扣除，然而，在無權利金扣除額的情況下是無法退款的。授權合約也可要求在一定時間內支付最低額度的權利金。合約內可包含在授權期間內每隔一段時間至少應繳付的權利金（如每月、每季、每年），或是在授權期滿時繳付。若爲前者，合約應註明未定期繳納權利金之後果：授權應終止嗎？被授權人是否喪失其專屬權？若被授權人繳納欠款，可否持續保有其權利？如是，可持續多長時間？

授權人一般會針對逾期付款加諸利息。

若被授權人如期繳納權利金，照慣例會適度要求被授權人提供權利金繳納之詳細報告，呈報權利金之計算基礎（如出售單位、收入、允許扣除額），且會要求被授權人於授權許可期間及期滿後一段時間內保有紀錄以利使用。照慣例授權人也可自費查核該紀錄。若查核後發現與事實不符，被授權人須補償授權人該查核費用，以及所有欠款及逾期費用。

所有權

授權合約通常會規定被授權人簽認授權標的爲授權人所有，授權人保有未於合約中明確闡述之授權標的所有權利，儘管協議本身的隱含意義亦

如此。

若允許被授權人製造衍生作品或改良品（或者，若授權人應替被授權人製造衍生作品或改良品），協議應表明該衍生作品或改良品、以及過程中所創造之發明為哪一方擁有。這個環節通常是商談中熱議的主題，通常會視改良品之性質等既定事實而定。若改良品高度倚賴被授權人之設備環境，較為恰當的做法是把所有權歸於被授權人。若改良品增加其功能性，或必須倚賴授權人之財產，否則無法操作，把所有權歸屬授權人比較恰當。若各方同意這是各方齊力完成之改良品，則可共同擁有改良品之所有權。

聲明與保證

聲明與保證為針對交易內容或授權標的在某時間內之屬實聲明，或擔保授權標的之表現或情況。聲明與保證可為明示或暗示。

授權合約通常包含智慧財產之聲明與保證。該聲明與保證一般會規定，合約中所須授權之授權產品的所有權利屬於授權人，且該授權標的不侵犯第三方之智慧財產權。聲明與保證時應注意相關智慧財產之內容描述。例如，由於專利權盡職調查所費不貲，且非常耗時，尤其是國外的專利權盡職調查，軟體授權人可能會希望將智慧財產聲明保證僅限於版權；或者，若包含了專利，則會排除未授與的專利權及所有於美國境外授與之專利權。

軟體授權許通常包含軟體性能之聲明與保證。就授權人的角度而言，應根據妥善規定之目標來衡量其性能，且應排除非重大性能故障。舉例而言，授權人可能會想聲明軟體之操作不可違反授權人提供被授權人之軟體規範。一般而言，授權人會想訂定聲明與保證之有效期，而被授權人可能會希望該聲明與保證在授權許可期間內持續效力。並非每個授權合約都包含這些聲明與保證，有些授權合約會基於財力、交易內容或參與合約方而將其排除在外。例如，將智慧財產及性能聲明與保證從測試版（beta）授權合約中排除是恰當的，也可以針對花費相對便宜的軟體，將其智慧財產及性能聲明與保證從終端用戶協議中排除在外。

　　若有聲明與保證，應註明違反聲明與保證之補救賠償辦法。聲明與保證之補救賠償辦法一般包含授權人於以下部分或所有事項之義務原則：

1. 依授權合約取得被授權人所需權利，使其持續享有被授與之權利。
2. 修改軟體，以避免侵權。
3. 以無侵權軟體取代原軟體。
4. 若上述方式皆不適用，則終止授權許可，退還被授權人部分或所有已付費用。
5. 賠償被授權人（於以下內容討論）。

　　性能違約之補救賠償辦法一般至少包含下列其一：軟體修復或更換、損害賠償金（money damages）、終止授權許可、或退還部分或所有授權費。授權人一般會聲明所述之補救賠償辦法為違反聲明與保證時授權人之所有義務，且為被授權人之所有補救賠償辦法。

　　授權人一般會明確排除協議中未註明之反聲明與保證，並加入免責聲明。這部分包含非侵權、商品適銷性（merchantability）、適用性（fitness）默示聲明與保證。授權人一般也會聲明其聲明與保證不適用於其軟體與其他授權人未授權軟硬體之合併使用、於非經授權人製造之軟體改良品、於被授權人未能使用最新版本的軟體之情況。

損害賠償

　　授權合約一般會包含損害賠償（indemnification）條款，規定特定情況發生時，各方義務及補救賠償辦法。

　　若授權人有提供聲明與保證（通常不會有，但即使沒有），通常會規定須賠償損害、抗辯、或免責於第三方智慧財產侵權之主張。如先前所說的智慧財產聲明保證，授權人在定義智慧財產內容時，應多加注意會對其產生之義務責任（例如，將所有專利、非美國國內之專利、或審核中的專利排除在外）。

　　至於授權人的聲明與保證，一般而言，會有特定的智慧財產賠償義務之免除情事。具體而言，若授權人遵守與被授權人約定的使用規格

（functional specification），授權人一般不須賠償被授權人於第三方之主張，包含被授權人未能成功使用最新版本之軟體，或被授權人之軟體使用或經銷，或與被授權人或第三方產品之以上綜合情況。若授權人未收到被授權人之充分或及時通知，並未取得辯護機會或適當的配合機會，授權人一般無須賠償被授權人之主張。

被授權人一般須賠償授權人因上一段所及情況而承受之損失，該情況並免除授權人之賠償義務。授權人也可嘗試要求被授權人針對違約而造成授權人的損失部分進行賠償。若授權人對被授權人有持續義務責任，則可能會是被授權人來要求授權人賠償。常常會出現相互賠償的狀況，但這是因為疏忽大意而導致的結果。之後會提及，因為賠償義務通常不會被間接損害及法律責任限制條款免除，如此的賠償義務可能會使賠償方的間接損害及法律責任限制失去意義。

賠償條款應清楚說明取得賠償的辦法及程序，包含被賠償方應提供及時通知及與賠償方配合解決問題（由賠償付費）之義務，且應允許由獨立法律顧問代表被賠償方，其法律顧問費用一般由被賠償人承擔。

法律責任限制

多數授權合約包含一則限制各方的法律責任及免除特定損害之條款。雙方常會將直接損害（包含偶發、導致性（consequential）、特殊、懲罰性損害）之外的損害排除在外。因為在某些情況下，免除情況會嚴重影響主張方獲得損害賠償之能力（例如，導致性損害可能是不當使用機密資訊之主張的唯一有效賠償辦法），某些主張會從間接損害免除情況中去除，這些主張包含智慧財產賠償義務，賠償條款中表明之主張，以及失當或未經同意而披露機密資訊之主張。

合約通常也會規定各方責任賠償之上限。該上限可能為任一額度，或由授權人分期收取之限額。不論何者，授權人應確保若其主張與被授權人未履行付款責任有關，被授權人之應付帳款不受賠償上限影響。此外，針對間接損害免除情況，某些主張不在法律限額規定內，或有更高限額。

機密

　　由於合約本身性質，涵蓋在授權標的裡的機密資訊通常會一併披露予各方。因此，多數授權合約含有機密條款（或者，若各方簽有獨立保密協議，會進一步要求該協議涵蓋授權合約之相關披露資訊）。

　　若將只有一方披露資訊，針對單一方設立機密條款較爲恰當。然而，多數的授權合約中目的爲保障雙方的機密條款，這之間的關係非常複雜。

　　「機密資訊」可狹義定義爲標註了機密一詞的書面資訊，而廣義定義之下，亦包含一開始口頭披露，但之後改以書面形式定義之機密。更廣義而言，機密資訊亦可爲任一方披露之資訊，不論是以口頭或書面方式，亦不論標記了機密一詞與否。若最終機密資訊之定義不合各方口味，可使用前兩者，並附註保密義務也涵蓋技術性口頭資訊，以及一般被認定爲機密之資訊。正常來說，披露方會偏好最廣義的定義，而接收方偏好最狹義之定義。

　　不論何種定義，該定義一般受限於以下之部分或所有例外規定：

- 若接收人事前已知悉該資訊（然而，通常僅限於接收人能以書面證明時）。
- 若接收人透過未有保密義務之第三方獲得資訊。
- 若資訊爲公共財，或非因接收人之失當行爲而變成公共財。
- 若該資訊爲獨立研發取得，未使用或參照披露方之機密資訊。

　　任何援引以上例外規定之一方有提出證明之義務。此外，通常會註明，依法強制規定或法庭命令之下，各方得披露機密資訊，並進一步規定接收人須事前通知披露方，且須透過尋求保護令（protective order）等方式妥善保密。

　　機密條款一般規定接收人不可披露機密資訊，除非其雇員或委託人也有保密義務，且對機密資訊有其需要性。也會進一步規定接收人僅能將機密資訊用於允許範圍內，且須依規定的保密標準來捍衛機密。通常該標準會規定機密資訊須於協議期滿或終止時歸還或銷毀。

保密義務一般在授權許可終止後的一段時間內仍有效，或無限期維持其效力。值得注意的是，商業機密也應在機密資訊的範疇內。因爲商業機密之保護效力僅在該機密仍爲機密時有其效力，披露方應確保機密條款中保護商業機密之效力無限期有效。

終止

單一方或雙方得在合約期滿前終止合約。終止分爲兩類型：因故終止及任意終止（或無故終止）。

授權合約一般規定可因故終止，但何謂因故呢？其定義可包含：於通知後仍不見改善之重大違約（之後會提及）、某方掌控權之更動、某方破產（但此「行爲」條款一般在聯邦法下不具執行效力）、某方未能達到設定里程碑或目標、或雙方共同同意之條款。

根據授權許可的性質，有些授權合約也可任意終止。有任意終止權的一方一般可在任何時候終止協議，不論另一方是否有任何構成終止協議的行爲。多數情況，被授權人不希望授權人得以無故終止授權合約，因爲被授權人可能非常倚賴該授權許可，以利內部資料處理，或者，該授權許可爲公司事業目標之一。然而，授權人可能會希望在被授權人停止與授權標的相關公司營運時，或完全不再使用該標的時，等同授權到期。這針對專屬授權及已全額繳清支授權之情況而言特別重要，因爲公司之業務停止無法構成授權人利用其他條款終止合約之條件。

授權合約應詳細說明終止流程。一般而言，欲終止之一方須提供另一方書面意向通知。協議應表明終止之一方須於終止生效日前多少時間內通知對方。針對無故終止，通知期一般會比因故終止規定的通知期長。針對違約終止，合約一般會給予違約方一段時間改善違約行爲，以避免終止情況（這段改善期通常和通知期的時間重疊）。然而，若違約行爲屬無法改善之情況（例如盜用機密資訊），改善期則不適用（通知期也因此不適用）。

合約應描述各方於終止或合約屆滿時的個別權利。一般在授權許可終止時，被授權人須歸還授權人提供的所有資料（或銷毀並提供證明）。在

某些情況下，身為經銷商的被授權人得以在終止日前履行尚未完成接單的授權產品訂單，或得以拋售、出清手上庫存（只要在期滿或終止前無累積庫存）。針對各方權利及義務的不同性質，某些效力於合約期滿或終止後繼續，包含應收權利金款項、後續銷售產生的權利金款項、審查被授權人帳冊紀錄之權利、售後服務義務（support obligation）、保密義務及擔保和賠償義務。軟體終端用戶的再授權人之權利一般不受主要授權合約之效力支配，因此通常會在期滿或終止後仍保有其權利。

保管

軟體授權許可通常會規定該軟體連同原始碼一起被保管（escrow），等到釋出條件產生進而釋出（之後討論）。在授權人同意這安排的情況下，原始碼一般會委託雙方皆同意的獨立代管人代為保管，三方皆須遵守獨立保管協議（或由授權人與保管人簽訂協議，然後將被授權人列為受益人）。

因為原始碼包含了授權人之有價商業機密，授權人做任何會使另一方得到權限的安排時，應考慮到其適當性及必要性，包含將原始碼置於保管以利被授權人的適當性及必要性。就授權人的觀點看來，明顯不合宜的安排是，未於合約中規定授權人須提供被授權人軟體支援或維修（或該義務期滿）。

若授權人確定原始碼的保管不止適當，且有必要性，要在於保管合約中謹慎訂定釋出原始碼予被授權人前所須誘發之事件或滿足條件（釋放條件）。被授權人通常會要求把原始碼置於保管，減輕被授權人對於授權人可能無法提供軟體支援或維修的擔憂。於此，被授權人一般會要求釋出條件須包含授權人未能照實提供軟體支援或維修、授權人破產或無償還能力。另一方面，授權人偏好將釋出條件限於授權人的元件故障，導致其無法提供授權合約中所規定的軟體支援或維修，且授權人無法於另外通知的時間點後改善該情況。不管情況為何，一般於保管合約中會規定釋出原始碼的流程，規定被授權人須提供的釋出條件之通知，授權人則須提供的相反指示（contrary instructions），以及一套第三方提供的問題排除流程。

　　若授權合約規定要有原始碼保管，則也應規定於釋出條件產生時，賦予被授權人的有限授與，尤其要描述原始碼的許可用途及使用限制。授權合約也應表明原始碼受限於合約中的保密條款。

爭議解決辦法、地點、法律選擇

　　授權合約通常包含了解決各方爭議的流程條款。若各方同意採用替代爭議解決方式（alternative dispute resolution, ADR），應說明替代爭議解決方式是否有強制性，並闡述問題解決方式，例如，從直接討論開始，進而調節，最後進行仲裁。應以該順序進行，除非問題在過程中獲得解決。此外，應表明是否要把任何一種爭議類型排除在外（智慧財產及盜用機密的爭議一般會排除於替代爭議解決方式協議之外）。再者，替代爭議解決方式條款應明定調節及仲裁的規則及機關（例如美國仲裁協會）、仲裁及調節人的人數與仲裁及調節方式及地點等條款。

　　針對不屬於替代爭議解決方式規定的爭議及行為，合約應表明聽證會的審理處，並表明其為專有審判地點與否。若授權許可的標的複雜，授權人可能會希望要求陪審團審問豁免。

　　授權許可也應表明用於解釋合約的管轄法律。授權人會認為，因為遭受損害的是自身的智慧財產，其應有權決定適用法規。然而，占取有利位置的被授權人會堅持使用其較為熟悉的適用法規。

編者言

　　打智慧財產的訴訟在大中華地區是很大的挑戰。許多東亞的法官往往不具有足夠的背景去有效裁定糾紛，且過程可能會演變成涉入個別第三方專家證詞的你來我往，複雜且所費不貲。就算如此，許多大中華地區的律師和第三方專家不足以教育法官學術性的問題，或將這些學術性問題連結到法律的核心概念。此外，有足夠經驗和專業處理這類問題的仲裁人少之又少。再加上，這之間存在語言障礙，因為許多授權許可合約為跨境交易，以英文撰書，而當地法庭和仲裁人多半說中文。雖然臺灣有專門處理智慧財產的法庭，也有專精於智慧財產且有經驗的法官，但語言仍是一大阻礙。

轉讓條款

　　授權合約應表明是否任一方得以轉讓合約、權利或義務。如是，須於何種情況下方能轉讓。與其他合約不同的是，若未於智慧財產合約中提及轉讓事項，則等同於不可轉讓。

　　智慧財產合約的轉讓一事以事實而定，且除了各方的商談力，其絕大部分是根據每一方的個別權利與義務而定。若授權人僅授與該授權許可及收取權利金，被授權人則沒有拒絕授權人轉讓合約權益給他方的道理。然而，若有規定授權人須提供客製化服務、維修與支援，這些義務應視為授權人個人義務，因此不予轉讓。但倘若授權人提議出售自身公司，那被授權人該如何處理呢？

　　若被授權人對軟體的用途僅止於內部資料處理，在掌控權更動時、或併購交易中，允許被授權人轉讓合約是可行的。另一方面，若被授權人是軟體經銷商，禁止被授權人轉讓合約是適當的做法，除非授權人已經書面同意該轉讓行為。若（舉例而言）授權人對提議的繼承人之義務履行能力存有疑慮，或者，若該方是授權人的競爭對手，授權人應得以撤銷轉讓同意。

　　不論任何情況，條款都應表明任何違反條款之宣稱轉讓皆予以作廢，不具效力，且合約對轉讓方之繼承人和受讓人受到法律約束。

其他

　　最後，授權合約有一些常見的慣用條款（boilerplate）。姑且不論其名稱，這些條款有商議空間，且有其重要性，其包含：
- 整合性條款（integration clauses），意指先前所有討論的事項皆合併於書面合約中。
- 可分割性條款（severability provisions）規定任何失去效力之條款不影響其餘條款。
- 修訂條款（amendment provisions）規定所有的修訂須透過書面形式，並由各方簽名。

- 通知條款（notice provisions）。
- 豁免條款（waiver provisions）規定違約豁免不視爲持續豁免。
- 獨立委託人條款避免造成各方有代理關係的可能。
- 不可抗力之條款特赦因不可抗力之事件而造成該方履行義務之延宕。
- 出口管控條款約束各方的出口權利責任。

授權合約備忘清單

　　此備忘清單總結了於商談授權合約時應注意的主要事項，其以潛在買方及其律師對收購著重的要項爲根據。

取得授權（licensing-in）之盡職調查備忘清單

☐確認所有公司爲被授權人（握有重要智慧財產權及技術）之授權許可。

☐針對每個授權許可，確認：

　　☐權限範圍

　　☐時間長度

　　☐終止事件

　　☐地區

　　☐花費（包含分期付款、權利金、售服費、佣金等等）

　　☐專屬性

　　☐再授權之權利（rights to sublicense）

　　☐法律責任

　　☐第三方主張之保護（智慧財產損害賠償）

　　☐衍生智慧財產之處理辦法（所有權人爲誰？所有權人是否須回授或交叉授權？）

　　☐轉讓能力

☐是否須先行通知或取得同意方能轉讓授權許可予買方？如是，確保遵照所有規定流程。

☐與授權人確認授權許可尚未終止或變動。

□該授權許可之相關費用爲何？對買方的商業計畫而言，費用是否實惠或太高？除了透過協商，是否仍有降價空間？另外，在什麼情況下（包含收購或公司成長），費用會自動升高，或由授權人全權掌控費用調動？（使買方成爲授權許可的新「擁有人」的舉動可能會影響費用，例如，獲得授權許可之軟體以「席位」或「共同使用者」定價，而收購意圖是在合併的公司中部署該軟體。）

□授權於目標公司董事會之軟體權限是否足以滿足公司業務及未來所需？爲了因應公司未來成長，可能要增加多少花費，以延長授權？

□授權許可期多久？目前剩餘的授權時間夠公司用嗎？另外，目標公司可因合併、掌控權變更、被授權人之行爲而延長時間嗎？確保公司做出聲明，表示未發生會造成授權人可終止授權之違約或失當行爲等情況。

□權利可於哪些地區行使？範圍是否夠廣泛？是否可擴大地區？另外，是否有什麼情況可使授權人縮小地區限制，例如未能達成訂定之銷售或收入目標？

對外授權（licensing-out）之盡職調查備忘清單

□確認公司爲授權人的所有重要授權許可，尤其針對那些非一般營運公司之授權許可。

□所有的「一般」授權是否皆爲相同形式？檢查其形式：要求目標公司找出不同的形式及特殊交易。

□針對所有對外授權，比照「取得授權」，考慮以下基本事項：
　　□權限範圍
　　□生產收益
　　□強制性義務（例如維修、支援及訓練）
　　□專屬性（同時限制權限範圍及專屬性是否會過分約束買方？）
　　□轉讓能力
　　□再授權之權利（是否限制競爭對方使用？）
　　□期限及終止權
　　□改良權（rights to improve）

　　□改良權之分配（allocation of rights to improvements）

　　□保證、法律責任及賠償條款風險暴露

□針對提議之交易，是否應事前通知或取得同意？如是，確保遵循所有規
　定流程。

□獲得授權許可之對象為誰？特別注意「被授權人」之定義及轉讓與再授
　權之規定。注意這個部分是否會對被合併之公司造成問題（例如，透過
　和競爭對手、境外公司、政府建立關係，而會產生不可接受之影響或應
　分析受影響之處）。

□同樣地，授權權限範圍及地區有多廣？範圍幅度是否有問題？例如，會
　在重點地區創造競爭對手。

□授權許可的時間長度及其可否終止？

□若繼承對外授權，是否在買方身上加諸義務或限制，例如，禁止用於某
　些地區，禁止聯繫某些客戶／消費者，抑或須支付維修或支援費用之義
　務。

□若授權許可有提供報酬（remuneration），報酬為何？依授權許可強加
　的義務，其報酬是否可觀？

□所有加諸於被授權人之限制及規定是否已由該被授權人加諸於下游的轉
　授權人及次經銷商（sub-distributor）？

技術授權合約：進階主題

開放原始碼軟體之陷阱

　　今日有許多開放原始碼之軟體，從電子郵件程式、桌面排版到網頁伺
服器軟體及內容管理工具皆唾手可得。開放原始碼軟體已逐漸變成公司電
腦系統極為重要的一環，改變了許多龍頭科技公司的電腦計算方式。這個
改變存有重要的法律及商業影響，因為藉由允許公司客製化開放原始碼之
應用程式來滿足自身所需的軟體商業模式完全顛覆了傳統。

目前市面上最受歡迎的開放原始碼程式爲由自由軟體協會（Free Software Foundation）依通用公共授權條款（General Public License, GPL）所創造。通用公共授權條款的魅力在於，其允許免費使用、修改及發布該開放原始碼軟體與其最初的原始碼。

公共授權條款也是公司行號最在意的部分，因爲──舉個例子──若有個商用軟體開發商欲使用自身的專利程式碼修改開放原始碼軟體，而公共授權條款無視開發商之意願，規定該程式碼須依此條款授權（或以比較寬鬆的授權方式）給大眾免費使用，這對以授權專利軟體維生的公司可能會是場災難。避免此情況的其中一個方式是把公司的專利程式碼和公共授權條款之程式碼分開，任何的修改皆獨立運作，專利程式碼便不會整合進開放原始碼軟體。

因爲公共授權條款的規定，微軟等公司稱該條款爲病毒條款，且把它視爲是嚴重的競爭威脅。另一方面，開放原始碼之擁護者的立場是，開放原始碼軟體的集結與合作特性爲大眾創造出更好的軟體，且費用相較於專利、未公開原始碼之應用程式更爲便宜。

較爲複雜的問題是，開放原始碼授權之強制性（包含通用公共授權條款）仍未受過法庭案審結案。至今唯一和開放原始碼有直接關係的訴訟案是攸關數十億美元、現仍待審的美國軟體公司SCO Group及IBM一案。SCO公司宣稱其專利UNIX程式碼被非法轉載於Linux中。於此SCO已大規模向Linux使用者提出智慧財產侵占訴訟。這些訴訟案件將爲使用開放原始碼之訴訟案拉開歷史序幕。

在法庭確定開放原始碼授權是否爲強制性及SCO一案塵埃落定前，公司應瞭解開放原始碼應用程式是否屬於自身購買來使用的商用軟體的一部分。軟體開發商經常將開放原始碼程式一併置入出售的商用應用程式而不負任何責任。公司應假設掌管開放原始碼之使用授權爲強制性，比照行事。

公司應採取以下步驟降低風險。第一，列出所有使用開放原始碼軟體之清單。第二，收集所有適用的開放原始碼授權合約，請法律顧問檢閱，確保合規。多數的開放原始碼授權可於www.opensource.org找到。關於這

個步驟，法律顧問也應確定開放原始碼如何於公司內部使用，及開放原始碼是否已被修改過。若開放原始碼已依通用公共授權條款修改過，修改品也就變成開放原始碼應用程式。

公司評估出暴露的法律風險且進行了控管後，應訂定開放原始碼人員識別政策（見圖3.1），確認有權限檢閱及同意公司正在使用或有意使用開放原始碼應用程式的人員，以及確認有權限使用及修改開放原始碼之人員。最後，應設計並執行一套開放原始碼軟體訓練課程，確保所有人員明白使用開放原始碼可能帶來的法律風險，及可能威脅到公司重要的智慧財產。

儘管開放原始碼有其法律或商業風險，但其活躍性毫無疑問地會繼續加速上升，因為大多數人認為使用開放原始碼應用程式有許多重要的優勢，包含匯款路徑代碼（swift identification）、修補安全漏洞及更新快速。只要謹慎行事並於事前計畫，開放原始碼的落實有機會走向成功。

〔公司名〕
採購及開放原始碼軟體政策聲明

何謂開放原始碼軟體？
一般而言，「開放原始碼」意指使用者不須支付授權人任何費用或權利金，得不計用途使用該授權程式、研究及修改其程式碼、發布原檔或修改版之備檔。眾所皆知的開放原始碼軟體包含Linux操作系統、JBoss應用程式伺服器、Apache網頁伺服器及MySQL資料庫引擎。

政策聲明範本
如同許多公司，我司認同使用開放原始碼能為公司帶來益處，包含提升安全性、效能及延展性，以及減少所有權之費用。就我司的情況舉例來說，我司基於以下原因使用以下的開放原始碼軟體：＿＿＿＿＿＿。
儘管我司認同開放原始碼軟體能帶來許多益處，但我們不認為開放原始碼授權模型是對我們最好的授權模型。如您所知，我司高度投資於軟體研發，並忠於一套商用授權模型，使我司可於軟體產品上收取費用。我司相信這是對身為營利公司的我們最有效的營運方式，並能幫助投資人極大化公司價值。因此，我司承諾採取任何必要行動保護我們研發軟體之智慧財產權。

我司政策規定，僅在公司研發之軟體不對收費產生不利影響之情況下，或於收購該研發軟體或其使用合規的情況下，而使用開放原始碼軟體。此外，若公司獲得開放原始碼軟體的使用，公司將遵守該軟體授權及版權限制所適用之情況與使用方式。我司全面禁止未經授權而使用開放原始碼軟體。公司所有人員有責任確保我司遵守公司取得或使用的所有開放原始碼軟體之適用授權條款。若有任何可能違規之疑問，應立即呈報〔*〕。

一般責任

〔*〕部門負責採購及管理所有公司取得或使用於公司之開放原始碼軟體。在未經〔*〕部門授權前，您不應：

- 代表公司訂閱或採購任何開放原始碼軟體；
- 於您個人電腦、或所有權爲公司或公司租借的電腦上接收、下載或安裝任何開放原始碼軟體；
- 備份或修改公司的電腦系統上安裝的開放原始碼軟體之原始碼，或代表公司備份或修改公司維護之開放原始碼軟體的原始碼。

若您認爲有需採取以上動作作爲合法商業用途，應提交一份授權申請單予〔*〕。授權申請單應以電子郵寄、傳眞、或採辦公室對辦公室投遞的方式（interoffice delivery）。若情況緊急，應標註須即時處理。

開放原始碼互易授權之附加指導原則

我司認爲所謂的開放原始碼「互易」授權會對公司研發軟體之智慧財產權保障造成重大危害。簡言之，開放原始碼「互易」授權強制我們將研發的軟體於該軟體爲適用開放原始碼軟體「衍生作品」之情況下，無償供於大眾使用。最受歡迎的互易授權形式爲GNU作業系統通用公共授權條款（包含GLP通用公共授權條款及LGPL寬鬆通用公共授權條款）。

不幸的是，衍生作品的構成要素論事而定，且有一大部分是根據個人解釋。因此，針對互易授權條款中開放原始碼軟體之使用，我司採取以下指導原則作爲額外的防護措施，保護我司研發軟體之智慧財產權。

- 您有認識授權條款之責，確保遵守所有您使用的開放原始碼軟體之授權條款及版權限制之適用情況。若您不確定某軟體程式是否屬於互易授權，在您修改任何適用軟體程式中進行原始碼前，立即聯絡〔*〕。
- 若未取得〔*〕部門的授權，您不應複製或重新安裝任何互易授權的開放原始碼軟體。
- 若您妥善獲得授權而使用互易授權的開放原始碼軟體，您不應在未通知〔*〕且未取得明確書面授權前，在該軟體上對原始碼進行任何修改。

- 依您與公司之間的職務關係或當您正在使用我們的設施或設備時，若您試圖撰寫與互易授權之開放原始碼軟體有關聯、內容嵌入原始碼之新的軟體程式、輸入程序、腳本（「新程式」），或意圖整合任何互易授權之開放原始碼軟體，您應準備一份新程式的書面說明（包含其功能性、動態連結程式庫及其功用、子程序、或所需的其他程序步驟）。對新程式採取任何行動前，應先將這份書面說明提交於〔*〕。
- 在您未取得〔*〕部門的書面授權前，不應對新程式採取任何行動。
- 應詳細記錄任何經授權而由您研發的新程式，並個別儲存於我司部門。

圖3.1　公司開放原始碼軟體之政策範例

生技／專利授權

於此，我們提及生技產業在擬定及協商授權合約，以及針對工程化合物或生技物質擬定或協商特別授權合約時，常出現的合約內容及智慧財產考量。為了方便閱讀，工程化合物或生技物質以下將簡稱「化合物」，並假定授權人對身為合約主題的化合物之專利有興趣（不論是成為專利所有人或成為第三方專屬授權的被授權人）。以下所涵蓋的主題包含使用範圍限制（field of use restrictions）、可多方面應用之化合物或有「多用途」之化合物、非專屬授權之特殊問題、付款方式、授權提前終止時之原料藥主檔案（drug master file, DMF）權。

使用範圍

一如其名，授權許可中的使用範圍（field of use）條款規定了被授權人技術應用之限制權利。一般來說，使用範圍限制會出現在授權合約中明確定義之區塊，一般稱之為範圍（field）。然後接著出現在權利授與或實際授權的條款中。舉例來說，有使用範圍限制的授與條款會表明「授權人茲依被授與專利之區域，授與被授權人該地區之非專屬授權許可，其將用於製造、已製造的、使用、出售產品，並進口產品至範圍內使用」。

針對生技產業，應特別考量使用範圍限制。要考慮到化合物可用於

人類或動物之疾病指徵預防、診斷或治療之潛在可能。無使用範圍限制之下，被授權人有權於所有範圍內使用該化合物。而若授權許可爲專屬性，其他人將沒有這項權利。若授權許可沒有使用範圍限制，被授權人無法隨心所欲擁有做任何事的權利。擬定使用範圍限制時要做的是，明確闡明內容，不帶任何模糊，讓各方（以及庭上，若出現該情況時）明瞭內容包含了什麼及不包含什麼。

就授權人的角度而言，其想要給予被授權人所想要／需要之最低限度的使用範圍，但同時又能讓授權人自身有機會去開拓化合物潛在使用可能。例如，假設實驗室的早期指徵指出化合物可能對兩種完全不同的疾病有療效（再假設是大腦腫瘤及胃潰瘍。雖然不大可能，但更可以表達何謂完全不同的疾病）。Pharma製藥公司對該化合物感興趣，但公司專注於癌症領域，因此公司的興趣在於化合物可對付大腦腫瘤的可能，不太可能把錢投資在對付胃潰瘍的化合物之研發。若該化合物擁有人授權Pharma製藥公司，並未限其用於大腦腫瘤之範圍，擁有人則剝奪了（自身或透過別的被授權人）研發胃潰瘍化合物的機會（或之後的研究發現可用於對付其他疾病的機會），這會造成化合物未能取得最完善的開發。因此，是否要給予被授權人使用範圍，允許被授權人在其渴望的使用範圍有效開發該化合物，同時不剝奪授權人開發其他潛在用途的機會，其利害關係完全取決於授權人。授權人不應把雞蛋都放在同一個被授權人的籃子裡，該被授權人不一定有資源去開拓不同的使用可能。換句話說，授權人要找尋極大化其發明之使用可能。

另一方面，被授權人希望使用範圍越廣越好（例如，作爲人體或癌症一般治療用），或者，更理想的是，無使用範圍限制。但想當然爾，使用範圍絕大多時候會在化合物研發階段時決定。前期階段在沒有其他的授權許可的情況下，Pharma製藥公司會投資之後的研發，該公司可能會因爲其爲第一個冒險投資的公司而想獲得一個廣泛的使用範圍。該公司不會想投資進階的研發（授權人通常會有該研發的權限及權利），卻因自身並未擁有其範圍，而錯失一個可能於某使用範圍會賺大錢的機會。然而，若化合物研發較爲成熟且已存有其他授權許可，Pharma製藥公司則必須接

受較小的使用範圍（也就是尚未被其他被授權人取得授權許可的使用範圍）。

實用密技

要如何處理上述的利益衝突呢？這裡有幾個可能辦法，其中有兩個經常被使用。授權方可同意給予較廣的使用範圍，但若被授權人選擇不使用該範圍，授權人則有權收回使用範圍。另一個解決方式是，被授權人同意接受較小的使用範圍，但若授權人未來提議授權其他使用範圍予第三方，原被授權人有該使用範圍的優先權。

再強調一次，絕對有必要確保使用範圍清楚定義且沒有模糊地帶。若提出了含有技術層面的使用範圍，各方有必要請其科學家參與過程。

若各方已同意使用範圍限制，清楚地表示其他的範圍皆不包含在其中是很重要的。例如，不要將使用範圍定義為「用於人體治療，非用於診斷」，而是將其定義為「用於人體治療，而非其他用途」。若要穩紮穩打，最好再說明授權人「保有所有範圍之權利，不限於人體治療」。

在使用範圍限制上，應考慮訂定改良及回授權（improvements and grantback）條款。例如，若授權許可使用範圍限窄小，有規定被授權人研發的改良品應回授於授權人，授權人有機會獲得一大筆意外收入。同樣的例子，假設授權時未清楚定義是否有包含胃潰瘍的使用可能，而被授權人研發的方向為大腦腫瘤，但偶然間發現了胃潰瘍的使用可能，這樣就屬於改良品，應回授於授權人。進一步假設最後證實了該化合物的使用非常成功，除非被授權人有改良品的某些權利（其權利超出被授權的使用範圍），例如授權改良品之優先權或參與改良品商品化經濟效益之權利（例如，授權人或第三方被授權人之銷售權利金），否則被授權人的研究發現將付諸流水。

多用途化合物

假設Pharma製藥公司一直以來資助寶貝生技公司的研究，有一天寶貝生技公司發現了某種有發展潛能的工程肽。前期指徵顯示胃潰瘍之可

能活動，但現階段還言之過早，無法知道是否有其他可能指徵或目標。同時，Pharma製藥公司的資助研究合約快要到期，Pharma製藥公司即將行使工程肽的專利授權（此階段爲專利應用）。若Pharma製藥公司行使專利授權，它能得到什麼？它是否獲得所有使用可能的專利授權（此階段的專利執行策略爲盡可能擴大專利應用處），或只能獲得用於胃潰瘍之專利授權？此多用途化合物點出了在使用範圍限制的討論中提及的相同問題及考量。

　　就寶貝生技公司的角度而言，它會偏好範圍小的授權許可，透過數個授權許可，極大化多用途化合物的可能性。爲了達成此目的，寶貝生技公司會訂定每個授權許可的使用範圍。透過這樣的方案及其可用資源，它達成單一被授權人在製藥界不太可能達成的目標，同時利用數個授權許可發展工程肽。

　　就Pharma製藥公司的角度而言，會想要全球性工程肽專利授權許可。Pharma製藥公司的立場是，它已經付了多用途化合物研究費用，所以它有權得到所有可能發現的價值。即便它沒有所需資源去同時研發不同的指徵，它也會想要透過再授權的控制過程，從中獲益。

實用密技

　　在有研究資助的情況下，您可能得以在投資合約中提出這些問題，避免其發生。若Pharma製藥公司提供了寶貝生技公司特定研究方案的所有資助，Pharma製藥公司有可能商議到該方案研發結果的權利。若實際情況如此，投資合約上不應含糊帶過。若Pharma製藥公司未提供資金，而在寶貝生技公司研究發現後與其商議，Pharma製藥公司不大可能會得到所有的使用範圍，而非常有可能僅能於其專業領域中使用該研發結果。若Pharma製藥公司資助的是大學內的研究，它的權利也可能被限制。大學授權許可的特別考量將於之後討論。

非專屬授權合約

　　若發明擁有人已發放其發明之非專屬授權，該發明人則保有發放其他

非專屬授權之權利。除非被授權人被限制了使用範圍或地區，否則依非專屬授權，被授權人得以於任何地方、不計用途使用該發明。換句話說，所有的被授權人將會爲了同一個發明，陷入一片廝殺競爭。想當然爾，被授權人會偏好專屬性，以避免可能競爭，而授權人可能會偏好非專屬授權，極大化發明的可能性。

在生技及製藥產業中，非專屬授權一般會限制在所謂的周邊發明（peripheral inventions）裡，例如藥物遞輸系統（drug delivery system）或研發方法。假設一方發明了一個可製成某種小分子方法，以取得該分子專利很長一段時間。當事人會答應非專屬授權的方案，極大化發明的價值。如此一來，Pharma製藥公司（被授權人）將會願意接受非專屬授權許可，因爲透過將獲得專利的分子和藥物遞輸系統相互連結，Pharma製藥公司將會得到法定獨占權（legal monopoly）。儘管Pharma製藥公司（被授權人）可能會因爲其產品的競爭優勢而希望獨占這個藥物遞輸系統，但授權人不一定會同意。雖然提出了正確的獎勵方式、態度強硬的被授權可能有辦法商議到有限使用範圍的專屬性，但機靈的授權人會死守非專屬授權。例如，在比較慷慨的經濟條款中，Pharma製藥公司有機會說服授權人限制其他被授權人用於治療胃潰瘍之產品發明，因爲這是Pharma製藥公司的專業領域。想當然爾，新的被授權人的收益有大大地仰賴於現存被授權人已獲得的授權內容。

由於研發藥品的龐大成本及低成功率，化合物結合治療潛能之非專屬授權許可極爲少見，因爲若沒有專屬授權許可所產生的法定獨占權，被授權人不會答應藥品研發。但應注意的是，使用範圍窄小的化合物之專屬授權許可（例如特定的疾病指徵）和非專屬授權許可會讓被授權人同樣擔憂，因爲授權人可發放其他使用範圍之「專屬」授權許可。這會因爲非藥品核准標籤指定用途之潛在可能而產生問題。舉個不大可能發生的極端例子，假設寶貝生技公司發放了具有專利的肽XYZ之專屬授權許可於人類健康產品公司：該授權許可可用於人體治療，不可用於其他用途。再進一步假設人類健康產品公司和動物健康產品公司進一步研發了一樣的XYZ製劑，且個別在市場上推出產品。現在有兩件事是確定的：動物健康公司

在研發產品上花的錢比人類健康公司花的錢少，且動物健康公司的產品價格會比人類健康公司的產品價格低很多。這樣的話，人類健康公司的潛在消費者怎會不去買動物健康公司的產品呢？

就授權人的角度而言，非專屬授權似乎是極大化發明潛在價值的最好方式，實際上也經常如此。然而，授權人在確定授權策略前，一定要評估以下因素：目標被授權人會接受非專屬授權許可嗎？若可以有數個不同的非專屬授權許可，單一被授權人是否能比數個被授權人更加充分利用發明。能否透過數個使用範圍窄小受限的「專屬」授權許可極大化價值？一旦授權人發放了第一份授權許可，就難以回頭改變策略了。

就被授權人的角度而言，一般會偏好專屬授權許可，即使其使用範圍窄小受限。化合物之授權要考量的點和承擔的風險與（舉例而言）藥物遞輸系統或其他周邊發明之授權非常不同。對於後者，若藥物遞輸系統和具有專利的化合物一起使用，即便是在非專屬授權許可之下也可以取得專屬性。

實用密技

發明擁有人在發放第一份授權前須決定其授權策略。一旦發放了專屬授權許可（除非受限於使用範圍或地區），就不能發放非專屬授權許可，反之亦然。目標被授權人須盡職調查相同發明之已發放授權許可。儘管目標被授權人不太可能會知道已發放的授權許可之經濟條款，但仍需知道已對外授權的內容、授權對象、授權用途及地區。目標被授權人需清楚知道發明是否還有利用空間。若目標被授權人準備好接受化合物或產品（或與有限使用範圍的專屬授權許可相同效力之等價物）之非專屬授權，其須與授權人商議，限制其他被授權人研發相似配方之授權合約。請注意，若不是第一個被授權人，則不太可能會成功。被授權人應要求授權合約有以下條款：授權不和任何已發放之授權許可相互牴觸，授權人亦不得發放任何會與之牴觸的授權許可。

費用條款

　　以下的經濟條款常見於生技或製藥授權合約：授權許可或簽署費、年費或其他定期費用、里程費、按比例收取之權利金（包含最低年費）、專利執行方案（patent prosecution program）費。以上皆有商議空間，無法認定費用高低的合理與否，因為其大部分取決於各方之商議能力及對發明潛在價值的評估。

　　授權許可大小或簽署費用（若有的話）絕大多視發明的研發階段而定。就授權人的角度而言，這是一個回收投資的方式，投注的心血終於換得發明。授權人對被授權人可能要求的費用一部分受到其是否有意執行非專屬授權項目或發放專屬授權許可而影響。就被授權人的角度而言，這屬於入夥費（cost of admission）。若被授權人高度重視發明的潛力，要取得專屬授權許可，且授權人已砸了大錢在研發上，被授權人可能要準備好一大筆簽署費。然而，若被授權人一直以來都有投資授權人的研究工作，且該發明需要被授權人投注大量研發經費，被授權人可能只會願意付一點授權費（若有該費用的話）。

　　年費等定期費用通常是用來鼓勵被授權人利用發明。這些費用通常會在開始按比例收取權利金時而終止（權利金通常會按照產品銷售而定）。理論上若被授權人無法使用發明，其不會願意無限期支付年費。然而，被授權人仍可支付費用，避免第三方得到發明權限。當然，這個策略只對專屬授權許可有效。授權人一定要注意，即使發明未被使用，也要商議到一定的年費，讓被授權人不會占著發明不動，或至少讓自身得到充足的酬勞。增加年費是一個有效的手段。

　　里程費在有藥理應用潛能的化合物或生技材料上非常常見（不管是專屬或非專屬授權許可）。該費用通常會隨著藥物產品的研發參照點的突破而觸發，也就是當化合物或材料確定有其價值時。這些里程一般是：

- 先導藥物之研發確認
- 新藥查驗（Investigational New Drug）之申請或同等申請
- 臨床試驗第一階段之完成

- 臨床試驗第二階段之完成
- 臨床試驗第三階段之完成
- 新藥應用申請或同等申請
- 新藥應用之獲准或同等獲准

　　若使用三階段的臨床試驗當作里程費的觸發基準，授權合約應明確表示臨床試驗之完成意指「完成」或「理想的完成」。被授權人會偏好後者，因為這代表研發進展令人滿意。然而，授權人肯定會偏好前者，因為這代表即使被授權人不滿意臨床試驗結果，授權人仍拿得到里程費。為了避免「理想的完成」在定義上的可能爭議，授權合約可表明下一個階段的臨床實驗之開始等同前一個階段理想完成之證明（例如，臨床試驗第二階段之開始意味著第一階段已成功完成）。

實用密技

　　儘管每個授權情況皆不相同，但其中仍有一些產業標準。例如，目前的權利金費率大概落在2%（剛發現的／人造的化合物或材料）到20%（完全研發之產品，並獲准販售）。

原料藥主檔案

　　原料藥主檔案（drug master file）是一個潛在藥品研發過程的資訊及資料彙集，例如毒理學研究及臨床試驗結果。藥品研發過程受到嚴格管制，即使每個潛在藥品的試驗及程序的細節處有所不同，所有潛在藥品皆須進行特定的試驗及程序。藥品研發的費用龐大（長達十年的平均費用概估為4億至8億美元），因此原料藥主檔案有其固有價值。生技授權有個要考慮到的重點是，提前終止授權合約時，應該如何處理原料藥主檔案？

　　即使藥品研發計畫截至目前發展順利，亦能中斷。假設Pharma製藥公司是寶貝生技公司之化合物的最初被授權人，Pharma製藥公司已經申請新藥查驗且已花費5,000萬美元，再進一步假設雖然目前的結果都令人滿意，Pharma製藥公司卻決定要捨棄這個計畫，因為公司有其他更有前

瞻性的計畫要執行，但沒有足夠的資源兼顧兩者。Pharma製藥公司不得已一定得和寶貝生技公司終止授權合約。這種情況下，寶貝生技公司很可能會嘗試把化合物授權給第三方，或由自己執行計畫。

若授權合約擬定完善，這一點最終仍會被提及，其最有可能出現在終止條款中。根據這個條款舉個例子，若Pharma製藥公司無過失終止授權合約，而寶貝生技公司開始販售與該化合物有關之商品，Pharma製藥公司有權得到補償，其金額由合約終止時處於哪個研發階段而定。若寶貝生技公司把化合物商品化，或授權第三方，銷售權利金則為補償金，此外，還包含第三方所支付寶貝生技公司的權利金、費用、里程費等部分款項，以及Pharma製藥公司投入的部分自付額之補償。舉例來說，若在臨床前試驗（preclinical trials）時及新藥查驗申請前無過失終止合約，Pharma製藥公司有權主張1.5%的銷售權利金，而若寶貝生技公司授權第三方，則依據授權許可及償還內容（Pharma製藥公司投入臨床前試驗所產生之自付額的50%由寶貝生技公司償還），Pharma製藥公司有權主張第三方所支付於寶貝生技公司的20%。若產品核准後無過失終止合約，則為9%的權利金、50%依授權第三方所產生之任何費用及100%的自付額補償。也就是說，無過失終止合約之經濟條款承認研發過程的推進所帶來原料藥主檔案的遞增價值。

實用密技

各方在授權合約的商議過程中皆應考慮到這個問題。就授權人的角度而言，會想要在提早終止合約的情況下，不費分毫取得原料藥主檔案的使用權限。就被授權人的角度而言，則想要在原料藥主檔案受益予授權人或第三方時，也能回收自身投資。

資助研究合約、大學與政府授權、臨床試驗合約

這裡將提及在擬定及協商資助研究合約（sponsored research agreement, SRA）、大學（及其他非營利組織）及聯邦政府之授權合約和臨床試驗合約時，常出現的合約內容及智慧財產等相關問題。這三種合約

將分別討論，這個段落主要針對資助研究進行討論，即醫療或生命科學產業創新發明的背後推手。下一段將討論資助研究合約之細節。「大學與政府授權合約」的部分則著重於某些與大學或非營利組織之間的重點條款。「臨床試驗合約」則是簡短摘要整個合約，其條款常由僱用臨床研究專家的醫院而定（尤其當醫院是一間卓越的教學醫院）。免責聲明：「作者於這方面的知識背景代表製藥公司，這段落將以此立場作為出發點」。

資助研究合約

　　「資助研究」一詞意味研究（也表示研發）由一方（資助方）支付，但由另一方（該領域的專家）執行。資方希望從資助的活動中看到的事情可包含：新發明、概念證明、結果證實、產品進步等等。資方通常也希望擁有或獨享資助活動結果的所有權。而另一合約方通常為大學或醫院（簡單而言即業界對大學）、企業（業界對業界，例如大型製藥公司對小型生技公司）、或聯邦政府（業界對政府）。

　　資助研究可為一次性、短期主題任務（例如，針對有製藥可能的化合物之毒理學研究），或為期數年、一般領域內的研究項目（例如，某種肽之變體對於不同疾病指徵的治療適用性）。前者包含資方針對單一研究產品所支付的費用，而後者也包含資助費用，但也可能包含共同研究，即可能複雜化智慧財產擁有權的問題。

　　資助研究一定會簽署書面合約。資助研究協議中的重點條款（不論針對哪一方）包含：

- 研究工作範圍及範圍更動
- 資助條款；預算
- 回報研究工作結果
- 研究結果的所有權及權利
- 專利申請、執行及維持
- 研究工作結果發表
- 保密

* 法律責任、賠償及保險
* 合約期限及終止

產學資助研究：資助研究合約的主要條款

研究工作範圍

研究工作範圍通常會於合約中圖示。應訂定條款，允許資方在合理範圍內更動研究工作範圍，且不論何種情況皆核准更動。大學只應擁有有限權利，或不應具有單方面更動研究工作範圍之權利。就長期研究而言，可能會有由資方及大學組成的聯合科學委員會，該委員會監控研究進度，以及根據進度提議研究工作之更動。

指定主要研究人員

資方通常會提供大學資金，因為其希望大學裡專業領域的傑出人物進行研究，或至少監督研究。若主要研究人員（principal investigator, PI）不再隸屬於該大學，資方應有權終止資助研究合約。通常大學有權提議接班人，但須獲得資方同意。

資金預算

投資資金通常是跟著已編列的預算走，包含有職務在身的全職雇員（full-time employee, FTE）及所需資源等細節會非常的鉅細靡遺。設備通常會租借或贈送給大學，但也可能含在投資資金中。資方偏好分期付款（通常是分季），而大學通常會希望承諾期最短一年，尤其當大學聘請了博士後候選人操大刀時。

「受限的」主要研究人員

多數的主要研究人員和其他教職人員及／或博士後候選人一併在實驗室內工作。很少會出現和傑出的主要研究人員做專屬協定的情況（換句話說，資方資助實驗室內所有的活動，因而獲得實驗室研發結果所有權的

情況很少見）。多數的主要研究人員和實驗室皆會受限於其他產業資方或政府投資（聯邦政府授與支持一般研究）的共同或之前資助的研究方案協定。重要的是要瞭解，若主要研究人員受限，在必要時應採取行動，確保資方投資的研發結果之擁有權不受不利影響。盡職調查在這裡非常的重要。

研發結果之所有權

多數大學政策規定所有使用大學資金及／或教職員的發明歸屬於大學，即使該資金由第三方提供。因此在直接了當地以錢易物的資助研究項目中，大學擁有研發結果之所有權，而資方擁有授權許可之權利（通常為專屬授權）。在共同合作的項目中，也就是資方的雇員和主要研究人員共同進行研究工作、互相分享資訊，研發結果很可能會變成共同發明（joint inventions）。這一般而言是指發明為共同擁有，並依大學的權益，資方有授權許可之權利。依資方的權益，大學一般來說並沒有對發明有共同擁有權，除非在要求申請（request for application, RFA）的範圍內，享有限於內部研究工作的非專屬授權，否則資方擁有其雇員發明之所有權，而大學一般不具任何權利。一般而言，發明所有權由美國專利發明權規定所管（換句話說，所有權屬於專利申請的發明人）。注意：共同發明會導致專利共同擁有。若沒有署立合約，擁有共同專利的各方得任意使用該專利，不須得到另一方同意。

資方研究結果之權利

一般而言，資方有資助研究結果之專屬授權。該權利須於誘發事件後的一段時間內行使（可能是在披露發明、申請專利、或申請其他智慧財產時）。資方會偏好較晚發生的誘發事件，以有更多時間評估發明，尤其是若簽署授權合約，則須繳納授權費的時候。在行使專利授權時，多數大學的資助研究合約在授權許可的「慣例條款」（或類似用語）上提供「善意」協商的機會。

回報發明

　　資助研究合約須訂定回報條款，將所有發明回報給資方。多數大學政策要求教職員回報發明到大學辦公室，而資方也須收到報告，方能開始評估發明，追查專利申請過程（或其他智慧財產保護）。資助研究合約應要求主要研究人員及工作夥伴持續正確記錄研究進度細節，這不只攸關研究結果之所有權（特別是當受限的情況發生時），也攸關專利問題。傑出的科學家明白這些事情的重要性。

專利申請及維持過程

　　資助研究合約應表明哪一方有責準備及執行專利申請程序、維持資助研究合約期間的發明所獲專利。一般而言，資方會偏好掌控該申請及維持過程。若責任歸於大學，資方應協商要求在申請前檢視及提出建議之權利。此外，資方應有權指定申請的國家，且若大學申請失敗或拒絕接受，將由資方以大學的名義代為申請。若大學決定放棄申請或放棄授與的專利，資方應有權拾得。不論何種情況，資方將支付所有的專利支出，包含之前的專利資出。

研究結果發布

　　這個主題體現了大學及資方之間目標衝突所造成的張力。多數大學皆有如麻省理工學院指南（MIT Guide）中所訂定的政策，其中主要的政策為「MIT研究結果迅速公開散布，而學者之間自由交換資訊」。這個指南進一步指出「技術轉讓為⋯⋯從屬於教育及研究」。因此「散布〔發布〕⋯⋯不可延遲而超出所需最短時間」，以保護各方的權利（即申請專利或智慧財產權）。如果可能的話，資方會要求在其選擇對外公開前，須對所有的研究結果保密。最理想的情況下，資方可獲得事先檢視發表作品及提出意見（口頭發布會引起問題）的權利，且可在採取保護措施前延遲發布。收到第一次提議發布通知後的九十至一百二十天是資方可預期的最佳情況。

聲明與保證

一般而言，除了於合理範圍內配合研究的盡職調查及遵守實驗常規事項之外，大學不會對資助研究做任何聲明與保證。

政府權利

許多大學會得到政府的研究資助，因此，資方很可能注意到實驗室中因先前及／或目前在相同領域中的共同資助而有「受限」的現象。但幸運地，政府資助下的受限並不會產生太大的阻礙。杜拜法案（Bayh-Dole Act）（公法96-517，1980年專利暨商標修正案）在許多聯邦機構中訂定了統一專利政策，讓包含大學在內等小型公司企業及非營利組織在聯邦資助的研究項目中得以保有其發明頭銜。該法案鼓勵大學對外合作，將發明商業化，讓聯邦資助的發明增加其使用可能。讓大學獲得政府資助發明之擁有權的代價為，政府保有發明的非專屬授權，可將其用於全世界，且政府握有介入權（march-in rights）。若發明未有效商業化，政府可行使介入權，取回該發明。此外，後續的修正案規定所有售於美國境內的政府資助發明之產品須於美國境內生產製造。若大學在商業上的被授權人是境外法人，將產生問題。

張貼於網站的政策

若某方有意在大學進行資助研究項目，第一，應先參訪該大學的網站。多數大學（尤其是經常進行資助研究之大學）會在網站上公布其技術轉讓政策。許多大學也會在網站放上合約表格。

業界對業界資助研究

業界對業界的資助研究，一般會有一間大型製藥公司作為資方，另一個資方為一間小型或大型的生技公司（此為有現金的資方），最後，再加上另一個小型生技公司。一般而言，需要資方的主要原因為以下：研究活動多樣化、先導化合物辨識（lead compound）、接管另一方無法研發的先導化合物或產品多樣化。通常這些協定安排比起產學協定安排更需要分

工合作，且會有交叉授權許可、合作營銷（co-marketing）及兩方對於研究及發展機能之能力差異而區分之情況。另一方（通常是擁有產品或一些研究技術的小型生技公司）會加入這兩方的資助協定安排，研發產品或有效化其技術。若情事順利，則可望成為其他產品和服務的發展跳板。

囊括這些協定的合約和協定本身一樣多樣化。其中一個談不上是業界對業界協議之間的問題是研究結果發布。在商業化下，各方可同意對研究結果保密，並同意於哪個時間點公開機密及如何公開。

在這些協定中，資方的盡職調查也至關重要，因為小型生技公司往往會把其提議授權給資方的智慧財產在過程中也授權給了第三方。

業界對政府資助研究

美國依法及行政命令建立了一個將政府研發技術轉讓於民營部門（包含業界）的政策。若要概覽這方面的政策、法律及行政命令，可參考由聯邦實驗室聯盟為了技術轉讓而擬制的聯邦技術轉讓法規及政策（Federal Technology Transfer Legislation and Policy）（www.federallabs. org）。

業界若要取得聯邦政府技術之權限，可透過資助聯邦機構或部門的協同研究（collaborative research）。在生命科學的領域中，國家衛生研究院（National Institutes of Health, NIH）及國家科學基金會（National Science Foundation, NSF）研究中心為兩個主要的機構。

和政府配合的資助研究一般會簽署合作研究暨發展合約（Collaborative Research and Development Agreement, CRADA）。儘管每個機構都有自己的表格，但其大抵而言不盡相同。

合作研究暨發展合約中的實體條款和業界對大學的資助研究合約（如之前所提及）雷同，但其中存有兩個重要的例外情況。一是於合作研究暨發展合約期間，資方智慧財產權有載明授權政府之權利；二是若資方未盡商業化之義務，政府有權授權給第三方之權利。

若某方有意與政府機構進行協合研究，應比照之前於業界對大學資助研究所建議的，檢閱該機構網站上政策及表格。國家衛生研究院的表格可於www.nih.gov找到。

大學與政府授權合約

　　大學和美國政府的任務是供大眾使用其研究和知識，使其受益。換言之，雙方皆不願看到授權發明於被授權人手中「棄而不用」。

　　因此，大學或政府通常會要求在合約中詳細註明研發及商業化計畫。若被授權人未能達成計畫，則形同為未履行授權許可之義務，可能導致授權許可之終止、失去專屬性或導致違約罰金。

　　一般會觸發繳納給授權人里程費的藥品研發參照點如下：

• 先導藥物之研發確認
• 新藥查驗之申請或同等申請
• 臨床試驗第一階段之完成
• 臨床試驗第二階段之完成
• 臨床試驗第三階段之完成
• 新藥應用（New Drug Application, NDA）申請或同等申請
• 新藥應用之獲准或同等獲准

　　研發計畫規定授權人須於指定時間內達成每階段的里程（第一個參照點不算，其由前一個參照點之日期算起）。基於製藥研發過程本身的無法預測性及若未能達成參照點的嚴重懲罰（例如，失去授權許可），這些時間點為協商熱議重點。

　　在製藥授權中，三階段式的臨床試驗通常會被當作研發參照點及／或里程費的觸發基準。授權合約應清楚表明臨床試驗之完成表示的是「完成」或「理想的完成」。被授權人會偏好後者，因為這代表研發進展令人滿意。然而，授權人肯定會偏好前者，因為這代表即使被授權人不滿意臨床試驗結果，授權人仍拿得到里程費。為了避免何謂「理想的完成」的可能爭議，在授權合約中可表明下一個階段的臨床實驗之開始等同前一個階段理想完成之證明（例如，臨床試驗第二階段之開始意味著第一階段已成功完成）。

　　您在擬定未達成研發參照點之懲罰時應發揮創意，想出比終止授權許可更輕微的懲罰方式，特別是針對後期研發階段。假設整個研發過程很

長，被授權人從頭到尾都竭盡所能，但最後晚了一星期達成參照點，您不
會希望因此失去整個授權合約（製藥研發參照點通常會超過一年）。

臨床試驗合約

　　臨床試驗合約（clinical trial agreement, CTA）負責處理（人體）臨床
試驗，其爲新藥或醫療設備獲取監管機構審批核准之先決條件。這些合約
條款通常由臨床試驗的地點而定，尤其當該地爲卓越的教學醫院時。然
而，若研究將在諸多地點執行，建議可有一份模板合約供所有地點使用，
以保持一定程度的一致性。這種情況下，建議制定模板合約時，針對規定
和要求最多的目標地點而定。若您考慮簽訂臨床合約，應查閱該醫院網站
或聯絡臨床試驗監管辦公室，確定對方是否有他們自己的合約版本。以下
將簡單討論臨床試驗合約中常見的幾個關鍵條款。

研究結果發布

　　在研究結果發布上，醫院和大學的任務雷同。醫院希望發布研究結
果。這部分的處理方式可比照業界對大學的資助研究合約。在多個不同地
點的研究結果由某一地點／主要研究員發布，其過程通常會延遲長達十八
個月，待及所有地點完成研究以批准聯合發布。

誰擁有什麼

　　臨床試驗的資料由主要研究員在研究處利用臨床案例報告表（case
report form, CRF）進行蒐集。一般而言，完整的臨床案例報告表及研究資
料（可能有實際價值）歸資方擁有。病患病例紀錄、主要研究員的研究筆
記等相關文件、以及研究獲得的智慧財產皆歸醫院所有，但通常受限於資
方智慧財產之行權。

損害賠償；保險

　　資方一般須賠償主要研究員、醫院及其受託人、董事、管理人員、雇
員等人所有因臨床研究所造成之損失或傷害，然而，因失職、管理不善或
蓄意不當行爲、未能遵循臨床試驗約定條款、或臨床試驗合約條款所直接

造成的損失或傷害不算在內。資方也得擔保臨床試驗中所有病患之受傷或因副作用產生的照顧及治療費用（通常與健保理賠相抵）。另外，資方應承擔理賠其臨床試驗活動之強制險費用。

材料轉讓合約

　　材料轉讓合約（material transfer agreement, MTA）是一個爲了研究或測試而由一方或科學家將特殊生物材料轉讓於另一方之條款合約。這個段落描述了由國家衛生研究院擬定且廣爲使用的材料轉讓合約之由來，該合約也被稱爲「統一生物材料轉讓合約」（Uniform Biological Material Transfer Agreement），此段落並總結了須囊括在材料轉讓合約中最重要的問題，包含使用範圍、所有權及智慧財產權、再經銷、法律責任、發布、法律合規性、長度、適用費用、付款方式以及發布問題。

何謂材料轉讓合約？爲何需要它？

　　材料轉讓合約是一份因研究、測試或因進一步的研究或測試之需，一方或科學家把特殊生物材料轉讓於另一方或另一科學家的合約。轉讓條款因人而異。也就是說，因爲非營利機構和政府對民營事業的需求及期望不同，非營利機構和政府單位的轉讓條款會和從非營利機構轉讓到某產業或從某產業轉到非營利機構的條款不同。

　　材料轉讓合約有多種用途，包含材料轉讓（例如，特別是無機化合物或電腦軟體）及商業化授與權利，而最常見的材料轉讓合約爲研究用生物材料轉讓。若以商業化爲目的，一般會使用更爲標準的商業許可合約。

　　如上，任何人都可使用材料轉讓合約，包含「聯邦實驗室、工業研究實驗室、大學或醫院實驗室、或獨立研究機構之實驗室」。也就是說，各行各業都可以使用材料轉讓合約將特殊材料供予（舉例來說）大學，用於以公共福利爲目的的研究、或是現正進行或可能會進行的資助研究、或用以取得大學的材料以幫助自己的研究發展。

　　爲什麼在轉讓生物材料時使用材料轉讓合約是一件很重要的事呢？

材料轉讓合約很重要，因爲該合約規定接收人在處理材料時需小心謹愼、控管材料分發、在出版品中答謝提供人、以及遵守公共衛生服務（Public Health Service, PHS）指導原則中的重組DNA、保護人體受試者及動物使用規範。

「當科學家發出警告，表明研究進度因冗長的材料轉讓合約協商過程而不斷受阻，大學及國家衛生研究院採取了行動，建立一個標準的材料轉讓過程，幫助學術單位之間的材料轉讓。」於是便造就了統一生物材料轉讓合約，將緊接著討論。

統一生物材料轉讓合約

經過多年的討論，1995年國家衛生研究院發布了三個公文：

用於公共組織及非營利組織之統一生物材料轉讓合約最終版；依統一生物材料轉讓合約訂定之個人轉換執行函；公共及非營利組織間轉讓非專利生物材料之簡易同意書。

一旦機構採用了統一生物材料轉讓合約，透過妥善執行同意書（國家衛生研究院發布的其中一個公文），其可利用統一生物材料轉讓合約申請任何轉讓交易。統一生物材料轉讓合約通常不用於和產業進行材料交換，因爲此類型交換通常會產生經商權的疑慮。

少說有233個機構採用了統一生物材料轉讓合約。

統一生物材料轉讓合約（以及最常見的材料轉讓合約）中所涵蓋的事項包含批准使用、進一步經銷、所有權、法律責任、發布、法律合規性、條款規定及適用費用。

多數材料轉讓合約規定須有特定技術性定義，包含以下條款：

• 統一生物材料轉讓合約I.7節提及：「從材料中取得未經改造之後代，例如病毒、細胞或有機體的原始後代。」因此，「後代」爲原始材料未經改造之複製品。

• 原始衍生物。統一生物材料轉讓合約I.8節提及：「原始材料中所指的由接收人創造，其構成未經改造、具有功能性之子單位或產品之物質。例如：未經改造的細胞株之亞克隆、原始材料之純化或分割亞群、由提供人所提供DNA／RNA中所意指之蛋白質、或由融合瘤細胞株分泌出的單株抗體。」

• 修改品。統一生物材料轉讓合約I.8節提及：「由接收人所創造，其含有／整合該材料之物質。」

材料及使用範圍

材料轉讓合約須清楚表明欲轉讓之材料。這些材料一般而言是生物材料，例如細菌、細胞株、菌種、核苷酸、質體、蛋白質、試劑、基因轉殖動物、帶菌體、藥物。

轉讓於非營利機構之材料轉讓合約一般只允許將轉讓材料用於非商業用途，一般來說會用於研究、測試或教學。若轉讓於產業或營利機構，一般的材料轉讓合約之效力可能會不夠，因爲通常會尋求經商權，因此選擇使用標準的商業研發及許可合約通常較爲恰當。

許多材料轉讓合約禁止進一步分發原始材料，即便是針對非商業研究。統一生物材料轉讓合約第四節規定，收取材料之科學家須將他人對材料的需求告知提供者；提供者同意在供給充足且其費用得以報銷之情況下，會供給材料於其他有意複製接收人研究之研究員。

許多材料轉讓合約允許接收人自由經銷接收人創造的材料，一般規定該材料不得爲後代、未經改造之衍生物或修改品。詳見統一生物材料轉讓合約第五節第(a)款。

因提供於非營利接收人之材料通常會利用聯邦資助進行測試或進一步研發，所以這些材料爲杜拜法案所拘束，規定於此產生之發明可用於商業用途。因此，生物材料轉讓合約第五節第(c)款和第七節允許接收人將修改品之智慧財產授與產業。然而，此節未規定提供人須授權其材料（包含整合進改良品之材料）於商業用途。

費用及成本

多數機構在非商業用途之特殊生物材料的使用上，不收取授權許可費或相關費用。

然而，許多生物材料生產、包裝及寄送費用龐大。機構一般會依照材料轉讓合約，要求核銷己方提供給研究員使用的特殊生物材料的成本費用。

若材料透過產業授與得以研發，機構須繳納某些費用來補償被轉讓方的研發費用。

智慧財產及所有權

智慧財產的問題對非營利機構的影響日漸增長，尤其影響機構於特殊發明及衍生物的經濟受益。若材料轉讓合約只允許非營利研究及教學，影響則相對較小。然而，通常允許的範圍不只如此，至少還會允許使用於非後代、修改品或未改造的衍生物。

一般而言，原始材料的提供人會保有其材料、後代及未改造的衍生物、或甚至是修改品的擁有權及智慧財產權。一般而言，接收人會保有其發明的智慧財產權，但前提是該發明不為後代或未經改造的衍生物。這個方式很實用，尤其若提供人保有合成修改品之所有權，要取得修改品研究進一步的外部資助會變得很難。

統一生物材料轉讓合約第二節規定，接收人保有所有修改品之擁有權，而非原始材料、後代、或非經改造衍生物之擁有權。因此，接收人可將修改品過給非營利機構作為研究及教學用途，亦可將修改品的智慧財產權之商業化授權於他方商業許可授與其修改品的智慧財產權，但依統一生物材料轉讓合約第五節，若未取得提供人授權的特殊許可，不得經銷修改品（意指含有原材料），把其當作商業用途。

提供人（特別是產業提供人）可能會要求將授權許可用於接收人研發或擁有的衍生物。

若授權許可只限於非商業用途，則合情合理。然而，若提供人要求將接收人的衍生物作為商業用途，接收人應要求報酬。否則，本質上，接收

人原本可要求鉅額的商業化研究費用，卻免費授權予提供人。提供人（再次提醒，特別是產業提供人）可要求專屬權。

機密、發布及權限

若提供人（一般為產業提供人，而非醫院或學術機構）將某些特殊生物發明視為機密及專利品，則會要求接收人的公司及個人對該材料、衍生物及後代進行保密。

若提供人不把材料視為機密，因為該材料有專利權保護、已發布於出版品中或已可為他人所用，通常則會建議使用某些轉讓合約來處理（例如）衍生物的擁有權、報銷補償及法律責任。統一生物材料轉讓合約會連同「非專利生物材料轉讓簡易同意書」一併發放。

多數的學術單位會要求發表研究發現之權利。統一生物材料轉讓合約第十一節規定其將不「阻礙或延後因使用材料或修改品而獲得的研究發現之發布」。該章節也規定科學家「適當地於發表品中答謝材料提供人」。

法律責任

提供人顯然希望把轉讓及允許特殊生物材料使用的潛在法律責任降至最低。同樣地，除非該風險的責任歸屬很清楚，或是接收人已收到適度警告，否則其也不願承擔理應歸屬於提供人的所有風險，例如，原始材料中存在的危險性與毒性。

在多數的材料轉讓合約中，提供人不對其提供材料做出任何擔保。

提供人一般也會要求接收人小心謹慎及承擔所有提供材料的使用責任，這部分常會有免責聲明。

統一生物材料轉讓合約第十節規定提供人不對接收人的任何損失、主張或要求負法律責任，「但在法律允許範圍內，提供人造成的重大過失或故意行為除外」。

各方會希望從對方身上獲得一些損害補償方式。例如，提供人會希望獲得由接收人誤用材料而導致的損害賠償，或因此造成第三方主張之賠償，或至少獲得因接收人之（重大）過失或（蓄意）處理失當而導致的損

害，或因此造成第三方主張之賠償。同樣地，接收人也會希望獲得因提供人未能安全妥善地落實措施、或未能發出已知危險的通知而導致的損害賠償，或因此造成第三方主張之賠償，或至少獲得因提供人之（重大）過失或（蓄意）處理失當而導致損害，或因此造成第三方主張之賠償。請記住，許多聯邦實驗室和州立大學遭受禁止賠償損害，或遭受賠償限制。

期限及終止

材料轉讓合約須表明接收人可使用材料之期限。若某方違約或有不實聲明，合約應允許另一方終止協議。合約得讓任何一方於合理時間內告知對方後，自由終止該協議（一般為三十天）。這對接收人而言很不公平，尤其當研究項目須倚靠該材料時。統一生物材料轉讓合約第十三節指出若提供人非因接收人違約或其他原因而欲終止合約（例如：健康風險或侵占專利），請求終止合約時，提供人最久得暫緩一年，讓進行中的研究得以完成。

法律合規性

許多法律適用於提供人之材料轉讓及接收人之材料使用。材料轉讓合約應加諸這些法律義務於接收人身上。請考慮到以下例子。

有許多法規適用於具危險性的材料，包含職業衛生與安全法以及掌管保存、運輸、使用及處理危險材料之法規。理想的情況下，提供人會告知接收人提供人自身熟悉的相關環境法規。當然，提供人也應在材料上提供接收人足夠的資訊，讓接收人可自行確認適用法規。然而，提供這些資訊不表示接收人免於應自行學習和遵守之義務。

聯邦及州立隱私權法可適用於（例如）個人資料及人體遺傳物質處理及使用。

某些規定可適用於進口於美國境內之材料：「許多進口於美國之生物材料須取得美國農業部（USDA）許可」。

關於材料出口之相關法規，儘管美國出口管制法讓多數材料不須特別許可即可出口美國，但用於化學或生物武器之材料須要特殊許可，包含

（例如）病原體及毒素。

統一生物材料轉讓合約第十二節規定接收人須「依所有適用法規」使用材料，「包含……使用動物或重組DNA之研究」。

授權及經銷技術產品之有限責任

經銷電腦軟體等技術產品潛藏巨大的法律責任，會形成法律責任的兩個主因為，性能表現不足及侵犯第三方智慧財產權。

性能表現不足

科技產品的潛在表現不足、缺陷等問題會造成特殊風險，特別是廣泛經銷的家用或小型企業電腦軟體等科技產品，該類產品的授權人和購買的企業公司及消費者沒有直接關係，而性能表現不足時卻往往會導致嚴重損失或損害。

- 大範圍經銷會提高問題發生的可能性，且會導致問題難以處理。
- 有企業公司及消費者使用產品意味著授權人須顧及商業規章及期望，以及聯邦和州立消費者特別權利及保護法之適用法規。
- 因為授權人和終端使用者無直接關係，授權人不可直接和終端使用者簽訂免責聲明、訂立專屬賠償辦法或限制責任。
- 嚴重的損失或損害可能來自於高風險領域之產品，例如運輸、能源、環境應用、或具高風險的銀行及保險業。

智慧財產侵權

第三方之侵權主張的潛在可能應能成為授權人避開法律責任（若第三方提出主張）或處理法律責任（不可能避開責任時）之動機。

專利侵權的法律責任會造成特殊問題：儘管一般不會因轉載或採用了已存在的作品而構成版權侵權，且不會因非法取得（例如，偷取可口可樂配方）或因透過不正當的方式發現已存在的作品（違反強制性合約禁令，透過反向工程而獲得產品）而構成侵占商業機密，但仍可能在不知情的情

況下或在未使用第三方知識或發明的情況下，造成專利侵權。存於專利制度中的保密原則性往往代表了即使供應商和授權人對申請待決的相關專利進行了地毯式的調查，也不得學會該專利。

　　接下來我們要討論授權人在授權及經銷科技產品時，可用來掌控其法律責任的實際措施及合約訂立方式。

降低性能表現問題的法律責任之實用措施

　　技術提供人不應小看適度處理所能降低的風險程度。以下將討論這些合理的措施。

管控

　　最重要的是，在發明、生產製造、經銷科技產品和副產品時，妥善管控。

通知

　　技術供應商應全盤顧及任何可能風險，提供消費者到期通知，並推薦或要求使用預防措施。

- **使用範圍**：有個重要的方法是，明確說明消費者可把科技產品用於哪些用途及不得用於哪些用途。例如：供應商可禁止產品用於核子研發、大眾運輸及能源相關應用。
- **訓練**：供應商可規定只有經過受訓合格的人員得以使用該科技產品。供應商除了提供產品及服務外，也可提供（收費）訓練。
- **指導方針**：供應商可推薦或要求被授權人須採用指定的錯誤檢測、備檔、安全程序。（另外，供應商可複述未採取程序之危險，取得被授權人之同意遵守，而不必詳細說明程序內容。）

附帶事項

　　供應商在撰寫銷售文件及相關說明書時，亦須小心謹慎、用詞精確。

- **清楚說明**：供應商須提供產品說明與規格，註明須妥善使用。

- **訓練有「束」的銷售人員**：供應商須確定銷售人員瞭解產品，按照「劇本」走，不得過分吹噓。通常會發生的問題主要都是因為產品性能表現不如銷售宣稱，而這些問題都是可以避免的。
- **無附加協議**：同樣地，除非取得對產品熟悉的上司同意，且最好有具體的書面說明，否則銷售人員不得提供特別保障或保證，以避免之後發生因保證內容而產生的糾紛。

轉讓後服務（及掌控）

　　供應商應考慮提供被授權人後續服務，包含以合理價格提供持續性的訓練及諮詢機會。這可讓供應商有額外的機會發現問題並進行校正，且可讓某些問題轉嫁到拒絕提供維修服務的被授權人身上。假使他們有購買支援服務，該問題其實是可以避免或減輕的。轉讓後服務可包含：

- **回報**：應鼓勵或規定消費者回報授權材料出現的問題，包含在使用者說明書提及的問題。
- **修正**：維修服務應包含以合理價格及時修正發現的缺陷。即便發現嚴重問題的人是供應商且消費者未購買維修服務，精明的供應商主動聯繫及提供適當的維修。儘管聯繫客戶可能會造成客戶有所期待（不管客戶是否有購買維修服務），且會留下供應商有聯繫義務之錯覺，但這個方式還是勝過讓客戶持續使用問題產品，特別針對不修正則可能會造成嚴重損害的問題。
- **掌控**：不論材料之應用性質或研發領域為何，供應商應把使用設備處理辦法變成合乎需要的事，或至少提供這個選項。

風險轉嫁第三方

　　千萬別小看風險轉嫁第三方，或把其變成和第三方共同承擔（包含消費者／被授權人，之後會討論）的價值。

- **保險**：在多數的情況下，供應商應有自己的保單，承擔顯然可承保的風險。然而，某些情況下，供應商可適度要求經銷商和客戶承保，或甚至把供應商列為投保人。
- **損害賠償**：因為技術研發過程可能會超出供應商的掌控範圍，通常可適

度要求被授權人辯護或賠償第三方之主張或因被授權人之使用而引起之傷害（歸屬於供應商之責任除外）。因為賠償人不一定有賠償能力，所以須考量其財務因素，並請求預付款項、員工認股辦法、債券或保險等額外保護措施。

- **保證書**：一份設計完善的保證書會小心定義保證內容，清楚表明產品未達性能之賠償辦法來保護供應商。

降低侵權之實用措施

技術提供人應利用合理的措施將侵權主張之發生率降至最低，緊接著會討論這些措施。

版權

技術上來說，第三方版權之侵權僅在某方轉載或修改現存作品時才會發生。因此，技術研發人須告知雇員不得模仿或借用有版權的用詞、影像或程式碼等諸如此類的資訊，除非具備專業知識、受過法律訓練或諮詢過法律顧問的上司已檢查過並核准使用。

商業機密

這部分最大的風險通常是新雇員使用了屬於前雇主財產的商業機密。有鑑於此，研發人須告知其雇員，請不必如此「慷慨」地分享前雇主的點子和專業知識／技術，且不應「借用」第三方的點子、資訊、專業知識／技術等資訊，除非以上皆經由正當方式取得（例如，透過合法反向工程取得，這部分多數情況應由律師判定）。

商標

供應商須確保銷售及行銷人員清楚明白妥善選擇商標、獲得商標許可及使用商標的重要性。採用通用或敘述性用詞可把侵權風險降至最低，但會使公司標誌不具法律強制性。若未依法獲得許可使用標誌，之後卻發現已存在了相似的標誌，則會導致公司投資之包裝、附屬擔保品（collateral）、標誌（signage）或其他材料面臨修正或銷毀之可能。

專利

技術人員應學會記錄其發明（應要求及鼓勵填寫實驗室常規報告及透過筆記記錄）。應提醒雇員勿使用從前雇主那習得的發明。應指導經理人不可忽視專利侵權之報告或主張，而應立即回報，將「蓄意」侵權之風險降至最低（蓄意侵權可能會使專利持有人有權獲得三倍的損害賠償）。公司應委託稱職的專利顧問，在技術或產品應進行專利許可檢查（patent clearance）及專利執行管理（patent prosecution）時給予建議。

降低性能表現問題的法律責任之合約訂定技巧

技術提供人應依照含有放棄擔保、上限損害（cap damage）或降低法律責任之保護條款合約經商。

明示擔保（express warranties）

授權／經銷合約應明示擔保內容及期限（一般為安裝／設置或接受性能擔保後的三十至九十天）。若擔保內容為整合其他材料，請謹慎檢閱該材料。儘量避免回覆批發銷售的提案請求，因為這些書面回覆通常是著重於銷售的文件，可能會過度吹捧。謹慎審閱明細表（schedules）及其他附加文件（例如採購單），這些通常是由初階銷售人員或技術人員所編寫，並僅會經過粗略地法律審閱，然而其中卻隱含了很重要的擔保承諾。應確實審閱所有的銷售資料及廣告，以防止無法履行之承諾。法院一般會要求公司履行書面承諾，而不採用銷售合約中的免責聲明。

免除擔保

合約應免除明示擔保，但那些記錄於文件的明示擔保或暗示擔保除外，其包含含有特別意義及防範侵權的適銷性及適用性擔保。免除擔保聲明應清楚定義、用詞醒目。

特別賠償辦法

若要避免一連串的賠償或損害主張，合約中應表明若違反擔保，有哪些適當的「特別」補償辦法可用。針對性能表現的問題，補償辦法通常包

含換件、修理及退款。

有限責任

兩個常見的責任限制爲：(1)無導致性損害或其他間接損害（機密條款或其他智慧財產之違約可能除外）；(2)針對超出已收取費用之損害無需承擔責任（智慧財產損害賠償通常除外，而因授權人違約或失職引發之人身事故等其他損害賠償有時會除外）。

被授權人／經銷商損害賠償

針對因被授權人之行爲或不作爲而被第三方要求授權人賠償之主張，授權人通常可向被授權人尋求損害賠償，尤其是針對被授權人失職或超出技術允許使用範圍因而造成的第三方之主張。

管制力

如先前所建議，授權人可對被授權人施行管制（例如，要求被授權人利用特定的預防措施及訓練合格之人員，並將特定免責及上限條款放進再授權及銷售合約中）。

時效性私法（private statutes of limitations）

理想上，銷售／授權合約須規定，所有法律請求應於主張後一年內（或兩年內）行使。

替代爭議解決方式（alternative dispute resolution, ADR）

法律責任可視情況，透過面對面會談、調解、仲裁或其他合約權利等替代爭議解決程序而減輕。商談及調節的過程通常可促使和解，裁決人／法官裁定的賠償金不大可能像美國陪審團裁定的那麼誇張龐大。此外，擬定完善的條款可確保精明的裁決人／法官能瞭解問題所在，將判定懲罰性賠償金（punitive damages）的風險降至最低，避免集體訴訟。

智慧財產責任：損害賠償規定

多數情況下，技術提供人應於授權及銷售合約中加入內容完善且有適

度保護力的智慧財產損害賠償條款。多數被授權人會堅持要求損害賠償。若發生與智慧財產相關的嚴重問題，被授權人會對授權人施壓，要求提出解決辦法，而授權人很可能需要照辦，以維護其事業體和聲譽。因此，假設授權人被迫對某智慧財產之主張做出回應，其會合理地認為應依其損害賠償條款儘早承擔責任，進行處理。其條款之主要內容如下：

賠償損害及免於承擔賠償責任（hold harmless）

這部分的重點是授權人承諾賠償損害、使被授權人免於承擔賠償責任及（一般而言）替被授權人（亦或其客戶）對抗智慧財產之主張。問題的爭端通常和智慧財產有關，授權人一般會承擔版權及商業機密的責任，但拒絕承擔專利責任，或會選擇性承擔自身有責之處：美國專利、自身知情的專利（或理應知情之專利）、簽署合約時發放或宣布之專利、及／或因自身技術造成侵權之專利（不同於宣稱專利侵權，而並非如實侵權）。授權人可能會要求專利侵權之賠償額（例如100萬美元）或責任分擔（例如五五對分）。

責任排除事項

授權人應把因以下原因而造成之侵權責任排除在外：在被授權人之設計或指示下之增加或改良的部分、使用授權範圍外之技術、將授權技術與非由授權人提供或授與之第三方材料一併使用（若分開使用，則不造成侵權）。

通知及辯護

一般而言，賠償條件中，授權人會規定被授權人須及時通報任何主張、給予授權人辯護的機會、與授權人配合辯護及解決其主張。被授權人通常可自費聘請律師出席答辯。若授權人拒絕擔任辯護方或有失當行為，被授權人有權要求授權人自費擔任辯護方。一般而言，授權人不得同意任何未取得被授權人同意、會導致被授權人負債或損害被授權人之和解方式（但被授權人不可不合理地拒絕）。

管制

若授權人有侵權之責，在可賠償之情形下，或其認為有侵權之疑或有侵權主張之可能，應向智慧財產所有人取得授權，修改技術，避免侵權以解決問題（但不犧牲該技術的重要功能特性）。假若情況不允許，則終止授權，合理退還部分已支付的授權費（通常會按比例退還）。

損害賠償

通常各方對討論授權人須賠償哪一方會持不同看法。被授權人通常會要求多方賠償，不只賠償授權法人及其管理人員、董事、雇員、代理人，且連同所有關係企業及其管理人員、董事、雇員、代理人一併賠償。而授權人一般會反對如此沒有限制的賠償可能。

擔保（security）

在被授權人應向授權人持續付款（例如銷售權利金）的交易中，被授權人在智慧財產之主張問題得到解決（或等到其獲得賠償擔保）前，得要求暫停付款動作。

保險

由於被授權人知道賠償金額可能會超出授權人的賠償能力，所以有時被授權人會要求授權人在許多有違約風險的部分承保。儘管版權及商標主張之防範費用相較而言可負擔得起，但版權侵權損害賠償之保費卻可能令人望而卻步，且不在授權人的預算範圍內。

第四章
私募、IPO、上市公司監管規定

未上市公司證券法基本介紹

　　不論公司規模或大或小，或發展階段不同，聯邦和州立證券法皆適用於上市及未上市公司股票及證券發行。重要的是，從新創階段一路走到IPO，或甚至過了IPO，皆應遵守證券法規定。雖然很少看到未上市科技公司因違反證券法而被起訴，但千萬不要觸法，因為會影響公司取得創投投資、IPO或併購的能力。違反證券法會為證券購買人創造解約權，且對或有負債（contingent liability）的公司，投資人會望而卻步。對IPO的承銷商及併購案的潛在收購方來說也一樣，特別是對後者而言，若收購案中每股收購價低於全體或特定股東的收購價格時，潛在收購方可能會避而遠之。

　　基本上，任何證券銷售若未向證管會登記（這邊所說的是出售給創投投資人的創辦人股份或優先股），則須取得豁免登記。後續會提及，除非您未來打算進行IPO，否則我不建議讓未上市公司向證管會登記，這樣的做法不切實際。所以，未上市公司在每次發行股份時都須從嚴操作，確保可獲得證管會豁免登記，且妥善記錄。

　　此外，任何證券銷售皆須合乎聯邦及州立證券法反詐欺規定。聯邦的主要規定為1934年的證券交易法第10(b)條及施行細則第10b-5條：為了避免聲明引發誤解，捏造重大聲明或漏報重大聲明皆屬非法行為。無論發行及買賣的規模大小或情況如何，其皆須遵守反詐欺規定，無例外情況。話雖如此，實際上其實很難想像出售低價股份給創辦人會違反這些規定，但仍須再三提醒，當證券買賣以「實質金錢」為目的時，合規與否至關重要。

　　未上市公司的生涯中，出售證券的情況一般有三種：售予創辦人；售

予為公司工作的雇員及顧問；及售予天使投資人、創投投資人等投資人。
我們會分別討論此三種銷售對象之證券法合規方式，但首先，我們要先討
論背後保護投資人的監管制度及主要準則。

　　儘管證券發行和私募法在大中華不同管轄權內有所差異，但法律逐漸
走向標準化。有兩點請銘記：(1)雖然多數情況下，發行的股份是開曼或英
屬維京群島的股份，而不是在地運營公司的股份，但在地的證券法仍予以適
用，因為絕大部分的政府監管了境內的發行活動；(2)相關各方須注意，發
行在地公司股份和發行境外公司股份的法律可能不同。

證券法豁免概觀

　　聯邦證券法規有數條，其適用於未上市公司的法規主要是1933年的
證券法（'33 Act或the Securities Act）和1934年的證券交易法（'34 Act或
the Exchange Act）。證券交易法第10(b)條的反詐欺法存有許多管制上市
公司的規定。證券法第5條為基本條文，規定除非證券可獲得豁免登記，
否則須向證管會登記。主要的豁免條件於1933年證券法所規定，並由第4
條所施行。而第3條中有許多不同類型的附加豁免條件，但這些條件一般
不適用於我們所討論的內容。

　　適用於未上市公司的證券發行及出售的主要豁免條件位於第4(2)
條，其豁免非涉及公開發行的證券發行。證管會採用了避風港原則（safe
harbor），依照規則D（Reg. D）實施了許多規定。簡言之，未上市公司
照著規則D行事準沒錯！在無法如實遵照規則D的情況下，若交易符合案
例法，有些律師會選擇向第4(2)條的豁免規定靠攏，該案例法定義了投資
人保障的根本原則。

第 4(2) 條

　　針對非透過公開發行的發行人，此條文豁免了證券登記規定。發行及出售是否等同於公開發行有數個決定因素，尤其在於發行人／購買人的身分及發行方式。發行一定要以非公開的方式進行，不可公開發行──即所謂的私募（private placement）。案例法定義了私募的要件，其為：

- **資訊權限**：被發行人擁有和招股計畫書（prospectus）一樣的資訊權限。
- **投資人有資歷**：被發行人有「商務及金融相關知識及經驗」（「資歷」），有能力評估投資的價值和風險。
- **無一般招攬（general solicitation）或廣告**：沒有因發行而招攬投資人或打廣告，意指公司不可大量寄送發行資料、於大眾媒體或網路刊登廣告、亦不可舉行有關發行的公開議會等等。此外，其也表示發行人應限制發行次數，因為大量發行可能會被視為一般招攬。
- **購買人無意重售**：投資人須以「投資」為目的購買股份（也就是說，投資人須有意無限期持股，不欲出售，除非獲得重售豁免）。投資人通常須於認股文件中做此聲明。

規則 D：避風港

　　證管會規則D對第4(2)條非公開發行豁免（第506條條文）訂有避風港原則，且依1933年證券法第3(b)條，低於500萬美元的發行可享有豁免（第504條和第505條條文）。規則D由第501條至508條條文所構成：第501條條文訂有規則D所行的條款定義；第502條條文包含了一般豁免條件，可適用於第504條、第505條及第506條條文規定的任一豁免條件；第503條條文包含了證管會之登記規定（表格D）；第504條條文為不超過100萬美元之發行所享豁免；第505條條文為不超過500萬美元之發行所享豁免；而第506條條文則提出了無金額限制的發行豁免。補充細節如下：

- **第501條條文／「合格投資人」之定義**：「合格投資人」為第501條條

文中的關鍵定義。發行和出售給合格投資人不受規則D的訊息及特定交易限制。因此，僅對合格投資人進行「實質金錢」的發行是比較穩健的方式。合格投資人包括：

◉ 購買時，擁有淨值超過100萬美元之個人，或與配偶合併淨值超過100萬美元之個人。

◉ 近兩年內，年收入超過20萬美元之個人；或近兩年內，每年與配偶合併收入超過30萬美元，並預期本年度達到相同收入水準之個人。

◉ 發行或出售證券的發行人之董事、經理、管理人員或普通合夥人。

◉ 資產超過500萬美元、非以購買該發行證券而成立之信託，其購買過程是透過具有資歷之個人介紹而發生。

◉ 總資產超過500萬美元之公司或法人（但進一步規定並非爲了購買該發行證券而成立公司）。

◉ 銀行、券商、保險公司及機構投資人。

◉ 所有股份持有人爲合格投資人之法人。

證管會會不定期修改規定，所以須密切注意最新規定。

- **第502條條文／一般情況：**

  ◉ **不可合併計算**：這個規定意指，雖然每次的發行在技術上來說是個別發行，但若個別發行實質上屬於同一發行，則在辦理豁免時會把個別發行合併計算。

  ◉ **資訊規定**：按照第505條和第506條條文（非第504條條文），發行時須提供非合格投資人進一步的資訊。這些資訊規定處理起來相處繁瑣，大多時候須披露與IPO招股計畫書內容同層級的資訊，有些情況下，審計財報須另行披露。待會會提到，實際上未上市公司不大可能達成這些規定。

  ◉ **權限**：依第4(2)條效仿案例法，對於發行條款條件規定，發行人須給予每個潛在購買人發問機會，並提供購買人發行人手上握有的資訊，或在發行人可盡合理努力或花費的條件下，提供資訊，讓投資人得以進行驗證資訊。

  ◉ **無一般招攬或廣告**：曾與發行人有交易關係的被發行人人數須有所

限制。請注意，規則D中沒有其他關於被發行人身分的規定——也就是說，被發行人之資歷或人數沒有限制（一般招攬除外）；合規與否將透過發行過程中購買人的資歷及實際人數而定。

◉ **重售限制**：發行人須適度留意，確保購買人未於非豁免交易中重售證券，包含：適度查詢購買人的投資意圖；在出售證券前，以書面方式告知投資人，證券尚未登記且不得重售，除非進行登記或取得豁免；於股票銘文上註明限制性銘文（restrictive legend），以茲證明。

• **第503條條文 / 表格D登記規定**：證管會的表格D須於證券第一次出售後的十五日內提交（即使尚未交割，第一次出售之時間點以發行人拿到錢或投資人簽署認股合約算起）。

• **第504條條文 / 小額發行豁免**：依第504條條文，總發行額不得超過100萬美元。依第504條條文，無須向非合格投資人披露任何特別資訊。

• **第505條條文 / 不超過500萬美元之發行豁免**：至少須有35位非合格購買人，此外還必須達成資訊等交易規定。

• **第506條條文 / 無金額限制之發行豁免**：和第505條條文一樣，但每個單獨或與「購買人代表」一起的非合格投資人須有「金融及商務知識及經驗，有能力評估潛在投資的價值及風險」——效仿案例法第4(2)條的投資人資歷規定。

證管會第 701 條條文 / 員工福利豁免

依第701條，未上市公司依員工福利報酬書面計畫或報酬合約而發行之證券享有豁免，但有金額限制。

州立證券或「藍天」法

天不從人願，所有的證券發行及出售也須依照州立證券法（或稱為藍天法）獲得登記豁免。多數州仿照1933年證券法第4(2)條、1976年國家

證券市場改善法（NSMIA）、符合第506條條文的州立交易優先登記／交易豁免規定（將私募僅限於合格投資人的另一個原因），採用了限制發行豁免。每個州通常會根據購買人數或州內「機構投資人」之規定而有其他發行豁免限制。違反藍天法的通常情況是在非第506條條文的情形下收取回扣（特別是支付給未登記的券商），或發行於某些證券法評斷標準特殊州之個人，例如新罕布夏州（New Hampshire）。針對這些情況，重要的是，確認該州在發行或出售前須登記申報的項目。若要合乎藍天法的規定，往往須提交證管會的表格D，繳交申請費，即使是獲得國家證券市場改善法豁免、發行予全數合格投資人亦如此。

證券出售於創辦人、雇員及投資人之實際面

創辦人

當創辦人成立事業體時，技術上來說，會成立一間新公司，公司再出售股份給創辦人。這些出售行為理論上須符合證券法規定。這部分的證券法沒什麼問題，因為這種出售無可否認不屬於私募，且若創辦人想退錢、撤銷股份合約，公司比誰都樂意配合創辦人。因此，對於創辦人股份出售合規與否不需放太多心思；股份證書應包含證券法限制性銘文，許多律師也會讓創辦人簽署一份簡單的投資書或認股合約，其中含有合約聲明，大致的內容是創辦人握有重大資訊權限，清楚股份的限制性，不可任意重售。此外，您也應查看州立證券法或藍天法，這部分創辦人亦須遵守州立監管制度。

雇員

同樣地，出售於雇員的股份（包含透過認股權出售的股份）不具爭議。道理同上：股份如實出售的錢通常不多（至少在新創階段是如此），所以撤銷合約造成的索賠不構成太大的威脅。第二，這類出售基本上歸第4(2)條、規則D或證管會第701條條文所管。主要的豁免條件為第701條條文，接著會討論。儘管如此，因為雇員人數和金額可能會隨著新創公司的

成功而變大，所以應多加留意發放股份給雇員時是否合乎證券法。發放股份或認股權給雇員時，應檢查第701條條文，每隔一段時間再重新檢查。要合規相當容易，但要注意並確保沒有違反條文中的金額限制。

第 701 條條文基本介紹

第701條條文僅適用報酬性證券之發放。股份授與須爲報酬性授與，而非以募資爲授與原因。此條文基本規定如下：

- 此條文涵蓋發行人於IPO前的報酬性出售。認股權可於IPO前後行使。
- 發行人之風險因子和財務狀況等披露內容，僅須於任何一個十二個月內發行人授與超過500萬美元時提供。這情況鮮少發生，但仍須留意此限額。
- 無須向任何聯邦機關申報來達成豁免條件，但須向州立機關申報。
- 在發行人變成上市公司的九十天後，可依證管會第144條條文之可適用規定重售證券。

第701條條文的報酬性授與須依照員工福利報酬書面計畫或報酬合約執行。以下人員符合報酬性授與的資格：雇員；管理人員和董事；普通合夥人；顧問；但前提是各方須爲自然人（這點比較複雜），向發行人提供善意服務（bona fide services），且服務本身和募資無關。

第701條條文有規定證券的可出售數量／金額。若超過限制，您必須取得其他的登記豁免。發行人可在任何一個十二個月內「出售」（意指認股權的「授與」）的極大值爲：

- 100萬美元。
- 資產的15%（以最近的資產負債表爲計算基礎，「最近」意指不得依據上個會計年度終了前的報表）。
- 已發行股份的15%（以最近的資產負債表爲計算基礎，「最近」意指不得依據上個會計年度終了前的報表）。

此外，針對認股權之行使，比較穩健的方式是向證管會提交表格D，以防判讀第701條條文時出現疏漏。根據認股權人的居住地，該州的藍天法可能也會規定須提交表格D。

一旦公司上市，此條文便不適用，新的報酬性發放絕大多數都是透過證管會表格S-8來登記。

以下幾個不常見的問題點應留意。若未上市公司的認股權人超過500人，依證券交易法第12(g)條，特定情況下，公司得登記為上市公司，因為若發行了某種證券有超過500個持有人，且資產超過1,000萬美元（第12g-1條條文），或股份掛牌於證交所（包含納斯達克證券交易所）（第12(b)條條文），或報價於券商電腦報價系統（例如：場外櫃檯交易系統（the OTC Bulletin Board）），依證券交易法發行人須進行登記（變成上市公司，即使尚未舉行IPO亦如此）。另外，大量的「非合格」雇員股東會危害收購方透過股份私募進行收購的能力，這個問題將於第五章討論。

雖然此條文未免除發行人須遵守1933年證券法反詐欺之規定，亦未免除其須遵守州立藍天法之義務，但幾乎每個州都有一些針對員工福利計畫的豁免形式。有些州除了對認股權有其規定，對行使認股權亦有規定。加州（California）即有明文規定。

出售於創投投資人或其他投資人

如前所及，未上市公司的股份出售之兩個主要豁免規定為私募規定：證管會規則D和證券法第4(2)條。

規則D是一個避風港，對未上市公司而言的挑戰是，要試著保持合規不觸法。若無法遵守規則D，則須轉向第4(2)條的發行規定來檢查是否合規。分析是否有遵守第4(2)條如同技術分析，同屬於風險分析。

有時候，在技術上要合乎一翻兩瞪眼的規則D顯然是不可行的。例如，假設公司要和高階的創投投資人進行私募，但也想賣給欲維持公司權益的現有股東。諷刺的是，若股東都是傻傻的信託寶寶，或是剛繼承了100萬美元的股東，您就可以擁有完全合格的投資人，不用披露文件，

其發行亦符合規則D。但若其中一個股東是個剛拿到企管碩士、正在一間大型投資銀行任職的天才，您就必須依規則D披露文件才能出售同種證券。真是各種亮線測試啊！（bright-line tests，意指非黑即白、清楚定義的標準）但這情況就是第4(2)條派上用場的時機。多數的律師會建議客戶別把披露文件弄得像招股計畫書，因為他們把第4(2)條的發行豁免視為私募——只能給予一定人數的投資人，且每位投資人皆須為合格投資人或具有資歷。沿用上一個例子，即便某股東沒有資歷，但假使公司有賣此人股份的好理由，多數的律師也會同樣把其視為第4(2)條的發行豁免，因為被質疑豁免資格的風險非常低。風險非常低是因為一般來說在這些情況下，您之後可以主張那位資歷似乎不足的投資人其實是有資歷的人，而該投資人不太可能會進行任何申訴；您會給那名投資人（例如）在所有潛在投資人的資訊會議上質詢公司管理團隊的權限。此外，此投資人須簽署認股文件，大意是指他確實具有資歷，且有所有「資訊」的權限，也有能力承擔投資風險損失。若之後要主張發行不符合第4(2)條，購買人須堅稱那名投資人犯傻，當時開資訊會議時沒有專心聽，且在簽署正式認股合約時撒謊。換句話說，第4(2)條之豁免的可行性像科學一樣，同為一門藝術，尤其當您已經盡合理之力教育和保護應當具有資歷的雇員時。經驗與判斷力在這邊非常重要。但不管情況為何，申報表格D準沒錯！

　　由於規則D對「外部」非合格投資人的披露規定，依該規則發行給其「外部」非合格投資人的風險非常高。若之後出事，很容易就會發現披露文件有誤。實際上，未上市公司要合乎規則D的披露規定非常困難，因為多數未上市公司沒有如招股計畫書的必要資訊（尤其是審計財報），而且也往往沒有時間去準備完整的披露文件。

　　再回到第4(2)條之豁免規定。如同我們已經看到的，豁免規定某種程度上模糊不清，而風險高低取決於客戶類型、投資人性質和人數，以及從非合格投資人身上募集的金額。若您在規則D的發行中有太多的非合格投資人，且若他們都「具有資歷」，只要發行僅限於少數的合格人員，您可適用第4(2)條。這裡就是需要判斷力的時候了；某種程度上來說，資歷——宛若情人眼裡出西施——參雜了主觀判斷力，律師較容易找到具有資

歷的投資人，其人帶來的風險較低，如先前所提及。若那個剛畢業的企管碩士是其中一個創辦人的大學室友，那用膝蓋想就知道對方有沒有資歷。如果對方是創辦人的姐夫，那也很好判斷。若剛畢業的企管碩士是個以常被官司纏身為名的傻子，為了大家的利益，最好不要讓此人參與交易。實際的操作手法如下：您安排一個盡可能符合規則D的私募，然後剔除掉資歷不符和高風險的投資人。

一旦良心確認過私募具有效力，下一步妥善地書面記錄。這點很重要，特別是有未合格投資人時。要書面化的文件包含認股合約或投資書，內容詳敘購買人同意自身具有資歷，且是以「投資」為購買目的，無重售意圖。此外，還要做出其他聲明，例如，同意自身可承擔投資風險，並瞭解要很長一段時間後才有機會重售證券。另一份重要的文件是投資人問卷，只需用在未合格投資人。這份問卷中，您要從潛在投資人口中引導出他們確實具有資歷，即使他們看起來沒有。您會希望他們至少不會傻到丟出錯的答案。

您也須確定有針對未合格投資人的藍天法豁免，因為此情況下，法律上可能無法優先適用藍天法豁免規定。應特別注意，確保是否有預先發行或預先出售的州立申報規定。即使在投資人全數合格的發行中，通常也會有州立申報規定；國家證券市場改善法在這裡並非優先適用法規。

另一個要考慮的點是，委託券商或中間人會對私募產生的影響。聯邦法規定參加證券交易之個人須登記證券，除非其獲得登記豁免；州法的規定與其雷同。公司若有打算付錢請未登記的個人或私募代理人幫忙招攬投資人，不論給的報酬是直接或間接報酬，一定得先查查州立券商法規，確認是否可獲得券商登記豁免。多數的法規可能無法直接或間接支付報酬予未登記之個人。違反券商登記適用規定可能會成為交易遭受撤銷之根據，並產生民事或刑事責任。表格D規定客戶須向證管會及州立監管機關公開自身姓名，所以您無法隱祕不透露。

如何操作私募

　　現在您對監管規定有了初步瞭解，知道專家在私募時會採取的手法，接著可以想看看要如何實際操作。這裡列舉了公司和律師應採取的步驟。

步驟一　討論提議交易的商業條件

- 確認公司欲出售股份或其他證券的最大及最小股數／證券數（如果有的話），並確定預估交易額。
- 確認要找的人。以什麼方式尋找潛在投資人？（換句話說，有沒有以前找過的專家的聯絡方式。）
- 確認買方目標人數和身分。
- 確認所有潛在買方是否為合格投資人。
- 確認過程中是否委託投資銀行家或私募代理人。

步驟二　討論私募的基本法律條件

　　討論禁止一般招攬及採用不同架構的花費和風險。可能的話，將私募僅限於合格投資人；這是風險最小、花費最低的辦法。請記得一件事，僅對合格投資人發行會減少大量時間、支出和風險。

步驟三　若僅對合格投資人發行，技術上而言，不需要給投資人披露資料

　　確認公司和承銷商想用什麼方式行銷（非作為法律用途），若透過書面資料，該資料不可引發誤解。就某種層面而言，不要使用書面資料比較好，但實際上不大可行。一旦一件事說了出去（您一定會），您就得把另外「九十九件」必須披露的事一併交代清楚。因此，一定要評估確認須披露的法律資料有哪些，確保發行資料不會有誤導作用。（書面資料的一個優勢是投資人可聲明自身只依恃那些書面資料，而未依恃任何口頭陳述。）

　　若發行未限於合格投資人，為了要符合規則D之紀錄規定，發行文件內容的完整性得和IPO募股計畫書（近乎）一樣。請檢閱規則D的披露規

定，分配私募備忘錄之撰寫責任。

⊙ 公司是否願意出錢出力準備必要的披露文件？

⊙ 真的有可能做出和招股計畫書一樣完整的文件嗎？舉例來說，哪些財報是能用的？通過審計了嗎？如先前所提，實務上，要準備一份完全合乎規則D的私募備忘錄對一間未上市公司而言是個艱鉅的任務。注意到規則D說了，要提供和招股計畫書相當的資訊，內容要足以瞭解客戶事業。對於一個新創公司，在資金不足和作業有限的情況下，您可能會認為審計財報等資訊並非至關重要。然而，您卻無法否定，那些招股計畫書規定要放的資訊並非無關緊要──尤其在出事之後。

⊙ 若發行對象不限於合格投資人，確認規則D的豁免條件是可行的，並遵照其豁免附加規定（例如：和「被發行人代表」會面討論）。

步驟四　若勢必會有非合格投資人，且無法備足得披露的技術文件，該怎麼辦？

⊙ 您須決定是否可以依照證券法第4(2)條的規定發行。

⊙ 評估進行第4(2)條的私募所伴隨的風險。如前面所示，第4(2)條的規定模糊不清，風險的高低隨著發行人的類別、投資人的性質／人數、和從非合格投資人募集的金額而改變。

⊙ 若每個投資人都「具有資歷」，能夠承受投資損失，且沒有一般招攬之情形，第4(2)條的私募是可行的。但現實中是否真的有不合格但卻有資歷的投資人呢？還是他們只是剛好在金融圈中命途不順？

⊙ 反之，若有未合格且資歷不符的投資人，且沒有和IPO同等的私募備忘錄，則不可能進行法定私募。

以下針對如何在有未合格投資人的情況下操作私募，列舉了一些額外建議：

• 準備一份和招股計畫書雷同的披露文件。上www.sec.gov查詢最接近發行人事業的IPO招股計畫書，根據現況撰寫一份私募備忘錄。

- 指派一個有資歷的被發行人，代表未合格／資歷可能不符的投資人
  （例如：公司管理人員可能符合此條件）。
- 對於另一份私募文件，越謹慎保守越好。
- 使用內容詳細的投資人問卷。
- 針對沒有把握的被發行人，取得指派代表的書面同意。
- 在未合格／資歷不符的投資人身上的現金投資額度越低越好。
- 記得藍天法規定和申報動作；於證管會及州立機關提交表格D。
- 採用格式詳細的投資人問卷和認股合約。
- 銘文和股份證書。

編者言

　　上述的法律和規範並未在大中華地區明確定義，多數案例中模稜兩可，可能因而產生問題，但總的來說，美國的做法（更明確地說，美國特拉華州的做法）已經變成國際標準，所以常見的做法是遵循上述原則，並諮詢當地律師。

IPO

IPO 流程、參與人、制度

　　何謂IPO？IPO是未上市公司依證券法於證管會完成股票登記後，將普通股對外出售。過程中，公司也會依證券交易法登記其證券，股份也會於證券交易市場登記（或掛牌）交易，例如，登記或掛牌於紐約證券交易所，或是登記或掛牌在幾乎所有科技公司都會選擇的納斯達克證券交易所。公司除了出售其股份外，未上市公司的股東可能也會在IPO中出售其部分股份；無論如何，在IPO後，他們會握有隨時可以出售的公開發行股（但受限於某些規定，之後會討論）。許多企業家透過這個過程而致富，

有時出現的帳面淨值甚至令人瞠目結舌；而創投投資人不會因此致富，因為他們本來就很有錢了。帳面淨值不一定會變成真正的淨值，因為許多新創公司會在企業家有機會出售股份前就走下坡（換句話說，股價崩盤）。

　　IPO是所有參與人最開心的時候，因為這是公司創辦人和創投投資人回收的時候，同時也是為公司操作IPO的律師和投資銀行家回收的時候。IPO的律師和會計費一直以來都是所費不貲，而且費用在近年來大幅飆高（無具體原因）；兩者費用加總通常最少落在100萬美元。所以舉行IPO時，大家都樂得開心，對彼此友善示好、美言稱讚，尤其是在交割晚宴時。IPO是團隊合作的結果，而非對抗鬥爭擦出的烽火。

　　要說明如何操作IPO是不大可行的。它在操作上其實淺顯易懂，而且適用法規直接了當。簡言之，您要向證管會申報一份指定的表格，但這樣說似乎又太過簡化了。要成為一個有能力處理IPO的律師，您一定要有許多操作IPO的經驗。難的部分通常是判斷需要披露什麼，然後妥善披露，以及判斷不需披露什麼。我們現在要做的是解釋這個過程如何運作和其法律依據。此外，我們會針對公司如何準備IPO，指點迷津。

　　要瞭解這過程的最好方式或許是，去瞭解參與人的身分及其扮演的角色。主要的參與人及相關術語如下。

　　發行人或登記人是即將上市的公司。IPO就是發行人在公開發行時對外發放額外普通股之發行程序。在公開發行後，公司股份會由新的外部投資人和IPO前即擁有公司股票的股東擁有。若要讓股份受歡迎、熱賣，且不想讓股份受到私募轉讓限制，得向證管會登記新的股份。因此有了「登記人」一詞。

　　「登記」是一個把要對外出售的證券向證管會登記的過程，包含準備一份登記聲明（一般是表格S-1），並向證管會申報。登記聲明包含招股計畫書，即會在潛在投資人之間傳閱的文件。招股計畫書由金融印刷公司印製，這種公司專門處理高壓急件，包含要上市的公司文件印製，以及已上市公司要進行後續證券發行的文件印製。雖然證管會提供了電子申報，但印刷公司仍承辦小量招股計畫書印製，並提供電子化數據收集、分析、檢索申報系統（EDGAR）登記聲明申報服務。實質上，所有申報文件皆

須透過電子申報，由證管會和未上市公司維護所有證管會電子申報的線上查詢資料庫。證管會的網址為www.sec.gov。在擬定登記聲明等證管會文件時會學到一個訣竅，要先去看同業的登記聲明或類似的交易範本。這些文件不受版權保護，且大部分聲明登記的內容可從其他現存資料相互借用。

　　接下來您會看到表格S-1中所要求的不同資訊。您可能已經猜到，表格S-1是一份要申報的表，可在證管會的網站上找到。這個表格的目的和相關披露規定是，對外說明所有和投資相關之情事，以資外部決定是否購買IPO股份。這份表格的部分規定包含：

- 廣泛說明登記人的事業，包含競業說明、產品說明、策略、行銷計畫、智慧財產保護、及所有相關法規、競爭市場等說明。
- 近三年的審計財報。
- 公司事業及財務狀況討論，亦稱為財務狀況及作業結果的管理層討論與分析（MD&A）。
- 管理團隊簡歷。
- 投資於IPO的公司會產生的所有風險（幾乎一定會有風險），又稱為風險因子。
- 數個技術披露內容要求。

　　登記聲明的準備工作需要多人共同合作，過程極為冗長耗時。第一個正式步驟為組織會議（org meeting），在會議中所有流程的參與人齊聚討論，要讓IPO完成，需各方採取什麼步驟，訂出每個步驟的完成時間表。最耗時的任務是擬定登記聲明，其需公司各代表、公司法律顧問、承銷商和承銷商法律顧問一同開會數天後方能完成。縱然登記聲明是由受託人撰寫，其對寫作要求的標準仍非常高。

　　然後，向證管會登記完稿的登記聲明。證管會的審理時間約一個月，之後會寄給登記人一封信函，說明應完成的事項及有改善空間的部分。這封意見書由證管會裡位階較低的承辦人員所寫，在寄出前經由位階較高的承辦人員過閱。意見書常會出現因承辦人員不瞭解您所寫的內容而

讓您小動肝火的評論，亦有會讓您覺得您當初怎麼沒想到這件事而搔頭的評論，而最糟的評論是，讓承辦人員點出您於招股計畫書中的法律缺陷。不管您得到什麼評論或多少評論，掌控權皆操之於證管會。雖然有時您可以要求證管會撤掉某些評論或放寬標準，但您的主要目標還是按照評論，盡快把所有應修正內容確實修正。要記得這可是事關錢財呀！

公司公開發行後，雖然創辦人會有很漂亮的帳面淨值，但遺憾的是，該淨值只不過是帳面數字。若IPO市場很強勢，創辦人和創投投資人可在IPO中出售部分股份（出售股東），但通常無法出售太多。他們也會受閉鎖期協議（lock-up agreement）限制。一般來說，六個月內不得出售股份。就算協議限制解除或期滿，被視為和發行人有合作關係的內部人員（長官、董事、主要股東）仍會被第144條條文限制其可出售的股份（第144條條文規定了出售的數量及方式）。在IPO後數個月後，資金雄厚的人也會被獲准參加後續發行，在後續發行中出售的所有或大部分股份為創辦人和創投投資人所擁有之已發行股份。

一旦未上市公司完成了公開發行，它就變成一間上市公司，依證券交易法受證管會上市公司法規所規範。這些法規會在「上市公司監管規定」之段落說明。將未上市公司的股份公開交易會使公司容易遭受「惡意股東集體訴訟」。

過程中還有其他參與人，分別為投資銀行家或承銷商及其律師和顧問。技術上而言，承銷商依承銷合約和發行人承購股份，該合約其實就是一份為IPO而定的股份購買合約。數個承銷商會組成承銷團（underwriting syndicate），在IPO中出售股份，但他們在過程中參與的事項有所不同。主導一切的承銷商稱為主承銷商，而主承銷商之首為簿記管理人（book-running manager）。簿記管理人擁有最高職權，其職權包含承銷團成員和機構投資人的股份分配，這對IPO非常重要，所以承銷商會使出混身解數和公司商議由他擔任簿記管理人。主承銷商的名字會以英文字大寫的形式出現在IPO招股計畫書的封面頁下方；其他的承銷團成員名字則以英文字小寫的形式出現在招股計畫書後面。簿記管理人的名字一定是在招股計畫書封面的左邊，目的是向投資界宣布到底是誰贏了交易。承銷團的成立

是爲了幫助主承銷商完成交易及分擔承銷風險，會有風險是因爲承銷幾乎都是採包銷的方式（firm commitment underwritings），而非代銷（best efforts underwritings）。對於包銷，承銷商以商議到的折扣價從公司買進股份，進而以固定價格轉賣獲利。買方爲了將風險降至最低，會事前排隊進場，但事情還是有可能出錯，導致承銷商最後剩一堆沒賣掉的股份（sticky deal）。

透過承團經濟學（syndicate economics）能最清楚地解釋承銷商的角色定位。承銷商賺錢的方式是透過出售股份賺取價差或承銷折扣。IPO的承銷商一般多以首次對外出售股份價或招股計畫書封面訂定的對外出售價打93折買進股份。原價和賣價之間的價差分爲三份：一部分進負責處理發行的主管理人的口袋；一部分分到簽了承銷協議、許下承諾要承擔買進發行人股票投資風險的承銷團手上——這個份額通常非常少，因爲承銷商的法務和行銷費用會從這裡扣除；最後一份，也是最大一份，是根據股份實際銷售而支付予承銷商的銷售特許佣金（selling concession）。承團經濟學和管理方式暫時解釋到這，它還有更複雜的一面，會超過我們這裡能解釋的範圍，但基本上，簿記管理人會告訴承銷團可出售的股數。因爲承銷商要和人數規模相當的機構投資者交涉，因此有一些用來判定出售功勞的制度，這些制度包含贏錢平分（pot split）或跳球（jump ball），或兩者合併。最後，還有一個主要的參與人——承銷商的法律顧問，即由簿記管理人所選出，代表承銷商對發行人和撰寫登記聲明的參與人執行盡職調查的律師事務所。該律師事務所也負責處理承銷商與美國證券商協會（National Association of Securities Dealers, NASD）的規定申報業務。美國證券商協會負責監管承銷佣金及業務，爲自律組織（self-regulatory organization, SRO），有自己一套管理承銷商及券商的規定，其中明確規定何謂公平承銷報酬。承銷商的法律顧問向美國證券商協會披露承銷報酬，在美國證券商協會審理及批准交易後，方能進行出售。美國證券商協會的申報程序及納斯達克證券交易所的上市程序和證管會申報程序兼併進行，但美國證券商協會的申報程序相較之下簡單許多，也較少出現爭議。至於法務費用，按照業界的經驗法則，承銷商的律師顧問會收取發行人律

師顧問所得的一半。

　　由簿記管理人主辦的交割晚宴上，公司和銀行家向所有的參與人敬酒，而承銷商將交易晶塊分發出去（交易晶塊：小小的透明立方體，裡面放了一份縮小版的招股計畫書）。

　　以下地區的創辦人和創投投資人在IPO上有更多選擇：美國、香港、中國、臺灣和新加坡：除了中國，理論上，證交所會接受境外公司，但現今，在多數大中華地區，只有開曼群島的發行人有足夠的實際掛牌案例（而且有許多也在紐約證交所和納斯達克掛牌）。基於此，除非從一開始就確定往後要IPO的地區是中國，否則絕多數大中華新創公司在發展過程中，最後會使用開曼群島的結構（若計畫在中國IPO，控股結構最有可能設為中國公司）。

　　大中華各國家內的掛牌規定相差甚遠，每一證交所各有優缺點。例如，幾乎可以肯定的是，中型科技公司不值得在香港或新加坡掛牌，因為歷史評價和交易額相對於臺灣和中國略顯不足。

　　儘管如此，大中華地區的創辦人和投資人仍把納斯達克看作是可能的出路，而也有許多大中華地區的公司用開曼群島的結構在納斯達克掛牌。因此，以下所圍繞美國納斯達克IPO的討論非常受用，實質地導入了IPO準備過程的細節面。

IPO 前置作業

　　因為公開市場瞬息萬變，預計要舉辦IPO的未上市公司，最晚應在證管會的預期申報日前一年開始前開始前置作業。實際上，許多IPO的前置步驟和業務程序應在創立公司時就開始盤算。多數在新創階段犯的錯誤是可以修正的，但有些無法改變。

　　在所有的前置步驟中，未上市公司在IPO前應採取的是以下12個步驟：

步驟一　公司事務管理

公司律師應詳細審查公司法務，確保萬事具備。投資銀行家會針對公司是否需要進行正向或反向股票分割而給予建議（以把IPO的每股股價調整到常規範圍內：約10至15美元之間）。公司也會視IPO的成功與否，來採用新的上市公司章程和章程施行細則，其包含授權足夠的股份以進行IPO、授權額外的公開發行及未來的收購、預留股票分割的空間、預防股價暴漲等等。上市公司章程也會授權所謂的空白支票優先股，董事會在不用取得股東授權的情況下便可發放該優先股，這背後的原因往往和之後所採取的毒丸計畫（poison pill）有關。此外，上市公司商章程資料會包含分期分級董事會（staggered board）、禁止股東書面同意、股東提案事先通知等反收購條款。在IPO之前，許多公司會採用新的股權激勵方案或在現有的方案中增加額外的股數；此外，上市公司的股權激勵方案包含了一些不存於現有股權方案中的規定，例如，允許非現金活動之規定。公司也應考慮採用其他不同的股權方案，例如，符合稅務獎勵的員工認股權計畫。

步驟二　公共關係管理

公司IPO前，切忌別向記者或分析師吹捧或過度樂觀。若在發行前或發行期間發布了一篇有關公司的新聞（特別是講述公司財務或預期IPO的新聞），證管會通常會把公司的發行懸宕一段時間，等這篇「偷跑」的新聞影響力減緩。公司的網站內容也應比照辦理。公司可正常對外宣布一般的產品業務，亦可出席產業議會，但僅限報告公司產品或技術性的資料。對於後者有其風險，因為一般新聞記者可能會出席產業議會，把報告寫成新聞，然後，好巧不巧就在一個不對的時間點將新聞發布出去。

步驟三　承銷商的盡職調查

如前所提及，承銷商和其法律顧問皆會對公司事業及法務執行盡職調查。承銷商的法律顧問會準備一份篇幅冗長的盡職調查備忘清單，列出需要審查的所有法律文件。因為這些清單多半長得一樣，所以公司和其律師

可預先收集清單上可能出現的文件。為了加速流程，文件應上傳至雲端／網上。

步驟四　管理團隊

在IPO前出現管理團隊不足的情況下，應僱用額外的管理階層。承銷商在評估公司對IPO是否準備就緒時，有一部分看的是公司管理團隊的能力和陣容。若現存的財務長沒有上市公司／IPO的經驗，往往會被汰換。財務長通常會代表公司處理IPO的程序，也須準備好要讓投資行員看的財務規劃（financial projection）；行員需對公司的盈餘可見度有一定程度的放心，特別是IPO之後的財務季報。若盈餘不符期望，可能會導致公司股價嚴重下跌，進而使公司和承銷商招致法律責任，並激怒投資人。

步驟五　會計系統

一如「上市公司監管規定」所提及之細節規定，薩班斯—奧克斯利法案（the Sarbanes-Oxley Act）對上市公司和即將上市的公司大範圍地嚴加了新會計規定。有些規定會在IPO完成後生效，但這之前需先備好一份合規計畫（compliance plan）。這些規定中最繁重的部分是針對「財報內控」（internal control over financial reporting, ICFR）的新會計標準，其需實施複雜的記帳系統，符合內控規定。此外，公司需要一間符合嚴格獨立規定、有上市公司／IPO經驗的審計公司，以符合承銷商的需求。未上市公司通常吝於將錢用於會計花費，而選擇僱用小會計事務所。承銷商可能會要求公司把會計公司換成更有經驗的會計事務所。由於會計產業的緊密結合，其實不需限制於所謂的「四大」會計事務所。選擇會計事務所和等待新會計師收集全部資訊的過程耗時，在IPO前一段時間就須準備好。

步驟六　財報

公司需在IPO的前期階段就準備好財報，確定其符合一般公認的會計原則（generally accepted accounting principles, GAAP），並符合證管會的規定S-X：三年的審計財報。收購事業體的審計財報、GAAP和合規的證

管會S-X常會是絆腳石。要注意證管會可能會在低價股上冷不防地有所意見（之後會提），必要時會需要應對措施。一般而言，在IPO過程和上市公司法之所有可能犯的錯中，最常導致問題和法律責任的地方是不正確或不合規定的財報。

步驟七　擬定招股計畫書

　　理想上，公司和其法律顧問會擬好招股計畫書，描述公司事業體和風險因子。要讓IPO的程序走得流暢的最好方式是，在IPO的組織會議上，呈報已修改過的第一版計畫書。一般的擬稿流程是，在公司律師給予內容建議後，先粗略擬定第一版計畫書。然後公司律師修改草稿和用字，讓草稿看起來像真正的招股計畫書。在擬稿過程之前，公司和其法律顧問應先嘗試找出競爭對手公司的IPO招股計畫書和向證管會申報過的資料。這些資訊皆可從網路上取得。審閱競爭對手向證管會申報過的資料可以幫助公司在撰寫「事業體」的範圍和性質的段落上取得方向。公司法律顧問也應使用這些範本來撰寫「風險因子」這段落的初稿。風險因子的內容有許多陳腔濫調，但仍須把事業體的真正風險誠實描述出來。證管會會詳細審查這些段落。

　　另一個可以加快IPO程序的段落是管理層討論與分析（MD&A）。這個段落包括在公司損益表上，對各個會計科目逐年比較，以及各科目逐年增減的解釋。這段落也須說明未來財報表現的「已知趨勢及不確定性」。雖然技術上來說沒有規定公司提供預測，但這個模糊的標準從某種意義上而言，是要公司披露資訊，消除未來公司營運表現的意外結果。這段落也會被證管會細查。

步驟八　董事會和董事委員會重組

　　薩班斯—奧克斯利法案和其相關規定的主要特點為，對上市公司和申請上市之公司嚴加要求新公司管理標準。公司在某些規定上可能無法立即合規，但仍要注意這些規定，並備好合規計畫。這些規定於「上市公司監管規定」之段落有詳細討論，其主要的規定為：

- ⊙ 依證管會／納斯達克／股票交易所適用規定，多數董事須為「獨立」董事。
- ⊙ 董事會須有一個獨立審計委員會。實務上，其中一位董事應為所謂的財務專家（一個如同上市公司財務長的人），負責上市公司的財報。
- ⊙ 董事會也應有一個獨立薪酬委員會和提名委員會。IPO招股計畫書中應披露的主管薪酬、薪酬委員會報告內容及公司薪酬程序內容說明，皆有細節規定。近來證管會也在薪酬討論與分析之落段有新規定，要求公司說明如何決定經理薪酬的方式和程序。

步驟九　細查認股權計畫和實踐

有個會計師和證管會皆著重的部分是，公司是否有於登記聲明前一至兩年發放低價股。認股權行使價和IPO的股價之間的顯著差異，會導致公司被調查是否有以規定的公平市價授與認股權。若與規定不符，公司帳上須認列更多的費用。公司往往會被要求證明有以公平市價決定認股權。由於優先股擁有優先權，普通股認股權的定價往往比最後一輪的優先股低。問題是多低呢？在網路年代的熱潮中，證管會開始在折扣上有更嚴格的要求，因為公司上市得快，優先股之於IPO而轉換成普通股，因此變得難以說服證管會在IPO後幾個月內，以IPO價的1折價授與的普通股認股權是真的按照公平市價而授與的，也因此低價股份的價格戰變得不再盛行。在2000年網路股市崩盤，優先股的清算優先權變得太具體後，各個公司相繼提前放棄了低價股價戰。除了這些原因，再加上新稅法也要求須以公平市價定價，所以預期要執行IPO的公司開始更小心處理定價程序，包含聘用鑑價顧問。

另一方面，一旦公司上市，須以交易價授與認股權；公司應在仍處於未上市階段、認股權定價彈性時，考慮授與額外的認股權。如前所提，公司須修改其股權報酬計畫或採用新的計畫，確保合乎上市公司之法規。員工認股計畫預留的股份往往有增無減，因為若在IPO後增加，則會受限於證管會的委託規定和自律組織的規定，須獲得股東同意，且機構投資人會

認為股權報酬過多而反抗。

證管會也運用了低價股份原則，對IPO前發放予內部投資人和與公司有合作關係的其他公司（如供應商和客戶）之股份有所規定。

步驟十　考慮和解掉纏人的訴訟

因為IPO能保證公司獲得大量資金，公司口袋變深的情況下，會變得更難和解掉訴訟。此外，宣布了要舉行IPO後，通常會引來一些獅子大開口般的求償主張。公司應謹慎小心，試著把這些求償處理掉。

步驟十一　清償內部欠債

上市公司無法再讓公司內部人員欠債（loans to insiders），證管會規定內部欠債須在IPO登記聲明前清償，即使仍未定價或交割。

步驟十二　分析公司財務需求

公司可在IPO前，或甚至在IPO時一併進行私募（在非常特殊的情況下），但有一些重要的限制會影響公司如此動作的能力。公司應讓其顧問瞭解其財務規劃和需求，確保未和IPO的規定有所違背。

上市公司監管規定回顧

公司要上市的決定將會深深地影響其和股東之間的關係，並在對外發出公司財務和其他資訊的時間點與內容、公司經營管理和內部交易法規的適用性皆有影響。證券法包含了適用於公司IPO普通股和上市公司後續發行證券的規定。證券交易法則負責監管之後以上市公司為身分的公司。上市公司也由證券交易所監管，或由其他有涉及股份交易的交易市場所監管。2002年的薩班斯—奧克斯利法案幾乎影響了上市公司的所有規定，其中絕大部分是透過交易所法規所執行。新的薩班斯—奧克斯利法案監管架構影響了上市公司（以及有意上市之公司）、管理層與董事、委託審計員及法律顧問，為的是打擊安然（Enron）醜聞後，許多公司內部管理及

財報為人詬病的濫用情況。然而，薩班斯—奧克斯利法案對透過場外櫃檯交易系統（Over-the-Counter Bulletin Board）交易的公司或粉紅單（Pink Sheets）影響比較小，因為其在技術上而言不受證券交易所所監管。

為何要上市？

以下為公司決定上市的原因：

- 上市讓股東有機會在公開市場出售股份。因此，對內部人員、投資人和雇員而言是一個通往清算的途徑。
- 上市公司可以進入公開資本市場，募集更多錢，並能更快募資。
- 上市公司可進行更多且更大的併購，因為可將上市股票當作收購其他公司的資金。
- 上市讓內部人員（insiders）有權吹牛。

然而，身為上市公司也是一個沉重負擔。其一，上市公司的長官彷彿住在魚缸裡，因為證券交易市場注意著您的一舉一動。您要不斷地尋股東們開心，這壓力可不在話下。很多人把他們的錢壓在公司內部人員的身上（公司內部人員也把自己的錢壓在自己身上），這種要不停追求更好的收入和盈利數字的壓力是永無止息的。這樣的壓力任再聰明的人都可能做出愚蠢的事，例如，捏造財務數字和隱瞞公司會計實情。這種收入認列和類似的醜聞已經發生過無數次。撇除法律和道德層面，我們很難去說為何聰明人會認為自己能瞞天過海、永不出包。

變成上市公司會引出人性貪婪的一面。人往往無法看著自己的錢和名聲付諸流水，因而在不利的內幕消息傳開前先把其處理掉。相對地，人亦難以抗拒能致富的誘惑，因而買進有錢途的內幕消息來快速累積財富。

即使是好人，有時仍會碰上法律責任。處理敲詐性訴訟的律師在看到股價下跌後，會察覺到詐欺的可能，尤其是大跌時。有些人認為自願擔任上市公司董事的人等同自尋死路。這樣的壓力隨著監管規定越趨嚴苛而增長。這種嚴厲措施很合大眾口味，但不擔任或續任上市公司董事的誘因卻

也持續提高。

> 　　上市公司董事在大中華地區的信用責任和法律責任大抵沿用國際
> 準則。然而，以過去來說，雖然大中華地區上市公司出現股東代表訴訟
> （derivative lawsuits）的案例大幅減少，這類訴訟整體而言持續增加，而
> 且也會引起主管機關和證交所的調查，所以發行方的董事和管理層需更為注
> 意主管機關和證交所偵辦案子的趨勢。尤其內線交易，不管在臺灣、香港和
> 新加坡，皆有越來越多被強制處分的案例。

上市公司法規總覽

　　一般而言，公司和其內部人員之義務責任分為三項：

1. 公司披露義務，包含財務等須向證管會申報的財報或公告，以及股東
   委託書（proxy statement）和年度股東報告；向市場披露公司資訊；
   上市公司普通股在股票交易所的報告和申報，包含納斯達克證券交易
   所。我們只討論納斯達克證券交易所的規定，未包含其他交易所之規
   定，但彼此之間的法規非常雷同。此外，也有一些不同的公司法規適
   用於小型公司的發行人，其相較之下比較寬鬆，我們也會一併討論；
   這些法規也和適用於大公司的法規相當類似。

2. 公司治理義務，包含薩班斯—奧克斯利法案及自律組織對董事會和董
   事委員會的組成及獨立規定，以及主要管理層有義務披露公司狀況及
   財報之證明規定。

3. 披露規定及禁止內線交易，包含向證管會申報公司資訊及個人證券交
   易、短線利潤及公司證券交易受益人的一般內部交易限制，及限制性
   證券的出售法規（例如：第144條條文）。

證管會定期申報規定

表格 10-K、表格 10-Q、表格 8-K

一旦公司上市，公司則受證券交易法第13(a)條的定期申報規定所限制，包含表格10-K的年報、表格10-Q的季報和表格8-K的當前報告。此外，證券交易法規定，每次股東會上須提供股東委託書（若未徵求代理人出席會議，則提供資訊聲明）。這些強制上市公司申報的主要目的為，不中斷地提供內部資訊，確保公開市場的公司證券買方和賣方獲得所需資訊，在做投資決定前能有所根據。有些表格也意在讓現行股東可獲得表決公司事務的所需資訊，表格內也包含內部人員和潛在收購方的特定交易資訊。一般人可在證管會的網站上找到這些表格，公司治理法規也規定公司網站上須放上這些表格，以供利用。

所有規定的申報日和到期日指的都是證管會的收件日，而非公司的寄件日。一般而言，若文件到期日非工作日，到期日則順延至下個最近的工作日。證管會的申報動作一般規定須以電子化數據收集、分析、檢索申報系統進行電子申報，這部分之後會再詳細討論。公司應確認是否可自行利用電子化數據收集、分析、檢索申報系統進行申報，或須委託金融印刷公司等第三方申報。第一次申報的程序一定要在到期日前準備就緒。

年報和季報包含規定的財務資訊和分析。前期備好、寫進IPO募股計畫書的「管理團隊的討論、財務狀況分析和營運結果」須放進每季季報和公司的定期報告。除了財務資訊，表格10-K包含了公司資訊和各種商業區塊，涵蓋競爭力、客戶、前景、智慧財產、標的、雇員、近期研發、訴訟，以及可整合於股東委託書的經理薪酬資訊、相關方之交易和會計費用。雖然證管會不會比照審查IPO的登記聲明而提前審查公司的定期報告，但仍會定期審查登記人的10-K等報告。審查過程通常著重於公司的財報和管理層討論與分析。嚴格來講，管理層討論與分析要求須披露已知的「當前趨勢和不確定性」──但是，這種要求有點像是精神分裂，因為它試著要求您提出前瞻性的資料，但實際上卻不然。

表格8-K上的當前報告是用來報告公司的最新消息。此申報動作有時

可有可無，但針對特定的重要情事則一定要申報，這部分之後會仔細介紹。在安然事件後，證管會修改了表格8-K的法規，擴大了表格中須披露的資訊類型，把公司發生事情到須申報表格8-K之間的時限縮短了。

表格10-K：年報

表格10-K須在每個會計年度結束後提交於證管會。針對所謂的快速申報人（accelerated filer），表格10-K須於會計年度後七十五天內申報；而大型快速申報人則須於六十天內申報。非屬以上之發行人，截止日則為九十天內。「快速申報人」一詞意指在會計年度後首度滿足以下條件的發行人。

- 截至第二個會計年度，發行人非關係企業手上的有投票權及無權投票股份之總市值大於或等於7,500萬美元（對「大型快速申報人」的門檻為7億美元）。
- 發行人已受證券交易法第13(a)條和第15(d)條所限制至少十二個月。
- 發行人依證券交易法第13(a)條和第15(d)條申報過至少一次年報（例如：表格10-K）。
- 發行人不適用表格10-KSB和10-QSB（小型企業表格）申報年報及季報。

表格10-K要求的資訊很像公開發行招股計畫書的內容，規定內容包含：

- 公司事業體之說明。
- 影響公司的風險因子之說明。
- 用於公司事業體之財產說明。
- 公司涉及的任何訴訟案和特定稅罰之說明。
- 證券持有人決議事項。
- 公司普通股之市場、相關股東事宜和任何公司股權購買。
- 近五次會計年度所擇之財務資料。
- 近兩次會計年度管理層對財務狀況和營運結果討論及分析（管理層討論

與分析披露的規定和當前的實踐方式皆比以往更全面和透明化。雖然技術上而言未要求要有財務規劃，但「已知趨勢和不確定性」按規定須披露）。

- 任何未解決的證管會承辦人員之評論。
- 市場風險的量性和質性披露。
- 審計財報和補充資料（兩年的資產負債表和三年的損益表）。
- 任何會計和財務披露之修改及與會計師之間的異議。
- 管理層的掌控權和程序報告及內部財報控管之審計報告（規定日期不一）。
- 公司董事和管理人員之資訊，包含薪酬。
- 截至目前，特定受益人和管理層之證券所有權。
- 公司倫理規範之可行性。
- 主要會計費用和服務。
- 審計委員會和其「財務專家」（或從缺）之說明。
- 公司和其長官、董事和10%持股人之間的關係和參與的相關內部人員交易。
- 圖表和財報附表。

有些法規允許把公司的股東委託書和給股東的年報資訊，參引、合併於表格10-K，並允許延遲申報特定財務表格。注意表格10-K須有「執行總監」、「財務總監」、「會計總監」及多數董事之簽名。可於www.sec.gov/about/forms/secforms.htm參見表格10-K等相關注意事項。

表格10-Q：季報

表格10-Q須於第三季後向證管會申報。針對快速和大型快速申報人，截止日為季末後四十天內。而其他的發行人則須於季末後四十五天內申報。表格10-Q須包含以下資訊：

- 簡明、未審計過的比較資產負債表、損益表及現金流量表。
- 管理層對財務狀況和營運結果討論及分析，以及對特定會計更動等資料

之討論。
- 市場風險的量性和質性披露。
- 管理層的掌控權和程序報告。
- 訴訟案相關資訊、風險因子更動資訊、未登記股份資訊、收益用途和發行人買回、拖欠優先債、債券持有人投票結果之資訊及其他特定資訊。
- 定期更新公司從IPO獲得的收益用途。

可於www.sec.gov/about/forms/secforms.htm參見表格10-Q和相關注意事項。

表格8-K：重大事件報告

指名事件發生後四天內，須向證管會申報表格8-K。此表格經修訂，新版增加了許多往年沒有的須申報事件，所以發行人須保持警戒，一旦發生任何指名事件（或預期發生），應立即通知法律顧問。這些事件簡單來說即任何與公司有關的重大事件，條列於下：
- 簽署重大最終合約。須披露公司非透過正常交易而簽署的重大最終合約和重大修訂。
- 終止重大最終合約。豁免情況包含合約於聲明終止日到期，抑或，各方完成了合約義務。
- 破產或財務清算（receivership）。
- 收購或資產處分完成。雖然針對完成的收購（不包含資產處分），須於四個工作天內申報表格8-K，但擬制性財務資訊和報表最久可於七十一天後修改申報完成。
- 營運結果和財務狀況。規定須有公告資訊或公司完整的會計年度營運結果和財務狀況之未公開資訊（例如：收益新聞稿）。若收益情況在公司法人說明會前已發布，且發文稿中詳述如何參與說明會，則不在此限制範圍。
- 產生的直接性財務義務或表外協議（off-balance sheet arrangement）之義務。若公司有直接性財務義務，則須披露，例如重大貸款合約。

- 直接性財務義務或表外協議義務增加或加劇之事件。
- 退場或資產出售之活動成本。
- 嚴重減損（material impairments）。當董事會或授權長官認定須依一般公認會計原則認列證券或商譽等公司資產減損，則須披露。
- 被解除上市資格或未能持續滿足上市之規定時，須予以通知；上市轉讓亦比照辦理。
- 未登記之股權買賣。
- 證券持有人權利之重大異動。
- 登記人合格會計師之更動。
- 先前發放的財報等相關報告或完整的期中審查不再適用。
- 登記人控制權更動。
- 董事或主要管理層人員離職；董事決選；任派主要管理層人員、簽立薪酬合約或與該對象簽立其他協議。
- 公司章程或章程施行細則修訂；會計年度更動。
- 依登記人的員工福利計畫暫時停止交易。
- 倫理規範之修訂；免除倫理規範條款。
- 公平揭露規則。依照公平揭露規則在一定的時間內獲准提供資訊（之後討論）。四天的加速申報截止日在這一點上不適用於披露人，但若把公平揭露規則當作主要的合規辦法，截止日會更短。
- 其他事件。獲准披露的公司認為對證券持有人而言重要的資訊，包含依公平揭露規則須申報之資訊。針對這一點，四天的加速申報截止日不適用於披露人。
- （有關收購的）財報和圖表。

可於www.sec.gov/about/forms/secforms.htm參見表格8-K和相關注意事項。

申報注意事項

所有的交易法之申報一定要謹慎處理、及時申報，以確保公司完完全

全合乎證券法規定。另一重點是，不論公司是代表自己或出售證券持有人進行申報，依證券交易法，公司報告可能會(a)在未預期的合約或文件中（例如：併購合約）、或(b)在公司當前或未來的登記聲明被參引合併使用。因此，附屬於這些報告之用途及法律責任（尤其是法律責任）可能會超出證券法所規範的內容。

合乎證券法申報規定也是獲得證券法第144條條文之登記豁免的先決條件（之後討論）。因此，第144條條文對所有在IPO前購買公司普通股的股東和欲公開出售「限制性股份」的股東而言特別重要。公司的關係人（管理人員、董事、主要股東）須使用第144條條文出售其股份。此外，若公司在證券交易法的申報上未持續申報最新情況，將無法使用證管會表格8-K──登記認股權計畫股份的簡易表格。最後，未來會用到的簡易版登記聲明表S-3，只有在連續十二個月及時申報證券交易法之報告的情況下方能使用。表格S-3可促進、加速經驗較豐富的公司之特定發行程序。

公司在公開披露時，也應注意是否要披露非以一般公認會計原則計算的財務計算結果。常見的例子是在新聞稿中使用息稅折舊與攤銷前利潤（EBITDA）。雖然此做法未被禁止，但規則G和相關法規對計算方式的調節對帳（reconciliations）和披露有特定規定。在任何申報、新聞稿、網站、會議報告或其他公開討論中納入非一般公認會計原則的計算方式前，應先諮詢法律顧問。

未合乎證管會法規規定的交易申報可造成公司的掌權人有法律責任，除非掌權人可證明其「行為誠實，未直接或間接誘導違法之行為、或為行為之起因」。藉此，公司應建立內部程序以確定依證券交易法所規定及時、正確地完成申報。

所有的息稅折舊與攤銷前利潤之證明圖表須以電腦相容格式申報。就此，公司應保留所有重要的合約、組織文件和其他可能需要作為證明文件的電子檔。

一如證券交易法申報的討論所體現，證管會有幾個逐年申報的相關程序。為了申報準備，公司每年須發閱問卷給全數董事、管理人員和5%的股東，作為依規定告知資訊的一個方式。須制定一個確切的時間表，確保

及時向證管會申報、妥善執行年度會議及相關事宜。公司、法律顧問、審計人員、金融印刷公司等任何參與分發給股東年報之人員的協調過程須緊密確實。若要有充裕的時間，則應：

- 應盡早發放問卷給董事、管理人員、5%的股東，使其在準備股東委託書資料時有充裕的時間回覆問卷。
- 股東委託書的預備資料最慢應在預期送達股東手上的二十天前向證管會申報。
- 發放給股東的最終版股東委託書資料和年報最慢應於年度會議日前四週郵寄給股東、證管會、納斯達克證券交易所。
- 於郵寄日或電子郵寄日前應諮詢股務、訂出登記日（record date）。
- 如果有以券商名義登記持有股份之問題，須透過股務代理等相關單位查詢。
- 須透過委託機構冊上握有公司股份的股務代理人查詢，以取得持股的股務機構成員之姓名。
- 確認年度會議之非屬議程常規項目。
- 年度會議之流程應由董事會決議、採納（例如：安排會議、記錄日期、闡明會議目的、指定股東委託人（proxies）、授權股東委託書資料準備和分發）。
- 表格10-K須取得多數董事簽名。

 **編者言**

　　大中華地區多數證交所要求至少得定期申報和10-K、10-Q及8-K同等之表格。雖然會有其他強制性或非強制性的披露要求，但隨著國際標準的整合以及對國際投資人的需求，若公司希望吸引全球投資人的注意力，則應遵循國際準則。

公司其他披露及申報義務

第10b-17條規定之報告

根據證券交易法第10b-17條，公司最慢須於股息、現金分配或其他分配登記日前十天通知納斯達克證券交易所，其包含任何發放形式的股息或證券分配；股權分割、反向分割；權利或認股發行。納斯達克證券交易所對於現金股息有簡易版的通知表格，其他的申報動作則須使用完整版的表格。這些表格可從www.nasdaq.com下載使用。

表格S-8之登記聲明

表格S-8上的登記聲明提供了簡易版的登記聲明，公司可登記依員工福利計畫欲發放或出售的股份（包含特定薪酬合約），讓特定雇員可透過此計畫獲得可公開交易之證券。表格S-8在申報後立即生效，且當發行人依證券交易法規定申報時，表格會自動更新、持續效力。公司須發送年報給股東，也須發送含有福利計畫等含特定資訊的文件給計畫參與人（或須在第一次的年報出來前，先發送IPO招股計畫書），而非發送正式的招股計畫書。公司須保有表格S-8登記聲明、最近的年報（或IPO招股計畫書）、及含有此計畫的法律文件之備份。此外，公司還須給予所有計畫參與人（包含所有認股權持有人）所有的報告、股東委託書、及其他同時寄給股東的資料副本。董事及管理人員於行使認股權時會獲得表格S-8之登記聲明的股份；然而，他們須依第144條條文或各別的轉售計畫書轉讓這些股份。（針對第144條條文之限制，若無轉售計畫書，請參見「未登記股份出售及關係人持有股份之出售程序」。）

證管會電子檔接收系統

證管會多數文件須透過電子化數據收集、分析、檢索申報系統申報，包含表格10-K、10-Q和股東委託書。接下來會簡述該電子申報系統之規定，以及合規所須採取步驟。

電子化數據收集、分析、檢索申報系統之申報

上市公司須以該申報系統而申報的文件皆可以電子申報的形式申報，包含表格10-K；表格10-Q；表格8-K；股東委託書；表格3、4、5；表格13D和13G；所有的登記聲明；其他大部分須向證管會申報之文件。目前不需透過此電子申報系統申報的文件為：表格144和給股東的年報。

如何使用電子化數據收集、分析、檢索申報系統之申報

文件會透過此申報系統以電子檔的形式申報。公司須取得認證碼和密碼（在網上快速申請）方能申報。在網上先填寫繳交表格ID（www.sec.gov/about/forms/formid.pdf），把公證過的申請資料傳真後，通常一至兩天內會取得認證碼和密碼。若有關取得認證碼之相關問題，可詢問公司法律顧問或前往以下證管會文件管理網頁www.filermanagement.edgarfiling.sec.gov查看。文件和所有圖表皆須以電腦可讀之格式繳交證管會。此外，電子化數據收集、分析、檢索申報系統對繳交的電子檔案格式規定複雜。一旦文件進入最後的完成階段，可能會需要費些功夫方能申報。具體而言，因為所有的圖表皆須以電子檔申報，所以除了取得由公司或法律顧問準備的申報文件之電子檔外，很重要的一點是，取得所有由事務所所完成的必要合約之電子檔（例如：租賃合約或銀行借貸合約）。可向對方索取電子檔，亦或掃描交割時的紙本文件，以獲得電子檔。

電子化數據收集、分析、檢索申報系統之合規方式

針對該電子申報系統之規定，上市公司會採取以下兩種處理方式的其中一種。許多公司要求其會計設置一個申報系統，從公司內直接進行規定的申報，有些公司則委託金融印刷公司或外面的律師進行申報。手動操作的電子申報副本最少須保有五年。所有的簽名也須打入圖表中。

編者言

大中華所有地區均要求以電子形式披露及申報。

公司披露義務（除了申報義務之外）

　　除了方才討論過由證管會加諸的正式披露規定外，上市公司在非正式的通訊上也有新的義務責任，例如，新聞稿及與分析師和媒體之間的通訊內容。這些義務由法院及證管會法規之反詐欺原則所管控，目的是讓證券市場和股東能掌握公司的重大發展（不論是有利或不利的），不以任何人或團體為利益方。公司應建立一套快速完整的重大發展披露流程，並遵照該流程。一定要保持謹慎，避免錯誤、不完整或有誤導之疑的披露內容。公司尤應謹慎地準備新聞稿和要披露給分析師及記者的內容。

　　嚴格來講，如果沒有法律規定的披露事項，例如當前或定期報告等事項，公司並無披露義務，但這是一個不通用且不切實際的理論性觀點。其一，對於未披露之行為，公司將會被重罰。公司股份交易市場的寬度和深度（即其股價）一部分取決於發表公司研究的投資分析師對資訊更新的程度。此外，主宰交易市場的機構投資人往往對會「驚嚇」股東的公司特別保持距離。當一家公司內部出現壞消息，人性通常會等到規定非得披露的那一刻才會動作。但若公司讓市場持續交易，不告知壞消息，那當壞消息忽然見光，公司在投資界的信用和聲譽將會嚴重下降、難以挽回。然而，儘管隱瞞壞消息並非上策，許多公司仍會這麼做，因為他們相信（更好的說法是因為他們會催眠自己），在法定須披露前，壞消息將會被好消息蓋過。遺憾的是，事情往往事與願違。

　　第二，股票交易所對重大訊息之及時披露有自己一套規定。公司在IPO、掛牌時，即同意遵守這些規定。這些自律組織會盯著不尋常的交易走向。若交易活動或股價大幅度震盪，自律組織的代表可能會要求管理層提交報告解釋原因。若未能遵照要求披露，可能會被停牌，最糟的情況是被除牌。儘管如此，公司未被規定須冒著危及交易的風險而提早披露。在這些情況下，由於各方掌握的資訊程度之嚴重落差，交易所可能會暫停公司的股票交易，避免公共危害。

　　在某些情況下，立即披露不是明智之舉。而有些情況下，公司可能會暫時避免公開披露重大資訊，但前提是能維持保密原則。能扣住資訊、不

披露的情況有限，這種情況下，會構成不須依常規立即公開披露的例外情況。

這種例外情況發生的其中一個時機為公司併購。提早披露併購消息的後果可能會不堪設想。最高法院訂立了一套標準，大意是說，併購討論的內容重大程度取決於交易的重要性和可成性。公司不願披露併購消息的原因是，外界的猜疑可能會導致股價大幅度動盪，因此公司會試圖避開最高法院鎖定須揭露標準的可能。因為即使在這種情況下，也沒有明確的法律規定須披露任何內容（除非有內線交易，則產生向證管會申報之義務，或產生須修正先前的聲明之責任），所以公司往往會等到簽署交易後才公告——除非公司懷疑有洩漏可能，或有其他可免責之情況。

另一個例外情況是，當事情仍處於變化階段，披露時間可能仍未成熟。有機會發展為公司的重大事件，在最終決定拍板前往往亦須經過公司管理人員的研究討論。若過早披露的預期事件未發生，可能會誤導投資人而產生法律責任。此外，一再公告僅內容更動的同一事件可能會誤導大眾或使其困惑，反而沒有解惑之效。因此，若情況很快就會趨穩或自行紓解，比較妥善的方式是等到公告內容完整確定，再進行公告，但前提是該情況的保密性仍維持住。要能妥善避開過早公告的唯一情況只有在所有的討論侷限於一小部分的資深管理人員及顧問時才有可能，但仍要非常小心不讓機密外流。

若公司發現有內線交易之情形，同時有重大的資訊暫未披露，則應立即公開披露其資訊。若交易市場活動不尋常、或有洩密情形、或部分資訊為外人所知，公司應準備好立即公告。不論公司何時暫為扣留重大資訊，皆應密切注意公司證券市場的動態，因為不尋常的市場活動通常表示有洩密之情。

當公司已發了一次公告，而此公告內容仍屬最新消息，且仍作為證券持有人之資訊依據，但內容卻因事情的後續發展而失真，或公司發現此公告內容有誤、或因公司人員而出現謠言或導致市場報告四處流傳，公司也須更正披露內容。

回應查詢

有時記者、金融分析師、或納斯達克證券交易所會詢問公司關於謠言、不尋常市場活動之看法、或詢問公司關於其已認定披露時間過早或不適宜的情況，如上述所言。法律無明言規定須否認、更正或證實謠言（除非謠言是由公司或雇員所引起）。因此，對於一般情事，公司應一貫地回應「無可奉告」——最多表示依公司的政策，將不對謠言或相關事宜做任何評論（假設公司真有此政策）。回答的越多，風險越高，包含變得有更新消息之責，且可能會因缺乏完整資訊而做出錯誤評論。此外，若對謠言發表的評論精確，公司可能會變成有回覆其他所有謠言之義務，等於持續處於不得不過早披露重大資訊的立場。另外，千萬不應給予欺騙性的回應。

披露流程

正常來說，公司重要資料會透過新聞稿發布。任何會對公司證券在市場上產生影響的資訊應發放給通訊社和新聞機構，使其「立即發表」。應立即宣布的消息務必以最快的方式發表。

將消息獨家發布給地方新聞難以充分、快速地披露給投資人。為了確保消息廣泛傳播，應把要立即宣布的消息應發給道瓊斯公司（Dow Jones & Company, Inc.）及其他的國家新聞機構：美聯社、路透社等等，同時，也至少發給幾家固定在紐約發行財經新聞的報社，包含華爾街日報和紐約時報。此外，納斯達克證券交易所和其他交易所也規定須事前通知重要的新聞稿。

應把這些發布的原則視為最低標準。許多公司希望能更廣泛地快速發表消息，公司應將媒體和商業刊物等資料放在其主要業務據點。有些媒體可能會拒絕發表透過電話告知的消息，而會等到書面通知後才發表，或要求在發表後給予書面通知。

應立即發表的消息有年度和每季盈餘、股息宣布、收購、合併、要約收購、股票分割和主要管理層更動。重要合約裁決、擴展計畫和研究等發現也屬於須立即發表的消息。不利的消息應比照有利消息，同樣迅速、坦承發表。不情願或試圖掩蓋負面消息將危害管理層的信用、名聲。（以任

何不同的會計方法掩蓋負面事實會造成的長期影響與其雷同。）以下的指導原則可確保新聞稿和其他公告內容符合規定：

- 每次的新聞稿和其他公告應由熟悉問題的公司管理人員及公司披露委員會、或由其他指定管理人員準備和審閱。例行性人事公告可不受此流程限制。
- 視公告內容的重要性和複雜程度，通常有必要將新聞稿委託法律顧問審查。
- 公司應整合協調由行銷、公關、投資人關係單位和代理發言人發出的聲明，確保內容的一致性和正確性。

　　鑑於保密的重要性和潛在難度，應定期審查機密資訊是否外流。有一個可維持機密的方法是，定期將公司的政策告知和重要消息有關之人員。

　　不論公司何時計畫發布新聞稿，事前應諮詢法律顧問是否須將新聞稿以表格8-K的形式向證管會申報。如前所提及，須以表格8-K申報的範圍很廣。即使是技術上不須申報表格8-K的範圍，老練的公司仍會選擇申報。

管理層和分析師、外部人士之討論

　　公司和金融分析師（在大型投資銀行中負責撰寫公司研究發展報告的人，sell-side analyst）之間的監管環境在過去幾年有了改變，特別是公司對未來表現所做的預測這方面。好長一段時間，證管會盡可能地阻攔公司預測，並對公司預測之行為感到厭惡。證管會對金融分析師採同樣的態度；分析師散布重要的消息給交易市場（這是好事），但公司不應越過模糊地帶，把內幕告知分析師。這種評論員試圖分析狀況的行為，彷彿早期的天文學家試圖描述太陽圍繞著地球轉。

　　問題是市場主要的交易內容即預測公司未來的表現。公司彷彿玩著猜字遊戲，如履薄冰。最不上道的是公然選擇性揭露重要內幕給分析師（或其他人）。公司絕不會公然把公司預測洩露給分析師，因為那就會變成選擇性披露，所以公司會讓分析師告訴他們分析師自己的預測，然後公司會指出對方預測得準不準。奇怪的是，過去幾年來，公司和其律師說服自己

這不屬於選擇性披露。公司可以採鴕鳥心態，不巴結分析師，但迴避分析師等於阻礙分析師追蹤公司動態，危害股價。因此，就像英文中的俗話所說：需要是發明之母，大家對公司的未來表現玩起了猜字謎遊戲。

關於一般事宜，證管會和交易所鼓勵公司聯繫（正式或非正式聯繫）分析師等人，並維持門戶開放的政策（open-door policy）。然而，這樣的通訊往來在某些方面上有潛在的法律責任。首先，選擇性披露重大訊息給個人，卻未披露於市場，會被視爲是秘密消息，讓公司和消息接收人有對未立即受益於此消息之投資人具潛在法律責任。第二，披露的消息事後會被認爲是過早披露、錯誤消息或內容誤導。最後，披露的消息會引起得進一步公開披露之責。

公司管理人員和記者、金融分析師及其他投資圈的人通訊時可採用的基本規則是，不洩漏或討論未披露的重要公司消息，除非該消息透過新聞稿正式向外界披露。此外，一般而言，對於此類消息，會宣布並安排公共電話訪問會議，且提交表格8-K給證管會。公司應謹慎審閱及監察團體會議和一對一對談時所做聲明，確保無選擇性披露任何重要內幕消息。私下「指引」分析師是不被允許的。若因疏忽而意外披露，則應立即公開披露。

公司對未來盈餘和收入的估值是特別敏感的一塊。估值應以範圍或不以特定數字表示，且應討論估值背後的假設根據。若透露了公司的估值，通常最好在確定無法達成估值時或會超過估值時，做更新及修正的動作。

雖然選擇性披露一直以來都是非法的，但證管會於2000年施行的公平披露規則（Regulation FD）徹底影響了上市公司和分析師之間的相對關係，也改變了上市公司披露的程度及時間點。以往公司和分析師玩著貓追老鼠的遊戲，公司會刻意暗示內部消息，但非眞正披露。這樣的方式已經不復存在，因爲所產生的必然結果是，爲了滿足市場的胃口，公司將得透露比先前更多的消息。披露消息時，他們要確定披露動作須同步一致、大範圍發布，因此造就了許多辦法，以確保遊戲能保持進行。例如，網路上會轉播大會，公開公司每季盈餘，同時會把財經及其可能會在轉播中討論的消息放上公司網站，並透過新聞稿發表所有的重要消息，再一併奉上表

格8-K。

　　不論公司何時做了前瞻性聲明，例如預測未來盈餘（不論是書面或口頭預測），應遵照進階規定以保護公司：(i)應把該聲明歸為前瞻性聲明，(ii)應一併聲明可能導致前瞻性聲明產生實際落差的重要因素。第 ii 點聲明也可以改成：(a)前瞻性口頭聲明之實際結果可能會和前瞻性聲明有顯著落差，(b)對於可能會導致前瞻性聲明產生顯著落差的額外資訊，將會及時列於書面文件中（或部分列於書面文件中），(c)該書面聲明或部分聲明實際上符合第 ii 點規定。儘管這樣一再重複的聲明內容聽起來很拗口，但仍應在所有的轉播大會或其他公開報告前復述。

　　金融分析師經常會請公司管理層評論分析師的預測。這種慣例已改變，不應再給予任何評論。

　　對於分析師將要做的非財務據實假設或其他聲明，公司可在不披露尚未對外公開的重要訊息之情況下，做更正的動作。然而，若公司對外重申已披露過的財務資訊或預測，則因過時失效（the lapse of time），不將其視為公開資訊。換句話說，已實現的預測和預測的訊息內容本身是不同的兩件事。

　　一般而言，負責應對投資圈的人應僅限於指定的管理人員。同樣地，這些管理人員應連同披露委員一起，負責事先審閱披露內容或概要，確保內容不會使人誤解，且未提及任何未披露之重大消息。公司應訂立一套正式程序，確保雇員明白其需保護公司機密。一般而言，應限制公司內部有權接收未公開之重要訊息的人數和對象。

　　每次和金融分析師或其他投資圈的人進行會議或對談時，應準備一份簡短的備忘錄，說明有關人員、會議日期或對談日期及討論項目，並留存備忘錄至少一年的時間。

　　公司披露內容的正確性及完整性之規定不只適用於新聞稿及給金融分析師之聲明，也適用於公司對投資人的所有聲明。這些聲明通常包含宣傳新設備或計畫的演說或聲明，即使主要的演說或聲明對象不是證券市場。

公司和股東的關係：徵求代理委託書（**proxy solicitation**）之流程

公司法人爲州法之產物，主要以州法來監管董事及管理人員的票選方式、年度會議之召開及採行公司行動所須的投票制。委託書是一個交予私人代理人（attorney-in-fact）之授權書，用以投票表決第三方持有之股份，若公司的股份多爲第三方所擁有，公司一般須向股東徵求代理書，以獲得規定的投票數來進行董事票選或其他須獲得股東同意之公司行動。

一旦公司依證券交易法登記了某種證券，公司即須遵守證管會的委託規則（proxy rules）。這些規則規定公司於徵求委託書時須提供給股東的資訊，並規定了登記及受益股東之委託書徵求機制。須提供給股東的資訊會在徵求委託書時，一併包含在委託書中。有關年度議會的股東委託書包含了公司重要股東、董事、董事委員會和高階人員的薪酬等詳細資訊。

年度例行會議（即僅處理董事票選、批准特定福利計畫、批准會計和股東之提議的會議）之股東委託書，最慢須於委託書分發給股東的那天向證管會和自律組織申報。而一般會議、交由股東決定的非例行性事宜（例如公司章程異動）之股東委託書，至少要在發放給股東的前十天向證管會申報，但多數情況下，早在三十天前申報也沒問題。每個股票交易所有自己的上市手冊，包含披露、與股東通聯、公司上市狀態之相關個別規則。

正常而言，公司應請過戶處（委託的證券登記機構）最慢在年度會議舉行前的五週至一個月，郵寄股東委託書給股東。證管會規定要審查以券商名義持有股份之股東人數，方能提供額外資訊。這些審查至少應於股東會登記日的二十個工作日前，由公司的過戶處完成，所以公司應提早通知過戶處郵寄日，使其有充分時間準備。證管會施行了新規則，公司可將股東委託書和年報（之後會討論）上傳至公司網站，並發函通知股東該文件可於其以下網址取得，並一併附上會議通知。

股東委託書除了要有會議資訊、規定的管理層投票及與招股計畫書同等資訊、關係人交易及股權所有權，也須涵蓋薪酬委員會對公司表現和高階人員薪酬之審議過程，以及對其薪酬之評斷依據。證管會於2006年7月

批准了高階人員及董事薪酬、認股權施行及相關人員交易之申報異動。這些新規則要求所有薪酬的表格和實證資料，以及「薪酬討論與分析」，其中須涵蓋高階人員薪酬的決定與批准方式。股東委託書也須說明董事委員會、獨立董事決選方式、董事席位提名和推薦過程、董事及長官之受益擁有權、董事最低資格標準、掌控力更動之潛在費用及支付董事之費用。此外，股東委託書須披露所有支付予公司會計之費用、任何非審計服務之預先批准政策，以及董事會審計委員之報告。

若有任何其他經股東表決之事項，須披露於股東委託書中。若重新定價認股權，亦須披露於股東委託書中。要注意到，若任一董事於全體董事會會議和任何董事委員會會議之合併出席率低於75%，委託書有規定要特別披露，並要求須有董事出席股東年度會議及前一年的出席人數之公司政策聲明。證管會之額外法規適用於委託書爭奪戰（proxy contests）及股東之相關提議。此外，公司被規定須於股東委託書中對外披露任何未及時履行適用表3、4及／或5之申報義務的董事、管理人員或10%股東之姓名，並於表格10-K的年報封面註記該披露內容。

依證管會的委託規則，年報須在年度董事決選之股東委託書分發前，提供股東，或同時間一併發放。年報一般會包含一封董事長給股東之信函，報告公司過去一年的發展。證管會除了規定其內容要有某些財務資訊和公司股票表現圖外，僅有幾個其他特別規定。年報沒有規定須提前向證管會申報或受其審查，但須在分發予股東時一併提交給證管會。給股東的年報就像其他財務訊息，若有失實陳述或遺漏，可能變成法律責任之依據。

掌控權爭奪戰之規定披露

證券交易法中處理公司登記證券要約收購、收購受到管理層反對等情況的威廉森法案（Williams Act）規定及公司掌控權委託書爭奪戰之規定非常複雜，超過我們要討論的範圍。一般而言，欲進行要約收購之個人、或擁有超過5%發行股的個人，依明文規定須申報特定披露文件，之後將討論。

市場回購

公司管理人員和董事對於已發行普通股之回購、及於公開市場購買該股份之行為受限於M條文（Regulation M）、證券交易法的第102條條文和第10b-18條條文、以及短線利潤之規定。此外，若買方握有公司未公開之重要資訊，買方則違反證券交易法反詐欺條款。最後，公司須於表格10-K及10-Q中披露回購（包含公司以股易股行使認股權）。公司購買任何已發行之普通股前諮詢法律顧問，而管理人員或董事應於市場購買前遵循內部查核程序。

　　雖然大中華地區資本市場的實踐多遵循國際標準，但股東大會的召開和股權回購卻存在差異，有時這樣的差異扮演著重要的角色，有助於在職的管理層和董事。例如，在臺灣和中國，董事長是法定職位，相對於美國而言，其在決定會議和議程的討論與核准上，有較大的掌控力。

公司管理

2002 年薩班斯—奧克斯利法案

懲奸有理的2002年的薩班斯—奧克斯利法案近乎澈底影響了所有的上市公司法規。修法後的監管架構衝擊了上市公司（及欲上市之公司）、管理人員和董事、外部審計人員和法律顧問，為的是打擊安然和世界通訊破產案後一一見光的公司管理和財報之濫用情況。於薩班斯—奧克斯利法案後，證管會施行了許多公司管理規定，有些我們已討論過，而接下來會討論更多相關規定。除了這些證管會的新規定外，股票交易所同樣也施行了新的公司管理規定。

審計委員會、禁止貸款予公司高階人員

證管會更新的兩個重要的公司管理規定為審計委員會之組成、獨立性和功能，以及禁止出借管理人員任何貸款。針對後者，證券交易法目前規定發放人直接或間接地（包含透過子公司）發放個人貸款給董事或高階人員（或同等之人員）以增加放貸方或使之維持、或設法增加或更動放貸方屬非法行為（包含透過子公司之借款發放）。如之前討論過的，在IPO中，未上市公司之借貸須於IPO登記聲明前償還。審計委員會之規定於之後討論。

納斯達克公司管理規定

納斯達克公司管理規定適用於納斯達克全球精選市場（Nasdaq Global Select Market）、納斯達克全球市場及納斯達克資本市場公司。該規定不適用於透過美國場外櫃檯交易系統或「粉紅單」交易之公司。其他的股票交易所有相似規定。這裡我們只討論納斯達克的規定。總括而言，這些規定包含：

- 按照新的、更嚴謹的獨立性標準，多數董事須為獨立董事。
- 董立董事須定期舉行個別議會或「執行議會」，建議一年至少舉行兩次。
- 執行長和其他管理人員之薪酬須由多數獨立董事決定，或完全由獨立董事組成之薪酬委員會決定。
- 董事被提名人須由多數獨立董事決選，或完全由獨立董事組成之提名委員會決選（或以相同方式推薦，由董事會決選）。
- 審計委員須符合更嚴謹的獨立性標準，而審計委員會須承擔更多權力（powers）及義務。
- 審計委員會或另一個獨立董事會實體須審查所有關係人交易。
- 須採用並披露可適用於全體董事、管理人員及雇員之行為準則。
- 多數的股權報酬計畫須由股東獲准。

以上特定規定之具體內容：

董事獨立規定

　　納斯達克之規則要求多數董事須由「獨立董事」組成。董事會須主動判斷身爲獨立董事之個人和公司之間的關係不會損害其獨立性，該聲明須於公司的交易法申報中披露。納斯達克在「獨立董事」的定義上變得相當嚴謹；董事或家庭成員與公司之聘僱關係或特殊薪酬協定、與特定董事／管理人員之連鎖關係、以及和公司外部審計人員之合夥關係等情況皆不視爲獨立。

獨立董事須舉行執行會議

　　獨立董事須有僅有獨立董事參與的例行會議或「執行會議」。納斯達克預期執行會議和例行會議一年至少舉行兩次，以促進獨立董事之間的聯繫往來。

由獨立董事決定的高階人員之薪酬

　　納斯達克的規定要求，執行長和公司所有高階人員之薪酬，須透過多數獨立董事或完全由獨立董事組成之薪酬委員會決定，或舉薦給董事會決定。

由獨立提名委員會提名董事

　　納斯達克的規定要求董事提名人須由多數獨立董事、或完全由獨立董事組成之提名委員會決選或推薦。提名過程中，每個發行人視情況須證明其已採用正式書面章程或董事決議。

審計委員會關係獨立性標準提升

　　納斯達克規定公司須證明將持續保有至少三位審計委員會成員，每一位務必：

- 除了符合一般董事獨立性之規定外，還須符合證券交易法於第10A-3條條文所規定之標準（即不接受發行人的任何諮詢、報酬、或變成發行人或任何子公司之「關係人」），且在過去三年未參與公司財報之作業流程。
- 與審計委員會開會時，能讀懂財報，包含資產負債表、損益表和現金流量表。

審計委員會之財務專家

每位發行人須向納斯達克證明，其審計委員會成員持續有至少一位具備金融或會計工作經驗、必要的專業會計證照、或任何類似經驗或背景，證明其金融能力，其包含曾擔任執行長、財務長、或其他監管財務之高階職務。證管會也規定須於表格10-K披露審計委員會財務專家之全名（定義比納斯達克更狹隘）。證管會沒有規定須有審計委員會財務專家，但審計委員會若無任何財務專家，則須披露。有個肯定沒問題的做法是，在審計委員會安插一個財務專家，以符合納斯達克規定和證管會之定義。

審計委員會職責

薩班斯—奧克斯利法案、證券交易法第10A-3條條文及納斯達克管理規定界定了審計委員會的職責。審計委員會：

- 負責決選、確認外部審計人員之薪酬，並監管其表現。
- 審查公司年度財報和季報、財務披露內容，以及與管理層和委託審計人員之討論。審查討論包含：
  ◉ 公司重要的會計政策。
  ◉ 管理層決策判斷及會計預估。
  ◉ 一般公認會計原則之替代方法。
  ◉ 資產負債表表外（off-balance sheet）處理。
  ◉ 與外部審計人員之重要通訊內容，如管理建議書（management letter）。
- 評估及監督財報及披露內控、程序，審查管理層和外部審計人員的內控報告。
- 建立會計、會計內控、審計相關事項之匿名投訴審查程序，使雇員有提出會計和審計問題之窗口。

依證管會之規定，審計委員會須預先批准外部審計人員之非審計服務。另外，證管會對審計委員會章程及委員會組成之修正時間也有明文規定。

如前所及，依納斯達克之規定和薩班斯─奧克斯利法案，公司審計委員會須建立投訴程序，有時稱之「舉報程序」。有一個合適的實踐方式是，將投訴過程以書面記錄，分發給雇員、或張貼於公共區域。一般的程序包含免匿名付費熱線、內部網路投訴信箱、及／或寫信給指定的接收人。該程序通常會設有投訴過濾及調查方式、保留投訴及修正的決定方式。公司不可對基於忠誠原則的投訴者進行報復。

批准關係人交易

依證管會法規S-K及第404條條文（大範圍定義公司和任何董事、管理人員、5%股東或任何直屬家庭成員之關係），審計委員會或另一個董事會獨立實體須審查所有「關係人交易」。依證管會規定，公司須於年度股東委託書中披露關係人交易的政策和程序。

採用及披露行為準則

每位發行人須對執行長及高階財務長施行道德規範（薩班斯─奧克斯利法案及證管會規定），對全體董事、管理人員及雇員施行行為準則（納斯達克規定），該規範及準則應置於公共區域供參閱。只有在發行人之董事會獲准的情況下，方能免除管理人員或董事之行為準則，且須連同免除理由一併披露於表格8-K。若有事前宣布，亦可於公司網站披露。每間公司的行為準則表差異甚遠。

由股東批准之股權報酬計畫

大部分的股權報酬計畫須獲得股東核准，包含內部人員未參與之計畫、重新定價（不在原始計畫範圍內的情況下）和利於參與人之重大修正案。

編者言

大中華地區獨立董事和審查委員會之規定正逐漸走向國際標準。

披露管制及程序；財報內控

　　薩班斯—奧克斯利法案於表格10-K及10-Q的其中一項要求是公司執行長和財務長的證明文件，意指他們已審閱過申報文件，並相信內容無任何重大失實陳述或遺漏，且內容中的財報等財務資訊清楚呈現公司財務狀況。此外，也須證明公司的「披露管制和程序」完善，確保向證管會定期報告的及時性、正確性及完整性。這些披露管制和程序為證券交易法所規定，執行長和財務長須於每季季末申報結果前執行二次審查動作。要申報的公司在申報準備過程中，會指定關鍵的內部人員為「披露委員會」，協助評估過程及審核證券交易法規定的申報文件和其他公開披露內容。一般而言，執行長和財務長最瞭解公司各方面符合披露規定的相關資訊。這些管理人員一定會很積極參與公司披露文件的準備作業。

　　此外，公司從第二次年報開始，須備好財報內控的年度證明，適度地保證財報及內部財務作業完整、正確性。公司委託之會計師須提供內控的證明報告。管理層須以「備受認可的管控架構」作為評估根據。所謂的贊助組織委員會（Committee of Sponsoring Organizations, COSO）架構是美國最常見的架構，內容極為複雜。證管會和上市公司監督委員會持續努力地修改其規定，使其更容易使用，但目前在實施上仍有困難。因此，儘管管理層的證明在形式上相當簡單，但支撐證明的根本程序和紀錄規定已大幅度提高了交易法的合規費用及複雜性。內控的合規日期已屢次延長，必要時應查對。

納斯達克規定的其他申報動作

通報規定

　　除了方才所及的管理責任，納斯達克也有特定的通報規定，包含額外股份、股息掛牌、已發行股份更動（5%或更高）、審計人員、過戶處或登記人更動之通報。

披露規定

和證管會規定的披露責任之不同處在於，納斯達克要求掛牌公司建立一套迅速完整的披露常規，並在可合理預期重大消息將影響公司普通股股價時，依循披露常規。

納斯達克要求納斯達克之掛牌公司透過新聞報章迅速向外界披露任何可能會影響其證券價值或影響投資人決定的重大消息。公司應依規定程序，在透過新聞報章向外界公開重大消息前，通報納斯達克。在重大消息於公開前的待審階段時，納斯達克可能會暫停該公司證券之交易（短暫停牌）。正常而言，短暫停牌在新聞報章報導後的三十分鐘內會結束，但若判定消息報導不足，短暫停牌的時間可能會延長。

掛牌維持標準

若要保持掛牌狀態，公司須持續維持某些掛牌標準。這些標準包含：股價、資產／收入總市值、公眾持股量（public float）、股東人數、造市商（market maker）人數、及保持管理規定合規。

內部人員申報及內線交易

由於上市公司的普通股依證券交易法而登記，所以公司的管理人員和股東須依循不同的證券法之申報等規定。接下來會討論其主要規定。

內部人員和重要股東之披露義務

管理人員、董事和10%股東

證券法另一前提是，應迅速向外界披露內部人員對公司證券之擁有權資訊。證券交易法第16(a)條規定，即將變成高階人員、董事、或10%股東在十天內，須向證管會申報表格3之股權受益所有權。該申報文件包含了直接擁有權及擁有的衍生證券，例如可購買股權之認股權和權證。直屬家庭成員持有之股份和透過間接持有之股份（例如合夥關係或信託）被認定

爲內部人員間接持有。據此，內部人員須於交易後二個工作天內向證管會提交表格4，申報證券或衍生證券受益擁有權之更動，包含家庭成員之交易（購買、出售、行使認股權）。

　　這些表格可於www.sec.gov/about/forms/secforms找到，不需任何申報費用。

　　一般而言：

- 多數交易（例如出售股份、行使認股權）須於交易日後二個工作日內提交表格4，以申報公司證券個人擁有權之更動。
- 其他須申報之交易若非於會計年期間以表格4自發性申報，則於會計年度終了後的四十五天內，以表格5申報。

　　表格3、4、5須透過網路申報，提交予證管會。因爲這些不屬於公司申報，所以每個按規定須申報的高階人員、董事和10%股東須取得電子化數據收集、分析、檢索申報系統的識別碼。公司須張貼報告於其網站，或附上報告連結。

　　爲了確保合乎申報規定，任何提議出售或購買公司普通股、或行使購買權利之管理人員或董事須向公司的法律顧問或被指定執行此動作的人立即稟報該出售或購買提議。

　　表格3、4、5中所述的六個月內禁止內線交易，將於第16(b)條：「禁止內部人員短線交易」之段落討論。

5%股東

　　購買發行人股份而擁有超過5%的該類型證券、但無法申報表13G（schedule 13G）之個人須於購買後十天內向證管會申報表13D。股份受益權因此以獨權或分權投票，或以獨權或分權決定出售股份，即使受益人並不沒有股份的財務利益。表13D的根本目的是讓投資人披露他們的計畫或掌控意圖、商業目的、及上市之計畫或意圖。若先前於表13D申報的重大資訊有任何改變，須即時回報。一般而言，購買或出售1%的或更多的同類登記證券即屬於重大改變。表13D規定須披露發行人、證券及股東之

身分及背景、資金來源及資金額度或其他對價、交易目的、總股東權利等資訊。此外，亦須以掛號信或保價掛號信將表13D或13G寄到公司。

　　簡易版的表13G對股份購買和受益人所要求提供的資料較寬鬆，在正常收購股份之交易、不影響公司掌控力的情況下，適用於銀行及保險公司等合格機構投資人。證管會於1988年延伸了第13(d)條的規定，允許擁有少於20%已發行股份的所有投資人以簡易版表13G申報持有情況，進一步規定該投資人未購買或持有證券而影響發行人之掌控權。根據證券交易法，任何符合以表13G申報之個人，若於公司登記聲明時、或截至12月31日擁有公司某類證券的比例超過5%，則須於隔年2月14日前向證管會申報表13G。每個擁有（及／或目前持有可行使認股權）公司普通股超過5%及已申報表13G之個人或團體，須於某些股權擁有權發生更動後的下個2月14日前申報該表之變動。

　　申報或更動表13D或13G無需任何費用。

　　可於www.sec.gov/about/forms/secforms.htm參見表13G或13D及相關注意事項。

編者言

　　雖然大中華地區多數交易所對股份擁有權的規定雷同，但相關人員的披露內容和須披露的門檻比例卻差異甚遠。

禁止內部人員短線交易

　　某些短線利潤的特別規定適用於公司所有董事、管理人員及任何超過10%已發行普通股之受益人（內部人員）。證券交易法的第16(a)條受限於某些例外，規定公司可於股份買賣後六個月內，回收受益於內部人員之利潤。儘管避免短線利潤之收回是個人股東或管理人員的責任，但因為一失足便災難臨頭，所以多數公司會建立內部安全程序，讓股份交易人犯錯的機會降至最低。

因此，買或賣的發生順序不是重點。不需要在同一個交易中買賣相同數量的股份。利得無法沖銷損失。一般而言，交易會兩兩成對，把六個月內的最低購買價和最高出售價配對在一起。

內部人員須保持忠誠，這點無可辯駁。若公司未要求收回利潤，股東可代公司要求收回。第16條的短線利潤回收將由一群以調查並控訴短線交易違規之證券律師所強制執行。

許多不同類型的交易因此構成購買或出售行為，例如公開市場之交易通常會被認為是證券相關買賣。衍生性交易、證券內容之更動可能會被視為證券買賣，公司重組和併購亦可能會被視為買賣。除非依證管會之規定妥善取得核准，否則即便接收公司的認股權也可能被視為購買行為。

第16(b)條在過去幾年增加了幾條不公平的處分方式，每一段時間就會有人要求廢除該條文。證管會對其修訂了幾項規定，放寬標準，尤其是在認股權和員工福利計畫這兩個方面。這個部分的原則是，許多認股權之撮合交易不應依法律推定或判定為不法行為。若雇員以每股10美元行使認股權，之後以每股50美元的成交價立即出售，該雇員可能單純想要回收過去幾年的收益。證管會的第16b-3條將符合特定規定的認股權授與免除於短線利潤之規定（例如，依福利計畫由董事會或獨立委員會授與之認股權）。行使認股權不被視為交易事件，背後的理論是內部人員僅僅出於變現現存收益。

「受益」權因此包含透過合夥關係、公司、信託或不動產股份而形成的間接擁有權。某些情況下，由個人之近親所持有的股份會被視為由該個人受益。個人所進行的購買（或出售）行為會和近親的出售（或購買）行為配對一起，產生可回收利潤。這些規定也適用於以券商名義登記之股份。

短線利潤回收規定得有相當程度的事前準備。此外，該規定內容複雜，對不同人會有不同影響，且經常會產生變動。內部人員在涉及公司證券交易前，應和法律顧問確認。（參見先前針對表3、4、5的討論。）

證券交易法也禁止公司董事、管理人員及10%股東在公司證券上「賣空」（不論該類證券是否為登記證券）。「賣空」意指賣方出售尚未擁有

之證券、或出售擁有但目前尚未接收、取得之證券。

禁止內部人員依未披露之內部資訊交易公司股份

　　證券交易法第10(b)條禁止公司內部人員利用未披露之重大資訊交易公司證券，其法適用於所有的證券買賣行為。「內部人員」包含公司雇員、管理人員、董事、有掌控權之股東、律師、會計、投資銀行、公關和廣告公司、其他顧問及該人員之直屬家庭成員。舉例而言，當內部人員知道公司將會拿到一份會大大影響公司財務狀況的大訂單，若該人員在該資訊尚未對外發布前購買了公司證券，則違反此法，將背上刑事責任，並在任何收益利潤或因內線消息而產生的認定收益上有民事責任。

　　同樣地，若該人員握有公司尚未對外公開的不利資訊（例如，損失一個大客戶），在該消息對外公開前，該人員被禁止出售公司證券。在公司有重大發展之際，內部人員應對公司股份的交易時機保持謹慎。

　　若證實內部人員於消息宣布前因該消息占取不公平的利益，或依據內部消息而進行交易，則會構成詐欺。內部人員於重要消息發布後多快能交易，取決於新聞媒體報刊報導該消息的速度及遍布範圍。

　　此外，敏感的消息散播後，應持續禁止內部人員交易，直到大眾已有機會澈底評估資訊。應設四十八小時的等待觀察期，讓大眾可以（於收益報表中）快速理解該資訊對投資決定的影響。若訊息遍布範圍不夠廣泛或訊息本身較為複雜，則應延長觀察期。

　　禁止公司證券交易之規定不只適用於管理人員、董事和雇員，也適用於任何依前述對象所提供資訊而涉及交易之個人（俗稱知情人士）。若有透露情形，不只知情人士違法，透露消息之個人於知情人士所得任何利潤也有個人法律責任，即使沒有獲得利潤仍有責。對此，任何人皆不應涉及公司證券交易，不論是否為擁有內部重大消息的公司雇員，亦不論消息為有利或不利消息。

　　由於內線交易的限制甚嚴，且由於潛在法律責任通常是事後主張，所以證管會於2000年施行了第10b5-1條之規定。此規定在某些情況下為內線交易創造了一個避風港。若個人在對內部重大資訊不知情的情況下施行預

存計畫、合約或指示而產生控訴，該規定則在控訴中扮演主動性答辯的角色（所謂的10b5-1計畫）。這些計畫通常是透過券商施行，但公司應參與其過程，且持續更新計畫中的出售及潛在出售項目。應注意10b5-1計畫未免除內部人員申報表格4s和表格144s之責任，亦不免除短線利潤之潛在法律責任。現在證管會對10b5-1計畫之審查越趨嚴謹，內部人員應確保以忠誠原則施行這些計畫，不握有任何重大的內幕消息。

1988 年內線交易和證券詐欺強制執行法

除了涉及內線交易之個人會有的處分外，未能充分採取內線交易防護措施之內部人員或「掌權人」也將會依內線交易和證券詐欺強制執行法受到嚴厲的民事處分。即使掌權人未違反交易法規或未從中獲利，最高仍會被處以100萬美元罰金，以及所獲利潤最高三倍之罰鍰、或被掌控之人因違法而規避的損失之三倍罰鍰。

「掌權人」一詞在內線交易上不限於雇主，其包含任何有權力影響或控制方向、管理、政策、他人活動行為之個人。舉例而言，一位公司管理人員或董事可能會被視為掌權人，因此此人對任何被他掌控而涉及內線交易之個人有責。

當掌權人：

• 知悉或罔顧被掌控人從事或即將從事內線交易之可能情形，但未立即採取適切行動；或

• 知悉或罔顧掌控人從事或即將從事洩露消息之可能情形，但未立即採取適切行動，則有法律責任。

證管會若要強制行法律責任，須確定掌權人在客觀的情況下罔顧被掌控人從事內線交易之違法可能。此「罔顧」之構成要件為嚴重背離適度監督個人之標準。

未登記股份和關係企業持股之出售程序

　　從私人交易所獲之股份（即所有公司股東於IPO前或之後透過私募而購得之證券）依證券法第144條條文規定屬於限制性證券。公司掌權人（例如：董事、管理人員、或10%股東）於公開市場獲得之證券同樣遭受限制。除非透過第144條條文、第701條條文規定、證券法之登記聲明或其他證券法之豁免規定，否則限制性證券和掌控權無法於公開市場求售。

　　第144條條文規定是一個避風港豁免規定。若要利用這個避風港，賣方除了須等到公司IPO生效日後的第九十一天，也須等到公司或關係企業購買規定股份並付清款項的一年後方能出售其限制性股份。該出售行為有量化及質化限制（接著會討論），而個人、而非關係企業持有超過兩年的限制性證券可自由出售，不受限制。同樣地，由非掌控人持有的非限制性證券（即於公開市場購得、或透過登記聲明獲得的限制性證券）也不受限制，可自由出售。反之，關係企業持有的證券若是透過公開市場取得，則不論是否為限制性證券，皆須依第144條條文規定出售，或取得登記豁免方能出售。這些對內部人員的限制是除了短線利潤規定、內線交易規定和之前所及的公司政策以外的規定。

　　一般而言，儘管賣方會直接以本人的身分和場外交易市場的造市商接洽，而非以中間人的身分，質化限制有規定須以常規性的公開市場券商交易之形式進行出售。此外，公司須於出售時向證管會申報，更新最新出售狀況（即申報年報和季報）。

　　量化限制規定持有人每三個月內僅能出售以下股數（以較高者為

準）：

- 已發行普通股股數的1%（以公司當前已發行股數爲基準）；或
- 出售單發出日前四週內每週申報的交易平均量。

　　因此，每位賣方於任一三個月內可出售給適用量化限制之個人的最低股份爲已發行普通股的1%，但若前四週申報的每週交易平均超過該數字，則可售數量會更高。

　　如第144條條文規定，相關個人（包含配偶、父母、未成年子女及信託對象、捐贈人及受贈人、質押人與質權人）的出售量須與第144條條文中所述之眞正賣方合併計算，量化限額。

　　按照第144條條文規定所進行出售之個人，須向證管會申報表格144（除了持有股份超過兩年之非掌控人外），並將影本寄到納斯達克。表格144可於www.sec.gov/about/forms/secforms.htm上找到，下出售單的同時也須一併將表格144發給證管會；也就是說，可以在下出售單時一併郵寄給證管會（或透過電子化數據收集、分析、檢索申報系統發送）。若任一三個月內出售股份不超過500股、或總出售價不高於1萬美金，則免申報。若在九十天內未完成買賣，則須申報一份新的表格144。該表格之申報規定是繼管理人員、董事及10%股東依證券交易法第16(a)條，須於兩天內申報表格4之額外規定。

　　這段落將對個別股東有個別影響的複雜規定簡言之。掌權人或限制性證券持有人在有意公開出售公司普通股但尚未下決定前，應先諮詢專業意見，瞭解自身情況。此外，證管會仍在審查這些規定，之後可能會有所異動。

　　這段落僅針對由私募所獲得的未登記股份、及相關企業或內部人員（即董事、管理人員、或10%股東）於公開交易所獲得的任何股份之登記豁免條件。不論欲進行買賣之標的是否必須登記，其買賣行爲皆適用反詐欺條款。因此，即使第144條條文規定免除了登記要求，若股東知悉公司尚未對外披露之不利重大消息，則不應進行任何公開出售。同樣針對第144條條文規定，正常而言，賣方須提供券商一份完整的問卷或聲明書。

隨後，應提供券商之信函、表格144影本及出售股東之資料予公司法律顧問，再由法律顧問連同法律意見書一併轉交於過戶處，授權轉讓。一般而言，當提出了第144條條文之買賣決定，公司法律顧問依規定須提供所需協助。

依第144條條文，登記聲明豁免不影響證券交易法第16(b)條之短線利潤回收，如先前所及。就此，若買賣行為發生於賣方以較低價購買公司股份的前後六個月內，依第144條條文，公司可回收豁免出售之短線利潤。

依據公司認股權計畫，公司應申報表格S-8之登記聲明，抵補公司普通股之銷售。然而，一般而言，依第701條條文，無掌控權之個人於表格S-8登記聲明生效日前依認股權而獲得之股份，於公司首次公開發行生效日後的第九十一天即可出售，無須登記，但受限於任何適用於承銷商的閉鎖期協議。第144條條文之一年等待期不適用於任何依第701條條文出售之股份。

　　美國和大中華地區公開發行的關鍵差異點在於，在臺灣和香港，當公司完成了IPO，公司的全數股份原則上即可以公開交易，而不限於所謂的已登記股份（但限於鎖定協議）。因此，上面所討論限制性股票在IPO之後的程序，一旦一開始簽訂的鎖定協議期滿，則不適用。

上市公司及管理人員之慘重失誤

公共證券法和納斯達克法規尤其在薩班斯—奧克斯法案後變得更為複雜，使上市公司管理人員難以記住適用於他們的大量規定，所以其應於任何重要活動或披露前，提前諮詢法律顧問。就算難以無時無刻記得所有法規，但一旦發現以下情況，應保持警覺。

• 買賣股份或參與任何涉及公司股份之交易時，確保沒有觸及短線利潤之法規。

- 買賣股份時，確保法律顧問給予內線交易法潛在觸法處之建議。
- 與朋友、認識的人、最親近或重要的人、投資專家或新聞記者談及公司時，隨時保持謹慎。
- 如您正在策劃發行，確保已規劃的活動——例如，已排程的記者會或講稿——不會牽涉「越界偷跑」條款（gun-jumping rules）。
- 定期追蹤公司應向證管會申報之日期，確保不超過截止期限，符合所有規定。
- 假設公司發生的任何重要事件、及所有重大交易皆依表格8-K之規定，必須立即申報及／或發出新聞稿。

第五章
併購

合併與收購：結構考量

　　科技公司的律師務必要有能力處理併購案（merger and acquisition, M&A）。上市與未上市公司皆可能是其他事業體的活躍的收購方，商務律師必須做好準備，以代表成為買方或賣方的客戶。不同於科技公司戰場上的商業交易，併購是相互對抗的，但不一定會大動干戈，反而像是進行一場零和賽局（zero-sum game）。在一場收購中，通常利己不利他、利他不利己。一般而言，在其他的交易中儘管各方感興趣的標的不同，但根本的目的是同一面向的。舉例來說，在一次IPO中，承銷商和發行人都希望交易能圓滿成交，讓買方出手出得開開心心。雖然適當地在招股計畫書上開誠布公能使發行人和承銷商免除承擔法律責任，然而在併購中的情況卻截然不同。因此，併購事宜需面面俱到，其可能是對商務律師能力最艱難複雜的考驗。

 編者言

　　併購案常見於大中華地區，且多為跨境交易。由於法律、稅務和出口管控不相容的關係，因而增加了諸多複雜性，在商務面造成重大影響。對投資人而言，要能更快走向併購的出口，辦法其一為，在租稅中立的地區，以境外公司的結構重組新創公司，例如開曼群島、英屬維京群島、薩摩亞等地區。然而，各方也需考量到這些境外地區在法規方面要求越趨嚴謹而產生的影響。

收購成因──為何要進行收購？

一間公司會收購其他事業體是出於以下一或多項原因：

- 擴展產品線。買下第三方生產線及技術比買方自行發展生產線便宜或更快（或同時更便宜又更快），或者買方無法自行發展，因為專利被潛在賣家給拿走了。
- 提升某事業體的營運功能。例如：銷售和市場行銷成本和效能為目前考量要點。
- 達到規模經濟／降低成本。屬性相仿的事業體通力合作以達到規模經濟。舉例來說，兩間銀行合併，增加了客戶量，另一方面又消除了部分成本，例如，收掉在同一區多出的分行。
- 提高財務績效，換句話說，增加每股盈餘（EPS）。公司會為了財務問題而收購另一間公司，尤其是在收購方的本益比高於收購目標公司時。若收購是為了現金，新事業體的成本必須和現金收益損失對照，以確認每股盈餘是否上升；若收購涉及股票，則以收購事業體的淨利增額對比額外發行來支付收購的股數。

編者言

近年來，臺資企業在美國的投資和併購案有了大幅度的提升。

股份收購也涉及金融管理。舉例來說，兩間公司都有100萬美元的年營收和100萬股已發行股，假設收購方的本益比為目標公司的兩倍，若想以目標公司目前的市值來收購它，則收購方只能發行50萬股，這樣能使其收入加倍，而只剩50%的已發行股，每股盈餘因此上升。然而，股市經常投下震撼彈，收購方的原本益比維持不變，收購方因此股價上漲。這也讓目標公司有更多談判空間，因為交易使得每股盈餘增長，因此有更多談判空間來要求買方提高收購價格。進行一場預期每股盈餘會上升的交易仍稱為「非稀釋」或「增值」交易，儘管該交易以股票作為收購對價，且衍生了更多的已發行股。

　　收購的原因除了為了因應短期的財務考量，當然還有其他原因。雖然交易起初不見增值，收購方仍可能為了未來的經濟效益而進行收購——收購最終會因被收購事業體的成長，或預期成本的降低，亦或之後的協同效應（synergies）而帶來增值作用。

基礎併購類型

　　併購的基本方式有三種：

1. **股份收購**：在股份收購中，收購方直接從目標公司的股東手上買進目標公司的已發行股，收購價格可以是現金、股票、票據（或以上綜合）等資產。若目標公司所有的已發行股被收購，其則變成收購方的全資子公司。依法而言，收購方將獲得目標公司所有資產，並承擔目標公司所有債務，但被收購事業體的資產及債務不因收購本身而受到直接改變。

2. **合併**：通常對買方極其重要的一件事是，收購到目標公司的所有已發行股。買方通常不想要被收購事業體的小股東，因為小股東的存在容易讓買方遭受公司間交易之信託責任的違約求償。買方希望能自由操控其收購事業體，將其與自身的事業體整合而不受阻礙。股東若太多，將難以說服每個人簽署股份收購協議，又若股東持有異議，則通常會選擇合併，將反對方淘汰出局。若目標公司為上市公司，則往往會選擇合併，因為上市公司股東為數眾多，要說服所有人簽署股份收購協議不大可能。然而，有個替代辦法是，從股東們手上買進大部分的股份，然後進行「消滅合併」，即為公開收購中常見戲碼。

   合併是一個於特定註冊州內，由相關公司法所制定的交易，此法規之細則存異，差異有時天差地別，但共通點是法規准許兩間公司合併成一間，在合併中消失之公司的所有資產和債務會加到存活之公司的資產和債務上，並根據現行法以及簽署的合併協議，消失公司的已發行股將自動轉換成收購方的現金、股票、票據或以上綜合（或其他資產）。這個方式因此變成買方取得目標公司100%擁有權的手段。在一

步合併或先購股再用消滅合併的兩步合併中，不論是否有任何股東持有異議，被收購公司股東之持股都會轉換成合併對價。在合併法規中有一個例外稱為股份回購請求權，特定情況下，目標公司的股東可拒絕合併條款，並於法庭審理程序中請求股份估價。由於需自付費用，這種情況很少發生在未上市公司收購，但卻能在過程討論中構成威脅。一般而言，若要合併，要合併公司的股東須進行投票，此外，美國大多數的州內，董事會亦須進行投票。

3. **資產收購**：在資產收購中，買方收購目標公司全數或部分資產，並承擔全數、部分、或免於承擔目標公司的負債。多數州法要求股東同意出售目標公司的「全數或實質上之全數」資產。我們將會看到，選擇進行資產收購背後有許多原因，例如，有時買方只想收購某知名公司多條生產線的其中一條，而其產線的資產為某法人獨有，這時資產收購即為達成此目的的唯一方式。

　　因為許多大中華地區的交易皆為跨境交易，絕大多數皆為股份或資產交易。跨境合併和換股交易往往會因法律牴觸、稅務和交易所管控的差異而導致問題，因此合併和換股交易常見於境內交易，換句話說，只當買方和目標公司均來自相同地區。

　　現在我們要討論股份收購、合併及資產收購三者之間，適用於併購的決定條件：稅法及公司法。在多數情況下，稅賦考量是主要的考量點，所以對商務律師來說，瞭解基本收購稅法是很重要的。

稅賦

　　股份收購可建於免稅（意稅收遞延）或應稅基礎上。正常來說，不論是以現金、票據、其他資產或綜合對價，股東會知道股票出售的應稅收益

或損失。美國國會承認，在股東持續把股本投資於另一家公司的特定情況下，對公司出售或合併之交易徵稅可能會阻礙有經濟效益的交易。舉例來說，在應稅交易中，A公司股東可能願意在應稅情況下將股份賣給B公司換取現金，但若B公司股份之繳稅日已到，股東不會願意將其A公司股份賣給B公司換取B公司的股份，尤其若B公司現金不足。若A公司股東的收益僅爲B公司非流動資金的股份，A公司股東可能沒有足夠的現金繳稅，加上若B公司繼續經營原先是A公司的事業體，一般可能會認爲A公司股東只是換個形式繼續投資，所以不應被額外課稅。

　　若公司雙方符合特定交易規定而合併，股東已實現之稅賦可依相關適用稅法獲准遞延（非免除）。這些所謂的公司改組（或免稅改組）條款包含特定技術法規，該法規於司法徵稅規定中有具體詳述，用以履行國會意圖，即稅賦僅於股東投資和事業體以新形式持續時方能遞延。

　　在最根本的條款中，爲了滿足免稅改組的條件，有一大部分的收購對價必須是買方公司的多數投票股。其規定的百分比可依改組之結構高至100%，而於「A」類改組時的百分比最低（有些稅務律師會說最低可以低至40%至45%），而在非子公司合併及正向子公司達至80%，並於反向子公司合併、以股易資產之交易及以股易股之交易中有更高的百分比。非以股票爲收購對價的部分稱爲「現金補價」（boot），其收入是應稅的，因此，多數改組僅部分免稅。

　　遺憾的是，重組條款不允許合夥人（或有限公司，其在徵稅時作爲合夥人）和公司應稅遞延合併。這些法人一般可以轉換成以應稅遞延爲基礎的公司（在其他稅法規定下），但在改組規定下無法轉換成以應稅遞延基礎的公司來合併一間公司，其表示合夥人、或徵稅時作爲合夥人的有限公司須事前擬定退場策略，才能在擬定公司合併的計畫前，如期轉換成公司。

　　買方和賣方在收購上的稅賦目標相互對立。以賣方角度而言，賣方股東希望股票交易的收購免稅，這點在股份是非流動、無法透過出售以支付稅額時是必然的。若全部或部分對價非股份，賣方股東則會希望以長期資本收益處理。免稅交易讓目標公司股東能把收益遞延至新股份賣出再認

列。若股東身故，其資產的成本基礎可調整至公允市價，從此免去收益所得稅。應稅收益會以股份或資產出售後而取得的對價價值來計算（若有貶值／折舊，其幅度較少）。

股東希望交易不會產生雙重課稅——先是公司稅，再來是股東稅。換句話說，若目標公司支付了收益稅，且其股東也支付了稅後收益稅，則交易未有效節稅。雙重課稅通常發生在資產收購——目標公司支付其資產出售的收益稅，然後當股東分配到收益時，股東得再繳付股東收益稅，這種雙重課稅的可能性是為什麼科技業幾乎不太會選擇資產收購的理由。若有充足的稅損結轉（tax-loss carryforwards）來保護目標公司的收益，或倘若被收購企業是一個稅賦轉由合夥人繳納的企業，例如合夥人或有限公司，那要達成無雙重課稅的資產收購是沒問題的。這個雙重課稅的問題是為什麼您應該一開始就考慮把您的企業成立為稅賦轉由合夥人繳納的公司（包含S分章小型企業股份公司），如第一章所提及。

從買方的觀點而言，其主要稅賦考量與買方獲得目標公司資產的稅賦成本有關。買方希望稅賦成本提高，因為在可攤銷資產中，較高的稅賦成本會獲得較高的可攤銷扣除額，以保護未來產生的其他收益，或能在出售資產時減少收益。稅基提高的反向是稅基承讓，表示由買方承讓的資產和由目標公司支配的資產有相同稅基。免稅交易會有稅基承讓，而應稅資產收購的稅賦成本會提高，但除非目標公司有稅損結轉，或本身為稅賦轉由合夥人繳納公司，否則會有雙重課稅。應稅合併會產生哪種稅賦情況將由合併的形式決定，所以您現在明白買方與目標公司雙方您爭我奪的用意了。

現在我們從另一個角度切入：三個基礎併購類型的稅賦結果。在股票交易中，股東直接出售股份給買方。公司本身不出售任何東西，所以不需繳稅，因而不會發生雙重課稅。您可以完成股對股免稅交易，但如前所提及，其規定很嚴格。某一角度而言，股份交易在稅賦上不利於收購方，因為其在目標公司的資產上會有稅基承讓，而非稅賦成本提高。針對合併報表的公司以及S分章小型企業股份公司的股份收購，例如，利用第338節表格，這個條款在稅賦方面將股份收購當成資產收購。

至於合併，分為應稅合併和免稅合併，組成應稅合併的方式可比擬股

份收購或是資產收購。之後會論及不同的合併方式。

在應稅資產交易中，若收購方從目標公司獲得所選資產收益，目標公司需支付收益稅。若收益分配到目標公司的股東上，並且於交易後進行清算，則會有雙重課稅（假設股票清算後有收益）；若收益配給爲股利且公司仍處於營運中，在公司有獲利的情況下，股東則會有應付股利稅。從買方的角度而言，因稅賦成本提高，所以選擇應稅資產交易是好的（也有免稅資產交易，但相當少見）。

雖然美國的稅務規定和大中華地區的不同，且大中華每個地區之間的稅賦規定也大不相同，但重要的是，任何併購案皆受稅賦問題所影響。各方在評估併購案時，因有系統的整合，以向合適的專家取得正確的訊息，再進行併購。

公司法

不論買方是否希望或被迫收購賣方所選資產，且不論收購方是否希望或被迫免於承擔特定或所有賣方的負債，收購公司法之條件皆適用。

選擇性的資產收購和債務承擔一般須以資產收購的形式完成，因爲依法而言在股份收購或合併中，所有資產和負債都會被直接或間接轉移。

若存在雙重課稅，當買方希望收購整個事業體時，一般不會使用資產收購的形式，這些形式相對而言也更爲複雜。

如以上所述，這種情況下，另一個選擇是股份收購。買方一般往往希望在股份收購中收購所有已發行股，而非只收購多數的已發行股，因爲若存有小股東，買方和其子公司之間的任何交易易遭受小股東於違背忠誠義務之主張，這是買方一般會想避免的法律糾紛（但並非總需避免）。並且，子公司到母公司之間的資金流向也會受到約束，因爲若子公司希望支付股利給母公司，子公司也必須付股利給小股東，如此的情況可能不太令

人樂見。

在有股東持有異議的情況下，爲了收購整個事業體，有兩個選項可用：合併——將目標公司股份轉換成買方股份、現金、或其他資產；或是兩步交易——先收購多數股份（最好是極多數），接著進行之前提及的消滅合併。若初步收購到足夠的股份，簡易合併（short-form merger）的可能性僅會受董事會決議而左右，但前提是要先收購到目標公司足夠的股票。大多數美國州立公司法規定，若母公司擁有目標公司至少90%的股票，簡易合併是被允許的。

在公司法架構選擇下的另一個公司法考量是，是否有必要取得契約對照（counterparties）對目標公司契約的同意以及／或是政府單位的同意。一般來說，商業契約須取得契約對照的同意，否則禁止轉讓契約。在資產收購中，某些契約所規定的是，目標公司的契約權應轉讓予收購公司。這種須取得同意的必要性有可能造成交易延後，也可能導致契約對照趁機要高價以換取其同意。

若不想取得他方同意，某些時候可選擇股份收購。在股份收購中，因訂約公司並非實質交易方，所以一般不認爲是爲了取得契約對照同意而轉讓其合約權。爲了避免這個法律漏洞，在變更控制權的交易中（換句話說，股份收購或任何形式的合併），有些合約會要求轉讓同意，並且給予訂約方終止權或其他權利。

有個與股份收購類似的概念稱爲反三角合併，乍聽之下好像很複雜，但道理其實很簡單。多數的合併會選擇以子公司合併的方式；也就是說，買方組成一個合併目標公司的新的空殼子公司，這麼做的其中一個原因是，因爲買方可以不用取得股東對合併的同意。照字面而言，合併法規定的是需要合併公司股東的同意。在子公司合併中，與買方相關的股東同意可以是收購公司自身的股東同意，因爲買方（而非其股東）就是合併公司的股東。在子公司合併中，將欲收購的子公司併入目標公司稱爲反三角合併，而將目標公司併入欲收購的子公司稱爲正三角合併。如同股份收購，反三角合併一般不被視爲轉讓目標公司契約；而在正三角合併中，一般會有轉讓情形，因爲如今的新公司爲立約方。有時會因稅賦的關係而應

選擇正向合併，因爲免稅條件規定不像反向合併那麼嚴格。

　　另一個重要的併購條件是，買方如何保護自身，預防目標公司違反聲明與保證。細節部分我們之後會討論，現在我們先介紹兩個會使用的基本手法：損害賠償與保管。

　　「損害賠償」的意思是，目標公司股東同意支付買方因目標公司違反聲明與保證而遭受的任何相關損失。「保管」的意思是將部分收購價存放在銀行的保管帳戶，暫不支付賣方。保管的目的是用於補償因違反聲明保證而造成的買方損失。若股份收購合約未取得所有股東簽名，那要如何讓每個股東確實支付賠償損失呢？這點不管對買方或賣方而言都很重要——買方希望賠償極大化，而賣方則希望按比例賠償。能規範目標公司股東的最簡單的方法即透過合併，根據合併的合約條款，將歸屬股東的部分收益存放至保管帳戶。降低買方就目標公司小股東交割後的訴訟風險，是另一個選擇合併，而不選擇須在收購合約上獲得全數股東簽名的股份收購之因。在資產收購中，目標公司爲賣方，出售的公司是損害賠償的唯一來源，若賣方出售其所有或絕大部分的資產，那當其聲明不實或違約而造成買方遭受損失時，賣方還剩下什麼能補償買方呢？這種情況下，當整個事業體出售且收益分配給股東，考慮周全的買方會要求賣方公司的股東簽下損害賠償合約作爲損害賠償來源，或要求保管。

編者言

　　儘管美國和大中華地區的公司法存異，各方應記得的重點是，併購案由不同層面的對價組成。併購案的歷史已走過幾世紀，相對之下法規卻較無彈性空間，但仍有不同手法可應對。各方應瞭解各自有的選擇，更重要的是執行力，以及把決策一清二楚地立成可充分生效的合約。

交易架構考量

監管核准

有個起初應當評估的問題是，是否須取得監管機關的核准後才能收購？若是，須取得哪些核准？監管機關之核准規定將影響交易的時間點、交易完成的確定性及交割條件。

需要監管核准的兩個原因：

1. 單方或雙方都處於受管轄的產業中，監管機構會審查收購是否符合適用法規，例如，媒體廣播資產之收購（the acquisition of broadcasting assets）。
2. 依反壟斷法，視雙方的公司規模與交易額而有申報之必須。

理論上，儘管交易會因反壟斷而被判無效，然而主要需要克服的問題是哈特—斯科特—羅迪尼反托拉斯改進法（Hart-Scott-Rodino Antitrust Improvements Act）。在有金額規定的收購中（大於等於5,000萬美元），雙方若超出金額門檻（一方公司銷售額或資產為1億美元，而另一方為1,000萬美元），則必須向聯邦政府申報並清查。有些交易會因反壟斷法之審查而導致流產，但對於科技業的多數交易，改進法之申報規定純粹只是一件昂貴又造成交易延遲的麻煩事。

證券法

證券法對收購的影響將於以下討論。簡言之，收購方的股份或證券的發行（或是經過目標公司股東表決同意接收買方股份或證券以換取目標公司之股份）被視為證券買賣，須向證管會登記或取得登記豁免。

會計

不久之前，會計對價和稅賦對價在收購上同等重要，因為對買方而言，不同的會計方法會產生完全不同的結果。在所謂的購買法之會計處理（purchase accounting）上，買方重訂被收購資產的公平市價，而相關商

譽必須折舊，其在科技業交易上的發生時間有時會相對更快。另一個會計方法是權益結合法（pooling of interests），被收購資產在帳面上不會有任何改變，商譽也不會有所攤提，這是非常理想的狀況，因為增值收購和商譽攤提之後產生的帳面費用在會計上很難處理。權益結合法的規定標準相當嚴謹（舉例來說，收購對價只能用於表決股份），此外還有許多其他規定。但這些會計處理方式在幾年前更改過，現在在收購上只有一種會計處理方式：收購後的資產有一個和公平市價有關的新的帳面基礎，而商譽只有在受損時才能夠核銷。

總結

收購的結構主要由稅賦對價和其他對價（例如：極小化規定的核准數，以及提供損害賠償與保管）來決定。這些條件通常相互衝突，如何選取收購結構將取決於各方的談判力。

編者言

操作併購的手法不單只有一種，稅務、會計、智慧財產權、雇員、退休福利、保險、客戶關係、匯率控管、資料隱私等諸多問題、因素及法規的交互作用，皆影響了交易。這些問題需在併購合約中提及，而確切訂立的併購合約會在簽署和交割這段期間規定出或有事件（contingencies）。這部分即使雙方均在同一國家、遵循相同法規，各方也會有專屬各自而訂的條款。因此併購合約是能夠確保雙方都能得到他們想要的「買賣」的文件，並且考量了潛在問題和或有事件。以下章節將討論到您在協議合約時，會有的合約種類（和選擇），而這些合約同樣能夠適用大中華地區的併購交易，即便法律和稅務背景不同。

併購合約概觀

併購合約——股份收購合約、合併合約和資產收購合約——繁瑣冗長。如一開始所提，這些合約也非常重要，因為併購就像一場零和賽局，

當某方取得某樣東西，則意味著他方無可避免地會遭受同等損失。口袋夠深便能左右聲明等合約條款的內容。

話雖如此，這些不同類型的併購合約（股份收購合約、合併合約及資產收購合約）在很多方面仍有諸多雷同。

經濟條款

併購合約的第一部分描述交易的經濟面向和其交易機制：交易金額與對價方式——現金、股份、兩者兼含等等；有無保管；併購相關附屬契約——勞動協議、登記權協議、競業限制協議、股東協議等等；若部分購買價格為票據，票據條款之從屬關係、利率、到期日等等內容為何？購買價格有時會根據簽署日和交割日之間賣家的淨值等財務標準而調整，特別是當交易遞延交割，這部分之後會再討論。

聲明與保證條款

下個重點段落涵蓋買賣雙方的聲明與保證條款。賣方要用第10頁至第30頁內聲明其事業體，涵蓋資本估價、正在審理或可能面臨的訴訟、必要的核准、自上次財報公布以來無不利變化、無未公開的重大債務、合乎環保規定、稅賦等內容。聲明條款會引用一份俗稱披露清單的文件，除了會列出公開聲明和保證內容的例外情況，也會列舉事業體相關細節資訊。正確地填寫這份文件極其重要，因為其之後將作為無效化損害賠償主張的依據，這之後將會討論。目標公司往往會加上「重大」（materiality）或「認知」（knowledge）等用詞來限制聲明內容（即，不存在重大的問題，或是目標公司不清楚這些問題的存在）。買方會反對這些條件，特別是認知性用詞。買方認為若之後出現問題，不論賣方是否早已知道問題存在與否皆不重要，因為他們仍已遭受損失。換句話說，聲明內容是一個風險分配，買方試著把未知問題的風險轉移到目標公司身上，反之亦然，目標公司也想把風險丟給買方。

　　買方也會擬定聲明條款。若以現金交易，聲明內容會相對簡短，只會
提到這場交易已授權生效，對買方具有法律約束力。然而，若賣方發放股
份給目標公司股東，買方的聲明和保證條款則往往會又臭又長，而賣方的
有過之而無不及。買方常用但不常成功的手段是，在股份交易中發放合併
合約的草稿給賣方，要求賣方擬訂鉅細靡遺的聲明條款，而買方自己的聲
明卻簡而化之。有些人認為買方應該和賣方擬訂一樣的聲明條款，因為賣
方本質上是藉由拿取買方的股份來購買或投資買方的事業體。我認為該論
點有其價值，但若買方是上市公司，這個論點就比較沒有說服力。這種情
況下，根據1934年證券交易法所提及之公開文檔的正確性和完整性，理論
來說，所有的目標公司和其股東都需要知道文檔的正確性和完整性，因為
這些公開文檔本應市場透明化，透露買方和其股份的重大情事。

　　有時目標公司的股東會被要求加入聲明條款中，這常見於股份收購
合約中，因為其股東也是參與方。在合併合約或資產收購合約中，目標公
司股東聲明的主要目的是在其於保管帳戶外之有責部分、或在資產收購中
拿取收益的同時，提供買方對目標公司股東的直接損害求償。要求股東簽
名也能直接讓某些條款對股東產生法律約束力，例如用來禁止公司招攬其
他出價者的禁止招攬條款。目標公司股東可能也會被要求擬訂標準聲明條
款，表明已正式簽署合約和相關文件條款，但這個要求其實是不必要的，
因為按照目標公司股東將收取併購對價而言，其實可以把股東涵蓋在通知
函（letter of transmittal）等文件中。

交割條件

　　會出現的一大問題是，交易是否會或必須延遲交割？也就是說，各方
簽署了合約，但交易必須等到特定的或有事件（contingencies）排除才能
交割。舉例來說，或有事件根據哈特—斯科特—羅迪尼法托拉斯改進法，
須取得反壟斷之監管清查許可，或從美國證券交易委員會取得披露文件之
同意。這兩樣都須和監管機關申請，會有一段等待期。另外，可能會需要
股東同意，但不一定能馬上取得同意，尤其若是目標公司的股東為數眾多

時。就合約的複雜性和經濟條款而言，同時進行簽署及交割會比延遲交割來得簡單許多。

倘若無法避免延遲交割，合約務必要擬定雙方須履行的交割條件。一般的條件為上述所提及的監管條件和股東條件，但買方往往也會堅持加上一些條件，確保在完成交易前，事業體的風險由目標公司股東持有。因此，一般交割規定條件會包含目標公司聲明和保證的延續性（bring-down），意思是直至交割日前，須再次肯定聲明條款的真實性，包含目標公司事業體不存有重大不利變化。有時目標公司會有足夠的談判力把其事業體的風險在簽署時轉移給買方，而不是等到交割時才轉移給買方。這種情況下，特定或所有聲明延續性不屬於交割條件。聲明內容中最重要的是，目標事業體從約定的時點開始後就不能有重大不利變化（material adverse change, MAC）。把風險轉移至買方是很不常見的。其他的條件為完成交易各方面的從屬動作，例如：簽署就業協議、競業協議等等。

承諾（covenants）

若無法避免延遲交割，合約中則也會有一部分關於交割前和交割後的承諾。交割前的承諾會限制目標公司在簽署日和交割日之間可做的事（或許也會限制買方），其主要是規定事業體必須正常運作。這個部分包含相當標準的禁止招攬承諾。交割後的承諾則負責處理目標公司雇員和福利計畫等問題。

補償和保管

如前所述，買方會要求合約保障，預防目標公司在合約上有任何不實聲明或違反任何條款。併購合約因此會指出聲明和保證條款在交割後仍有效，且目標公司將會賠償買方因其違約而造成之損害。但如果要收購的是上市公司，情況就不同了。除非狀況混亂不清，否則按照商業慣例，聲明和保證條款在交割後就會失效，並且沒有損害賠償。

一般在各類併購合約中的損害賠償條款大同小異：賠償方將賠償受償方所有損失、費用、損害和因違反併購合約的聲明及保證條款、協議及承諾而導致的責任，這部分沒什麼爭議性，但其他相關問題有時會產生不少熱議。

儘管合約中加入的損害賠償條款不代表會自動列有保管帳戶，但買方會希望分散資金，所以當買方提出的索賠成立時會比較容易取得資金，並且也能確保有賠償來源。買方也會認為在一個股東為數眾多的合併中，唯一實質的保障來源是保管帳戶，因為您無法對每個人提告。大多數含有許多目標公司股東的併購合約會包含保管條款。以目標公司股東角度而言，設保管機制在某種程度上是有利的，因為只有這樣才讓所有股東公平地分攤損失。

一旦確定要有保管條款，接著會有一些疑問出現，例如，保管帳戶應占收購價的多少百分比，以及帳戶的期限。一般而言，保管帳戶會存放併購對價的10%至15%，而保證條款會持續一至三年，但有時資本估價、股份所有權（title to shares）、稅賦、環境等特定聲明的時效性會比較長。目標公司股東當然希望越早拿到錢越好，他們會認為約一年後就不太可能還會有人提出任何的索賠。

除了保管的金額和期限之外，談判過程也會圍繞在賠償條款是否應該要有一些例外或限制情況。在議價上占上風的賣方會試圖把損害賠償限於保管帳戶，即使這往往使保管金額變得更大。這意味著發生不實聲明時，保管帳戶是買方唯一的賠償來源（除了詐欺外）。舉例來說，倘若保管帳戶有1,000萬美元，而損害賠償額是1,500萬美元，那買方則損失500萬美元。目標公司股東支持把損害賠償都存放在保管帳戶，因為他們不想再操心出售的事業體，想安穩地收取賣出事業體的份額，從此一勞永逸。風險投資基金等機構投資人會爭論自己須將售出基金的收益分配給投資者，等於剛進口袋的錢又要掏出。此外，目標公司股東也會認為買方不需過度擔心，因為買方在簽署併購合約前，已對目標公司的事業體做了全面盡職調查，應該清楚目標公司是一間「清白」的公司。然而，買方會認為自己最擔心的事是「很大條的代誌」，因為不管賠償金是否全部存放在保管帳

戶，當災難眞的發生時，有無保管帳戶都無法完全彌補其所有損失。

目標公司股東會使出的另一招數是，將補償額度限於收益的一定百分比，高於保管帳戶，但不超過收益的100%。雙方對於這個方式的論點同上。

另外，有個幾乎一定會出現的條款俗稱籃子（basket）。「籃子」的意思是，除非買方的求償金到達一定門檻，並且／或是個人求償金超過一定門檻，否則不能要求損害賠償。籃子條款不應理賠承諾條款之違約，只理賠不實聲明的部分。如此的理論建立於人非聖賢孰能無「小錯」，各方應於事前達成協議，同意不必爲了細小零星的索賠浪費彼此的時間與人事成本費用。最根本的假設是，如果發生小問題，買方會自行吸收。籃子的金額依據交易大小而變，然而常用的數字是1%，儘管1%用來理賠小錯可能會是個可觀的數字，尤其是在交易金額很大時。另一方面，眞的籃子（true basket）或自付額與門檻或消失的籃子（disappearing basket）之間也有明顯區別。後者說的是一旦達到理賠門檻，損失會全數受償，而前者是說損失金額超過自付額的部分將會受償。

買方會使出的一個抗衡方式是，其認爲籃子是爲了理賠非重大錯誤，因此只針對損害賠償而言（而非交割條件），聲明條款中與「重大」一詞有關的用語將不予理會。買方希望不要遇到雙重重大（double materiality）的問題——其一，買方必須證明不實聲明是重大的，因爲有問題的聲明條款含有與重大一詞有關的用語。此外，目標公司股東會認爲只有超過重大門檻才算眞正的損失。目標公司股東認爲，在賠償上您不能對重大一詞的條件標準置之不理，因爲賣方在準備披露清單時也會考慮到重大一詞的條件標準。實際上，若聲明條款中沒有與重大一詞相關的用語，披露清單在擬定上會變得非常棘手且難以擬得精確。用來解決這個問題的辦法是，在合約上要求把與重大一詞相關的用語算在內，以判斷是否有不實聲明的情形發生，但要詳細表明，因不實聲明而需要計算損失時將無視重大用語。然後，買方會反對，認爲在損害賠償上無視重大用語是不恰當的，因爲籃子的主要用意是保護賣方不受非重大事項影響。以上這段是否有點迂迴，讓您摸不著頭緒？

　　為了幫助您瞭解買賣雙方你來我往背後的含義，請參考以下範例：假設有個總和10萬美元的籃子，聲明內容表示無未披露的重大債務和起訴威脅。交割後，買方發現有20筆1萬美元的未披露非重大債務，以及面臨一個20萬美元的重大訴訟。

- **門檻 vs. 自付額**

　　有共計20萬美元的可理賠損失，但因為每筆1萬美元的求償都是非重大求償，因此無法受償。若籃子屬於自付額，那買方在超過籃子總和10萬美元的部分可予以報銷。若籃子屬於門檻，而門檻重設為零，買方則得到20萬美元，因為10萬美元的籃子總和已達標。

- **在損害賠償上不理會重大用語的情況**

　　有一個總和10萬美元的籃子，且有一條款註明，除了交割條件，重大用語在其他情況下將被忽略，包含確認是否違反聲明條款，以及確認可賠償額度。假設損失是40萬美元——20萬美元的未披露非重大債務，以及20萬美元的重大訴訟。若有10萬美元的自付額，買方則得到超過籃子的部分——30萬美元。若是採零門檻方式（a dollar-one threshold），買方則得到全額40萬美元。

　　現在我們假設有一個總和10萬美元的籃子，且聲明內容表示無重大非披露債務，且未面臨任何未披露之訴訟。交割後，買方確認有20筆1萬美元的未披露非重大債務，及面臨一個5萬美元、未披露的重大訴訟。

- **門檻 vs. 自付額**

　　每筆1萬美元的求償皆為非重大求償，因此無法報銷。不論是門檻或自付額，買方皆無法獲得總和25萬美元的損失，因為聲明中唯一列入計算的只有5萬美元的訴訟，其未達到總和10萬美元的籃子。

- **在損害賠償上無視重大用語的情況**

　　若有一個條款註明以損害賠償為目的的重大用語皆不予理會，則可報銷損失為25萬美元，因為所有的小額求償皆是可報銷的。若有自付額，買方則可得到超過籃子外的15萬美元，在此情況下，門檻會被重設，買方獲得全額25萬美元，因為籃子門檻已達標。

　　另一件要注意的事情是，賠償機制在資產收購中的運作方式。若您要從一個資金充裕、知名的買方買進部分資產，那就沒有問題——因為您會擁有賣方足夠的賠償保障。但若您要買進所有資產，但沒有保管帳戶，且將把所有收益分配給沒有簽署收購合約的賣方股東，那您可能會沒有實質的損害賠償來源。解決辦法毫無疑問地就是，取得由賣方股東簽署的收購合約或是個別賠償協議，或取得保管帳戶，亦或兩者兼得。

　　　損害賠償條款往往是據理力「議」的條款，許多的交易往往因為賠償訂定問題喬不攏而無疾而終。目前新的趨勢是利用聲明和保證險（也稱保證和賠償險），其源自於美國，但也已經開始出現在大中華地區的併購案上。這個趨勢值得注意，各方將會需要找專門處理併購的律師來評估該保險的利用價值。

總結：賣方須知

　　賣方和其法律顧問在商談併購細節條款時應考慮的問題如下。有些重點為先前內容之複述，其在某些時候可能會很管用。不論當中某些／全部問題是否應在擬定意向書的階段提及，我們都會在「進階主題」中討論。

- **購買價格調整**：購買價格調整而造成淨值或資產負債表上的會計科目變動，這乍聽之下似乎無傷大雅，然而這些變動會變成目標公司未按一般會計原則處理帳目之求償主張，也會是一個規避籃子的手段。這些條款非常詭譎，應該經由目標公司和其顧問團仔細審查，確保條款正確執行。

- **流動性問題**：您應該擔心流動性。若交易是股份交易，買方的股份在股市中的交易量是否低迷？倘若目標公司股東在上市公司中取得限制性股票，則應堅持取得股票登記權和暫擱登記權（shelf registration right）。這表示買方交割後一段（短）時間內須自動針對發行給目標公司股東的

股份，申報轉售註冊聲明（resale registration statement）。

- **附屬協議**：若有競業限制協議或就業協議，最好再擬訂一張投資條件書，描述起初就應涵蓋的事項。

- **聲明和保證條款**：盡可能增加與「重大」和「認知」一詞相關的用語。若內容攸關股份對價，設法將買方的聲明範圍擬得和目標公司的一樣廣泛。

- **交割條件**：限制須有延續性的聲明內容，或至少設法避免重大不利改變聲明條款之延續性，以將事業體的風險轉嫁買方。

- **損害賠償**：
  ◎ 設法將聲明內容的有效期壓縮在一年內或更短。
  ◎ 設法將損害賠償限於保管帳戶上，即使代價是帳戶會變大──這個條款可能是所有條款中最重要的一條。
  ◎ 若損害賠償不限於保管帳戶，則設法把求償額度限制在一定的金額或百分比。
  ◎ 若賠償責任高於保管額，設法擬訂一則買方可因損失比例而控訴賣方的條款。此外，交易股東之間應簽訂一份分配協議，當某股東比其他股東支付的百分比高，可獲得補償（例如，當只有部分股東被提告時）。
  ◎ 設法取得真的籃子或自付額，而不是消失的籃子或門檻。
  ◎ 設法擬定一則條款，內容表明若買方知悉造成違約的情況或事件，即使該情況事件未列於目標公司的披露清單中，買方也沒有權利求償。買方往往會反對該條款，因為這會觸及賠償沙袋條款（sandbagging）。若目標公司在遞延交易的簽署階段發現自己疏忽、忘了在披露清單上加上某條聲明，那該怎麼辦？設法擬定另一條款，內容表明目標公司得以於交割前在披露清單上補充說明，而買方不能針對更改的項目求償──若有重大違約，買方可以選擇不交割，但不得交割後又對目標公司股東提告。買方也將會提出「賠償沙袋條款」來反對這個條款。

- **股份收購**：若收購對價全數或部分為買方股份，應考慮規定損害賠償以

成交日市值的買方股份支付。但更好的方式是堅持要求目標公司股東可於任何時間點以現金換取保管帳戶中固定價格的股份，或是以現金支付成立的求償金額。這對目標公司股東而言是兩全其美的方式——若買方股價上漲，股東可以保留股份，用現金支付賠償；若股價下跌，他們可以用超過市值的買方股份來支付賠償要求。若在損害賠償上准許股價浮動，設法訂定股價停損點。

- **唯一賠償辦法**：確保合約上註明，當違約情況發生，買方唯一的賠償辦法為合約上商談過的賠償條款（即根據契約法，買方無法針對合約未及之處提告）。

- **損害範圍**：設法限制可賠償的損害種類（即設法排除偶發性損害、特別損害、導致性損害及懲罰性損害）。

- **損害計算**：設法加入一則條款，內容表明買方的損害將扣除稅收利益及保險理賠來計算。設法排除目標公司於交割日前因所得稅分攤和稅務狀況更動而造成的損害。設法要求買方承保不可報銷的損失標的。

- **損害緩解**：設法要求買方盡其所能減輕損害，以及估計買方享有的扣除淨額（保險、其他損害賠償等來源），但買方不應考慮或行使任何不利公司賣方或董事、高階人員或雇員的賠償辦法（不論是否為現職雇員）。

進階主題

證券法之併購面

一場全然或部分由買方證券構成的併購會包含證券發行與出售。根據1933證券法，此類證券須進行登記或取得免登記豁免。以此為目的的「證券」指的是股份、票據或其他源自買方的證券。因為目標公司股東倚賴其事業體的未來表現，所以業績提成費（earn-out）可能會變成證券，也可能因美國證管會的無意見函（no-action）而不會變成證券。

上一段所提到的發行到底是指什麼呢？證管會於第145條條文提及，就公司的證券持有人而言，發行包含發行股份作為併購對價，分發選票給證券持有人，針對合併或資產出售進行二選一表決。根據這條法規的引言，發行發生於當證券持有人收到選票時，其必須做出是否要接受新的證券的投資決定。技術上來說，以股易股之交易不適用第145條條文，但這是因為此類交易毫無疑問地算是買賣行為，而不是合併或資產出售。

不論併購是以買方股東須下投資決定的形式操作，在部分以買方之股份等證券組成的併購中，股份等證券之發行皆包含先發行證券，再出售證券。這裡我們只討論股份，但其法規也適用於其他種類的證券。

若交易為發行、出售證券，有兩個符合證券法的基本手法可以遵循：在向證管會申報的登記聲明上登記發行的證券，或進行一個符合私募豁免的交易。買方希望盡可能避免掉證管會的申報程序，因為申報程序所費不貲，且造成交易嚴重延宕。針對上市公司之併購，向證管會登記是唯一的替代方式，因為在股東人數數以百計之情況下，不可能取得私募豁免。然而，在未上市公司併購中，私募的可能性將取決於目標公司股東人數及股東特性。

併購的證券發行豁免情況與第四章所討論的豁免方式相同──證券只能出售給合格投資人，可在滿足證管會規則D之情況下出售，或根據證券法第4(2)條獲得發行及出售豁免。若發行給非合格投資人，雖然證管會不會審查私募備忘錄，但規則D對其資訊提供規定如同登記聲明一樣嚴格。

併購是個特殊的結構挑戰，因為您無法選擇證券的發行對象；您只能發給目標公司股東，且多數未上市公司的股東人數不少，其中不乏非合格股東，且欠缺資歷（例如某些公司位階較低，但依第701條條文而獲得標的股票之認股權持有人）。更糟的是，目標公司員工持股計畫中的認股權持有人在特定情況下須下投資決定，因此須算作是證券被發行人／收購方。

以規則D為起見，若目標公司有超過35位不合格股東，您該怎麼做呢？有好幾個可以解決問題的辦法，這之中的關鍵是運用第145條條文的概念──投資決定是構成證券發行／出售的要素，然後再進行交易，如此

一來目標公司不合格的投資人／股東就不必下接受新證券的投資決定。

有一個辦法是進行交易，讓不合格投資人只能取得現金，而非股份。現金並非證券，所以無須做任何涉及新證券的決定。美國特拉華州判例法支持在合併中提供不同形式的對價給不同類型的股東，但僅限於存在有效商業目的之條件下。律師事務所一般不會對此交易方式符合特拉華州法規定（且／或其中爲有效私募）而表達任何看法，因爲看法帶有主觀性。若情況順利，使用此交易方式背後的有效商業動機便會顯得相當明顯，其亦不會涉及第145條條文的投資決定。簡言之，若證管會要求全面公開登記，此交易方式將不會達到有效成本節約，也會變得不實際。然而，您務必得謹慎，因爲用超過一定金額的現金會導致失去免稅交易資格。此外，買方也不希望動用手頭上的現金來交易。

基於商業或稅賦考量而期望不使用現金交易的情況下，另一個可用辦法是，將書面同意書僅交給身爲合格投資人的股東，然後徵求投票，使交易通過，但前提是假設您從這些股東身上就可以取得需要的同意數。這個辦法的困難點在於，理論上就算非合格投資人不進行投票，投資人還是必須決定是否同意併購對價，或是否要行使美國州立股份回購請求權。有些人認爲這個投資決定會毀了取得豁免的機會。但從另一個比較正面的角度來看，儘管必須決定是否要請求法院鑑定，但這項決定並不是投資決定，就法規的意向和詞義上而言無關新證券之接受與否。

總的來說，若併購涉及買方股份或證券之發行，您必須考慮到作爲併購結構條件之一的證券法相關層面。

 編者言

　　在併購案上使用公開交易證券的手法，在大中華地區仍屬啓蒙階段，又根據實際經驗，主管機關對這類交易的接受度也不如美國那麼自由（和有經驗）。

購買價格調整

這不常發生於科技公司的併購合約中，但在硬資產（hard assets）龐大的公司併購上卻相當常見。這條款比較常出現在遞延交割的交易上，但由於簽署／交割日和最新財報日之間的時間間隔，這條款也會出現在其他交易中。該條款的主要目的是藉由在收割日後追溯調整購買價格，反映目標公司最近的財報和簽署或交割日之間的財務結果，以維持財務風險和目標公司的事業體報酬。

最常見的是，購買價格調整條款會表明，購買價格在可計算期間將隨著目標公司淨值上升或下跌來向上或向下追溯調整。起始計算日是離簽署日前最近一次資產負債表生成日。因此，若目標公司賠錢，購買價格會下降；若賺錢且未分配給股東，購買價格則上升。這是因為不管賺錢或賠錢都會反映在目標公司淨值上，但前提是損益表外的淨值不做調整。除了公平的風險轉移，有些態度積極的買方會尋求購買價格調整，因為用來確認交割淨值的交割後財務分析給了他們一個機會，讓他們能在目標公司所提供的資產負債表找碴。若資產負債表出現任何問題，買方則有權進行調整，此調整動作不受先前提及之籃子所限制。

在股份收購中應注意，若目標公司不被允許在簽署日和交割日期間支付股利，事業體是替買方有效營運。若交易內容為事業體應替目標公司股東營運，則須調整購買價格。

購買價格調整條款通常很繁複，且有幾個容易犯錯的地方。最常犯的錯誤是僅准許在資產負債表的特定科目上進行購買價格調整。各方可能會說他們完全不在意是否有任何更動，舉例來說，他們會說他們不關心固定資產價值是否受到更動，但卻會在意營運資金是否有更動。合理的總結是，購買價格調整只需和營運資金有關。這個道理可能說得通，但允許在表上做小動作的風險是，目標公司會竄改資產負債表，例如，透過出售資本設備變現，以增加營運資金。話雖如此，當營運資金調整加上某些嚴格的承諾條款而應用於事業體一般營運時，能簡化計算，這樣的方式在使用上往往很成功。價格調整的另一目的是為了增加或減少長期負債，但若目

標公司支付了現金卻沒有減少負債，或反而導致負債，並使資產負債表上的現金等量增加，那就沒道理去調整購買價格。為此，負債調整應用於淨負債或負債扣除現金。

　　允許在資產收購中搞小動作會加劇風險，因為在資產交易中，買方付現，現金不屬於買方欲購買的資產——換句話說，用買方的現金來買目標公司的現金是沒有意義的。因此，現金不算在資產內。這種情況下，您必須進行購買價格調整，把賣方身上現金增額或減額列入計算，因為此差額在收購價格上有實質的增加或減少。即使事業體無任何更動，現金也可能更動（例如，應收帳款收了，而未增列任何會計科目），從而導致結果異常。

　　表5.1列舉了購買價格調整如何運作的例子：

表5.1　購買價格調整之範例

3月31日資產負債表			
現金	$1,000	應付帳款	$1,000
應收帳款	1,000	無其他負債	
存貨	1,000		
固定資產	7,000	淨值	9,000
總額	$10,000	總額	$10,000

假設
- 事業體毛利為50%，在四月份銷售了價值$500的存貨（也就是說，價值$500的存貨賣了$1,000元，產生了$1000的應收帳款）。
- 事業體在四月收到了$750的應收帳款，加到了現金上。剩餘的其他費用全為管理及總務費用，每個月$250。
- 於4月30日交割。

4月30日資產負債表				
現金	$1,500		應付帳款	$1,000
應收帳款	1,250		無其他負債	
存貨	500			
固定資產	7,000		淨值	9,250
總額	$10,250		總額	$10,250

<u>購買價格調整範例</u>

股票交易

• 若無購買價格調整，事業體則替買方有效營運（也就是說，買方在當月得到了$250的淨利，增加了淨值）。

• 若微調一下範例，把每個月的管理及總務費用從$250改為$750，買方則必須吸收減少的淨值$250。

資產交易

假設買方要以固定價格購買事業體的所有資產，並承擔其所有債務。假設交易內容為期中收益／損失計入目標公司。

• 若事業體只收到了應收帳款，無其他動作（也就是說，沒有收入或費用），您仍需要做購買價格調整的動作，以避免因豁除資產的增加而造成異常變動。購買價格應調降，反映賣方可保有的目標公司現金之增加，以及買方收購了的應收帳款之減少。

• 若事業體是為買方代管，您還是需要調整購買價格，反映賣方可保有的目標公司現金之增加，以及買方收購了的應收帳款之減少。

　　這邊的重點是，購買價格調整的條款常常會出現錯誤，我強烈鼓勵參與交易的商務人士和投資銀行家對於該條款的繁枝細節進行全盤思考。

業績提成費

　　業績提成費（earn-out）是一個用於縮小談判價格差距的併購結構。談判過程如下：買方說要開一個（很低的）價錢來收購事業體，因為買方不相信目標公司所言的天方夜譚會如實成真，所以事業體不值賣方所開的

價錢。賣方會堅稱未來這些天方夜譚將一一實現，所以事業體不止值這點價值。各方因看法有所出入而無法達成協議。為了縮小談判價格差距，有時各方會同意買方在交割時支付比較低的價格，若天方夜譚成真，其之後會再支付額外費用。

　　買方支付的額外費用可以是固定金額，或根據事業體交割後的營運表現而公式化該金額。業績提成費一般是根據損益表之會計科目來訂定目標、進而達成目標而定，例如以最上面一行（收入）、最下面一行（淨利）、或兩者之間的某個會計科目，像是息前稅前淨利（earnings before interest and taxes, EBIT）。但也能從其他營運表現而定，如消費者人數。

　　業績提成費常常會出現問題，各方會後悔用了業績提成費，大嘆何不在談判時各退一步，縮小雙方理想中的賣價。業績提成費的概念有其魅力，但實行上具有難度，爭議常有。損益表中的業績提成費放越低，越有可能產生爭議，因為許多會計準則皆可應用於收入列和淨利列之間的會計科目。此外，還有根本的談判問題——誰來掌管事業體？若由目標公司掌管或由目標公司操之大權，目標公司將會把營運公司的重點放在損益表中以業績提成費為基礎的會計科目。若由買方掌管（通常會如此），買方會以對事業體最有利的方式營運（不一定會符合業績提成費的方式），買方也可能會大舉營運，把重點放在之後應繳的業績提成調整費（不一定是對事業體最好的方式）。

　　重點是，對事業體最好的方式不一定會和組成業績提成費的損益表會計科目相同。即使其為事業體最需要的方式，用來達到營運目標的決策和方法也不一定是最佳方法。

　　舉例來說，我們想把業績提成費擺往淨利那邊，實際操作也往往如此，而即使買方對事業體操之大權，擁有事業體股權的前任經理人們也不會放掉業績提成費。為了極大化業績提成費，管理階層會鋌而走險，如把原本不需遞延的費用遞延，或強推產品上架，使公司名聲染上風險，亦或拉高定價而極大化利潤，但長遠來看，降低利潤才能幫助公司的產品立基，為公司帶來益處。

　　為了避免這些容易犯的錯，並避免會計科目最下面一行的業績提成費

而產生帳面爭議，各方可選擇把業績提成費和最上面的收入擺在一塊，這個方式相對較為簡單。但這其實也會產生其他問題。對事業體最好的往往是（以穩健合法的方式）極大化淨利科目，而非極大化收入科目。舉個極端的例子，把價格訂得很低，產品很快銷售一空，但卻造成公司賠本賣。其修正方式毫無疑問地是把收入和淨利計算一遍。

當決定好業績提成費要用哪個方式，接下來會在收購文件上擬定複雜的規則和執行程序。

目標公司股東可能會主張在特定情況下提前支付業績提成費，這些情況包含：
- 管理階層的成員無故遭受解僱。
- 事業體被買方出售，或買方自身的股權出售。
- 買方未履行交割後義務。

需訂立特定操作規則，例如：
- 買方是否應提供事業體一定程度的資金？
- 是否要禁止買方其他事業單位和收購事業體相互競爭？
- 若買方其他事業單位所銷售的產品吸收掉被收購事業體的產品銷售業績，是否有任何銷售限制？或是否應把那些銷售業績列入被收購事業體的業績提成費？
- 若被收購的事業體希望收購另一個事業體，該怎麼處理？要如何投資？投資額度要如何分配？被收購的事業體是否應當獲得會影響業績提成費計算的其他事業體之優先收購機會？

應詳細說明會計準則，例如：
- 正常來說，會表明因會計上的資產調升而分配到事業體的新會計科目不得計入事業體的預計損益表。調升會產生折舊費用，減少淨利，從目標公司的角度來看，這並不是計算事業體營運表現的好方法。
- 若須沖銷商譽，或增加併購準備（acquisition reserve），該項將不得計入。

- 倘若可能，如何使買方的開銷分配到事業體？另一個相關問題是，若買方目前有為事業體履行任何之前由事業體支付的職務，例如，財務管理或福利管理，在事業體淨利科目應做什麼調整以利買方？
- 是否不計入「非經常性損益科目」產生的影響，例如出售固定資產？
- 由誰支付確認業績提成費的財報作業成本？
- 如何定價公司內部交易？是否需要特別核准？
- 是否不計入重組或遣散費？
- 若目標公司雇員從買方那收取了價值更高的不同福利，是否不計入增額？
- 若買方大規模修改被收購事業體的商業計畫，該如何處理？

應列入治理原則，此原則可包含：
- 不得將買賣雙方的事業體或資產混合。
- 一般而言，除了正常營運之外，買方有義務不採取任何會造成業績提成費嚴重減少的行動。
- 採取特定重大行動前，需要獲得前業主或目標公司股東代表之同意。
- 用來下營運決策的管理能力條件要詳加說明，包含報酬、定價、僱用／解僱等諸如此類。

業績提成費中包含一些稅務問題。若業績提成費和續聘扯上關係，則會產生報酬收入。應計利息該如何計算？報稅分期的選擇背後有什麼影響？如何分配稅賦基礎以計算期中收益？業績提成費會如何影響免稅重組，尤其是當業績提成費以現金支付時？

保密協議

若有投資銀行委託書，除了此委託書外（於下一段落進行討論），買方和目標公司之間的保密協議一般是收購交易中簽署的第一份文件。

在科技公司的收購中，保密性極其重要，須謹慎對待。務必注意以下

兩點：

1. 爲了保護智慧財產權，在透露任何機密之前，目標公司一定要讓每個人（不論是否爲潛在買方）簽署保密協議。

2. 目標科技公司一定要明白，再萬無一失的保密協議最終也只是一張紙。併購可能因潛在買方違反保密協議而致失敗，但卻難以查證。即使買方具有嫌疑，查證上除了困難重重，亦所費不貲。不僅如此，潛在買方的資源可能遠遠超越目標公司。

　　因爲保密協議無法充分保護目標公司，所以不論保密協議內容爲何，目標公司到潛在買方的機密流向處理是同等重要的。但問題是，買方在瞭解目標公司的秘密和價值前不會出價（更別說購買），而原則上目標公司希望在得到一個可接受價格後，再將機密透露給潛在買方。

　　這個矛盾要怎麼處理呢？如果可以的話，目標公司一定要評估什麼是眞正的機密資訊，而什麼不算。保密協議簽署後，永遠從較不機密的資訊開始透露。最大的秘密在最後一刻前絕不露白──某些情況下，非等到交割日或甚至交割日後才行透露，但一般來說不太可能如此操作。若按照一般程序，隨著交易的遞進，各階段需透露一定程度的資訊。例如，目標公司可以透露足夠的資訊來使買方出價，但把最大的秘密放到準備簽署具法律約束力的併購合約時才透露（或簽完後立即透露）。若潛在買方是目標公司的競爭對手，於機密公開過程上訂立嚴格限制是非常重要的。

　　保密協議本身的內容基本上很簡單（或者說應該要很簡單）。律師很喜歡在協議上字字計較、吹毛求疵。一份保密協議其實就是在說兩件事：

1. 從披露方取得機密資訊的接收方同意對資訊保密，且不對第三方公開，需知情且已簽署保密協議、或有法律義務需進行保密的第三方除外。

2. 接收方同意將保密資訊僅用於正在討論的交易之相關事宜，不得用於其他用途。

　　機密資訊的定義非常冗長，而非機密資訊之定義大都制式化：

- 除了因接收人不當行為而造成資訊公開外，資訊本身屬於或變成了公共財。
- 接收方可以證明己方在資訊公開前已知悉該資訊。
- 接收方隨後以合法途徑從第三方得知資訊，或在未使用機密資訊下，透過己方研發取得資訊（並能出示證明）。
- 接收方告知披露方其不希望再接收機密資訊，但仍接收到，則不視為屬於機密資訊。

接下來的討論將更為深入。所謂的機密資訊可定義為以書面形式呈現並標記為機密的資訊，或一開始本為口頭資訊但隨後書記下來其機密性。這樣的定義對接收方來說是好事，因為它把機密限制在一個範圍內，避免將來對機密的定義產生糾紛。然而，這定義對披露方卻不是好事，因為披露方可能會疏忽而違反程序。就我來看，這個方式是合理的，但科技公司應該設法加上一則條款，註明無論是否有遵照程序，技術資訊（以及／或接收方理應清楚為機密的資訊）應列為機密。

有個賣方應強烈反對的極度危險的條款稱為剩餘條款（residuals clause），其基本上指的是接收方腦中的資訊可用於任何用途。一般來說，只有談判力充足的大公司能夠從這個條款全身而退。此等公司會提出兩個論點：

1. 敝公司規模之大，要辨認和封鎖無形資訊是不可能的（也不可能辨認和封鎖接收到無形資訊的人）。
2. 剩餘條款之從缺會讓他們因財力龐大而易遭受無法律根據的求償主張。

若剩餘條款最後出現在保密協議中，披露方應盡其所能，絕不透露最重要的秘密。

另一個經常被忽略、極度危險的條款是保密協議的有效期。多數的保密協議含有一則條款，註明保密義務將在一定的年數後失效（三至五年）。雖然這樣的條款很常見，但若機密資訊的價值遠超過所定年數，則

千萬不要同意此條款。

應考慮在保密協議中涵蓋禁止招攬條款。換句話說，若交易未成，從盡職調查過程中得知目標公司管理階層的潛在買方不得挖角對方。

意向書

意向書的使用在併購上並不普遍。有些人認為意向書很浪費時間，因為其內容精簡，無法提及最終協議所及之具爭議性的問題，所以各方不如省略意向書，直接跳到最終協議。

當上市公司是買方或目標公司，尤其是目標公司時，由於希望避免過早對外公開，有時不會採用意向書。過去的證券法針對公開的必要性有一項亮線測試（bright-line test）──若各方在併購價格和結構上達成一致意見，且屬於重大併購，則必須對外公開。一份標上了價格和有效期的意向書等於創造了一份書面法律依據。判例法除去了亮線測試，並以併購可能性和規模為基礎的實質性測試代替。此測試中，意向書的存在某種程度上使其更難去主張交易仍在初期階段且交易不會成真。有人認為依法並無規定在可能損害事業體或危害談判過程之處，須立即對外披露，但此屬灰色地帶。

相反地，在交易中習慣上會有一份相當完整的投資條件書，其不由各方簽署，且價格欄會留白。各方會直接到最終協議上討論出價格。

許多人認為意向書在未上市公司的交易上很實用。在各方投注大量時間和資金前，以及在目標公司把公司機密告訴買方前，各方希望至少開一場會議，把重點事項討論一遍。買方有時會堅持要有意向書，因為其含有具法律約束力的禁止招攬條款、或含有目標公司方的協議，表明目標公司與其代表在特定時間內不會與其他競標者討論。根據禁止招攬條款的長度，通常買方提出這項要求並非無理──目標公司必須遵守的是，不得在三十天或六十天內招攬其他公司。若目標公司收到更好的出價，或確信有人會出更好的價碼，目標公司得做的就是等到禁制招攬條款到期失效。相反地，因為此條款很容易無效，買方會認為這條款的實際用途不大。並

且，因爲此條款很容易失效，意向書中的禁止招攬條款不應隱含董事有替目標公司股東取得最高交易價格的受託責任。

目標公司常常因爲另一個重要的原因而反對簽署意向書：簽署意向書會提高交易內容外流的可能性。在各方準備就緒前便對外公開往往會爲目標公司帶來危害，因爲其會使目標公司在處理雇員、客戶和供應商上變得很麻煩。雇員可能會軍心渙散、另謀高就；客戶和供應商可能會擔心自身和目標公司之間的關係；而競爭對手則會把握時機，趁虛而入、占取便宜。

這些都是實際問題，但非與意向書相關的問題，而是一些過程的問題。不論是否有意向書，收購談判的存在都可能爲人所知，禍及目標公司。

這引申了另外一個問題。如前所述，買方將需要全盤調查目標公司的營運，包含其和客戶之間的關係、智慧財產的適性與強度、產品發展等。這個過程必須謹慎處理，不只要保護交易機密，也要盡可能拖長時間，把可能要交易的情事藏得越久越好。

在討論意向書時，要決定的重點是要包含多少內容，以及爲了哪方的利益而著墨更多細節。

一般來說，目標公司應設法涵蓋越多細節越好。所謂的細節是指所有的財務要點，包含可能產生巨大財務影響的「法律要點」。由於併購過程充滿了雷區，對目標公司而言，談判最占上風的時間點是交易起始階段。如併購合約概觀裡討論過的，最終協議包含對交易經濟面至關重要的條款（例如賠償範圍、籃子等等）。因此，在併購過程往下走之前，趁目標公司還處於有利位置，可先把棘手的問題先搬上檯面，即使這可能會讓場面的氣氛變得緊張。

細節部分往往也攸關買方的利益。因爲知道隨著交易過程往下走，目標公司的交涉位置會變得比較不利，有些買方會把棘手的問題先保留，直到交易過程走到一定程度再把問題攤上檯面。不過，目標公司不一定會處於如此劣勢的局面，而買方就像目標公司，不希望花大量時間和精力在交易上，到頭來卻發現目標公司在最終協議裡對某些關鍵的財務問題採取強

硬的態度。

　　意向書不必很冗長。有些意向書會仿照簡易的最終協議，涵蓋大範圍的預定合約承諾（pre-definitive agreement covenants），包含事業體會如何運行等承諾，但一般其實沒有這個必要。我們在這裡所說的細節是指，財務問題和那些可能會在談判過程中出現爭議的問題。有經驗的媒合者和併購律師知道定型化契約的問題一般可以留到後面再處理。和錢有關的問題才是會動搖交易的問題。財務問題毫無疑問地包含價格，也包含購買價格調整和業績提成費的細節，但前提是交易的內容有涵蓋這些部分。重點雇員的後續安排原則上應取得雙方同意；您不希望因為職員的安排問題而造成交易延後。另外，還會出現的細節是損害賠償和保管條款的細節。

投資銀行委託書（engagement letter）

　　買賣雙方在併購中往往會利用投資銀行的服務。儘管目標公司不願支付相關服務費用，但大部分有經驗的目標公司和顧問相信在具有規模的交易中，投資銀行在尋找買家、定價和合約談判上有優勢，並能提升交易成功的機會。以供需原則來說，當購買慾提升，價格也會相對提高。在由董事會向股東推薦的上市公司交易中，幾乎一定會取得投資銀行的公平意見（fairness opinion）作為保障董事會的一個方式。這些意見在未上市公司的併購中相對少見，只會在交易出現爭議時才會取得投資銀行的意見。

　　如何選擇投資銀行家是首要考量。一般的想法是越有名越好，但事情沒有那麼簡單。雖說規模大的投資銀行一般在合併上具有專業性，但他們對於每個併購案所盡的心力參差不齊。若交易規模龐大，或交易極其重要，又亦或若銀行本身不太忙，一般來說銀行的服務會很到位。但若今天情況並非如此，銀行可能會分派資歷較淺或較沒經驗的行員來負責交易。以我們的經驗來說，中等規模的銀行或地方銀行在服務的細度和品質也非常地好。客戶應該找尋有對交易用心並會分派資深行員來處理的銀行，亦找尋相關產業專家和對交易有幫助的聯絡人。

　　第一個要談判的問題是，投資行員的費用和聘請費的適當性和多

寡。您應該向行員索取近期相關交易所收取的費用，這個請求在上市公司的交易上一般會得到核准。

在費用計算上有幾個非常普遍的公式。其中一個是所謂的雷曼公式（Lehman formula），就是收取對價中第一個100萬美元的5%、第二個100萬的4%，以此類推至1%。這個公式常用於參考，實際上並不常使用。另一個變型是改良式雷曼公式：收取第一個1,000萬的2%，然後再對餘額收取較低的百分比。很多人會認為最合理的公式是對價百分比提高後，賣價也會跟著提高，因此形成誘因，拉高價格，不輕易對低價妥協。但投資銀行可能會將價格哄抬過高而導致交易破裂──換句話說，銀行拿石頭砸了自己的腳。投資銀行，特別是規模大的投資銀行，一般會規定最低委託費和聘請費。若有聘請費，公司應該設法要求若交易成功，聘請費將從交易費用折抵。若行員終止契約，聘請費也應該退還。一般的費用報銷應限於合理並正確記錄的費用。應謹慎考慮費用總額上限，若花費超過一定額度，應在事前取得目標公司同意。

委託書中會定義對價費用基礎。毫無疑問地，用來支付股份的現金和現金合併對價都算是費用基礎的一部分。以股易股交易的股份或是股票合併也是一樣的，若對於上市證券有爭議，股票則以交易價定價，不然就是通過一些方式找出公允價格。若合併對價不以現金對價，公司往往會請求銀行在費用付款上完全或部分採用相同的對價形式。然而，還存有一個問題。基於稅賦和會計的緣故（或其他更複雜的因素），一個交易的構成，往往是以目標公司股份或資產外的其他實體對價來支付。舉例來說，競業限制合約的款項是支付給所有或列選的股東，而若就業合約高於市價時，公司高層則會介入。銀行為了保護自身利益，一般會以廣義定義對價基礎，以涵蓋那些對價等相關項目。

另一個難題是，如何定義對價，使行員於每種交易形式中都能獲得同等報酬。收購股份或合併本質上和收購所有資產與承擔所有負債的意思一樣。儘管如此，投資銀行往往會提出企業價值的概念，把承擔的實質或隱性債務視為獨立對價。這樣的概念不管從觀念上和實際上來說都有點難懂。您會認為唯一合乎常理的方式應該是，行員僅在股東收取到對價時，

才會得到股東實收的一部分。若套用企業價值的概念，根據它的敘述，負債應屬於或限於長期債務或借款債務，而非應收帳款等諸如此類。這樣的方式將造成異常情況。舉例來說，若公司在交割日前下修貸款額度，並提高現金餘額，將會造成費用有出入。這種可能的異常情況需要謹慎思考。有個解決辦法是利用淨債務的概念或債務扣除現金來當作計算基準。不論企業價值的概念是否合理，這樣的概念還是非常普遍。銀行會認為他們以企業價值為目標公司打造了費用方案。

　　通常投資銀行也希望在交割時收到所有交易應收帳款，即使部分對價是以票據支付，或放置保管帳戶中，亦或以或有對價（contingent）支付（例如業績提成費）。公司應主張，只在目標公司或其股東確實收到現金或有價證券時，才支付銀行。若有其他對價，行員也應延後得到報酬。這論點一般很具說服力，除非出現保管條款。若有保管，投資銀行會認為他們不應因公司違反聲明保證、被從保管帳戶求償而受懲處。

　　投資銀行經常會要求在委託書中擴大承辦範圍（engagement nature），其定型化表格一般會規定承辦範圍（即收取報酬之業務）不只包含公司出售，也包含公司內或策略關係上的少額私人投資。承辦範圍應限於目標公司希望讓銀行做什麼事，但公平起見，投資銀行也需在承辦過程中交易範圍改變的情況下能夠自保其身。例如，公司決定接受某潛在買方的重大投資，而買方是由行員所找到的，這種情況下很難論斷行員是否應得到報酬。

　　若規定要有公平意見，依法而言最好不要因有利意見而給予額外對價。因為有些法官會對買來的有利意見下不利的裁決，所以要避免針對有利的公平意見而內設獎勵方式。若要支付獨立對價，則至少要能從交易費中折抵。如此一來，若交易未能成交，行員沒收到交易費（意見費因此增加），也不會有訴訟風險，因為已批准的交易從未成交。

　　下一個問題是，是否應有費用減免的情況。這情況與是專屬性（exclusivity）和「尾端」條款（tail clause）有關，其規定在特定情況下，即使協議中止了，也會有費用產生。目標公司應考慮是否要求免除某些潛在買方的費用，或對潛在買方之買賣給予費用減免。若目標公司

已鎖定某個買方並開始與之討論，則可減免費用。此外，若進行招標（auction）或有限招攬（limited solicitation），並已鎖定幾個可能買方，則可減免費用。

投資銀行擬的這些信件初稿通常會寫上獨家委託，而有時會寫上禁止目標公司和潛在買方討論交易，所有的引導權皆在投資銀行身上，但這有議論空間。事實上，目標公司應要求改變程序，讓銀行先找到幾個潛在目標公司，然後目標公司再禁止某些潛在買方的聯繫權，尤其是競爭對手的聯繫權。

可以斷定的是，為了確保出售過程按部就班，專屬性的部分是有其道理的。儘管如此，專屬性的部分應留有修改空間，訂一則條款表明目標公司保留協議終止權。投資銀行會合理認為，他們對於交易費盡心力卻沒有一點報酬很不公平。有個比較誇張的情況是，目標公司在交割前開除行員。這種情況下的標準和解方式稱為尾端條款。這個條款是說，若客戶在一定時間內（如半年或一年內）完成合併交易案，行員有權拿到全額費用。目標公司應基於有支付兩次全額費的可能性而反對此條款。為此，可以進一步折衷，規定行員在以下情況獲得客戶才有權得到全額費用：

• 潛在收購方是由行員找到的，而非透過目標公司（並出示修訂後的初始聯絡人清單）；
• 協議終止前，目標公司被買方收購之實質討論或談判過程皆由行員代表客戶進行；
• 最低限度為，目標公司被買方收購的過程直至協議終止日的這段時間，買方由銀行所聯繫。

無論如何，目標公司都不應同意無法立即終止的專屬性條款。若行員沒有達到預期表現，而目標公司卻無法任命其他行員，目標公司會承擔很大的風險。

委託書也會包含損害賠償條款來保護行員，預防目標公司違反聲明保證或第10b-5條條文之訴訟（Rule 10b-5 suits）。損害賠償條款很少會出現爭議。儘管如此，目標公司應注意賠償的機制。例如，應有一個目標

公司合意的辯護律師，以代表所有被賠償方，目標公司有辯護律師的掌控權，並規定和解金需經由目標公司同意。有時目標公司會要求對等賠償（reciprocal indemnification）。基於目標公司還有其他針對行員處理失當的賠償辦法，這樣的要求通常不被贊同，而且沒有提出的必要。

上市公司合併上市公司：哪裡不同？

所有的稅賦及公司等結構條件皆適用於上市公司的併購，並具有同等效力（即透過公開交易、納斯達克證券交易所、或其他證券交易所的上市公司併購）。即使本質相同，收購上市公司和收購未上市公司的過程仍大為不同。我們現在討論的是一間上市公司被另一間上市公司收購。若收購對價是現金，或以股份作為收購對價，並且是以私募的形式進行收購，那上市公司收購另一間未上市公司和未上市公司收購另一間未上市公司沒有什麼太大不同。若未上市公司的收購不能以股份對價進行私募，這樣的收購會更像是一個上市公司的收購。這就是為什麼可能的話，盡量以私募進行收購。

上市公司的收購為何如此複雜？

第一，因為上市公司股東為數眾多，收購另一間上市公司的唯一方式是透過合併或是公開收購。在證券交易法之下，上市公司股東之招攬（包含合併投票）由證管會的代理法規嚴格監管。同樣在證券交易法下，公開收購由證管會的公開收購法規監管。若收購對價是買方的股份，合併或公開收購（這種情況稱之換股）在技術上來說視為買方之證券出售，容易遭證券法之額外規定。證券出售需依證券法進行登記。買方除了要遵照委託規則和公開收購法規外，還必須申報表S-4登記報告（Form S-4 registration statement）。

委託規則不直接強加交易條款之實體規定，這些規則及證管會的規定主要設計用來確保對股東完全公開資訊。而證管會的公開收購法規確實有管制交易的實體性，規定需遵照特定的程序要求，例如，要約收購的持續公開時間。

　　第二，上市公司收購之所以不同，是因為收購價值始終會高於目標公司的交易價格（不然目標公司股東怎麼會肯賣？），以及不管合併談判的公開與否都非常敏感。某種角度上來說，這是一種兩方皆打了敗戰的局面。若您不公開，而想出手的賣方在這期間賣掉公司，他們會因為賣得太便宜而生氣。然而，若合併談判過早公開——意指交易還有變數時——且並未交易，欲出手的買方可能會不高興，因為目標公司的股價在公開時會上漲，但會因宣布交易失敗而使股價隨後下跌。這種情況下律師會承受很大的壓力，客戶——買方和目標公司——會極度不滿過早公開。若交易未成，大家顏面盡失，且如前所提及，會對雇員、供應商和顧客的關係產生損害。

　　第三，上市公司的收購金額通常很龐大，巨額引出業界和律師界中的食人魚和禿鷹，當收購出現一點錯誤，他們隨時會餓撲上去。除了判例法以外，提議合併和公開收購的時間點和資訊申報上，也有一些具有時限性的證管會法規得遵守。許多法規的標準難以判斷，食人魚和禿鷹會在一旁蓄勢待發，隨時準備展開攻擊。

　　第四，整個混亂的特拉華州判例法體系對併購的規定逐漸成形，沒人知道下個特拉華州判例會如何影響閉鎖期、禁止招攬（no-shops）以及忠誠義務除外（fiduciary outs）等相關條款。特拉華州法院似乎有意縮小商業判決法規所及範圍，並已廢除董事會認為最有利於目標公司的許多協議。問題有一部分就像成語緣木求魚，以極端的案例為立法基礎難以設立出適當的法律。這彷彿就像老實的上市公司和一群商業壞蛋被拖進一場證券集體訴訟，「無辜」的董事會將因一群「幹了不良勾當的」董事而一同被特拉華州法官審問。

　　這些差異導致簽署最終協議的時間變得相當緊迫。為了不讓交易過早外洩而接連造成股市動盪，原則上一旦達成交易，就應盡快簽署最終協議。交割上也是越快越好，以降低其他競標者翻盤的可能性。原則上許多合併合約會在達成協議後的幾天內擬好草稿、完成談判以及簽署。盡職調查會匆忙執行，更慘的是，聲明和保證條款將無法倖存，因為當有數以千計的股東時，會變得很難去實施這條款。這些因素會讓併購律師沒有時間

在過程中施計演戲、反覆談判，限制了彼此互相鬥法的可能。

　　上市公司的交易還有一個值得討論的癥結，即如何處理單方或雙方公開交易、在市場上的已發行股。其一，若目標公司同意以一定數量的買方股份來進行收購，因爲上市公司的交易一定會發生遞延交割，買方於交割時支付的股價很可能大幅低於交易簽署時的股價。從買方的角度來看，若股價漲幅很大，其會認爲自己多付了。相反地，假設買方同意付一定的金額，讓股份持續發行，而股價跌幅很大，其最後會發行太多股份，導致過度稀釋。從目標公司的角度來看，若買方股票漲幅很大（或許只是暫時的），其股東得到的股份則會微乎其微。

　　解決這些問題的辦法是在價格或股數上訂定上限（cap）和上下限（collar）。更具體地說，一替代辦法是調整股數，讓總購價落在上下限內的金額。當買方股價漲幅或跌幅超過一定範圍、或超過上下限，總股數則不再調整。當股價上漲或下跌到上下限外時，目標公司會分擔利多或風險；但若在上下限內，則不受市場波動對購價的影響。另一個替代辦法是鎖定股數。只要股價保持在上下限內，則發行說好的股數。簽署日當天，若買方的股價動盪幅度在一定的百分比時，交易總購價則不調整。若在上下限之上或之下，股數則調整以達到鎖定的總購價。當股價在上下限內波動，目標公司會分擔利多或風險；但若在上下限外，則不受市場波動影響。這些條款極其複雜，重點在於若股價或美元上升高過上限或下降低於下限時，調整機制會在特定的點停止。若交易價格持續上升或下降超過上下限的額度，吃虧的一方可以有上限或有權利退出交易──除非另一方同意撤銷上限。諸如此類推。

編者言

　　儘管美國和大中華地區證券法差異甚大，不變的是，上市公司對上市公司間的交易複雜且難以操作。如何在你來我往的協商中維持機密性和內部合規性，如何協商會被波動的股價左右的條款，如何在公告後管理雇員、應對主管機關和股東，又如何在公開發行的情況下走完交易，均是棘手難題，需要經驗豐富的各方和法律顧問堅持到最後。好消息是，現今已有存在的先例可循，而各方務必要找到合適經驗的法律顧問相左右，避免過多的問題和延宕。

國家圖書館出版品預行編目資料

科技公司的生涯：把公司從新創到出售併購階
段的法規眉角和實用手法一步步教會您／愛德
文米勒（Edwin L. Miller Jr.）著；張溢修
編；林強相譯. －－初版.－－臺北市：五南，
2020.07
　　面；　公分
譯自：Lifecycle of a technology company:
　　step-by-step legal background and
　　practical guide from start-up to
　　sale
ISBN 978-957-763-983-7(平裝)

1.科技業　2.創業投資公司　3.法規
4.論述分析　5.美國

555.452　　　　　　　　　　109004596

4U09

科技公司的生涯：
把公司從新創到出售併購階段的法規眉角和實用手法一步步教會您

作　　者 ― 愛德文米勒（Edwin L. Miller Jr.）

編　　者 ― 張溢修（Victor I. Chang）（201.5）

譯　　者 ― 林強相

發 行 人 ― 楊榮川

總 經 理 ― 楊士清

總 編 輯 ― 楊秀麗

副總編輯 ― 劉靜芬

責任編輯 ― 黃郁婷

封面設計 ― 王麗娟

出 版 者 ― 五南圖書出版股份有限公司

地　　址：106台北市大安區和平東路二段339號4樓

電　　話：(02)2705-5066　　傳　　真：(02)2706-6100

網　　址：http://www.wunan.com.tw

電子郵件：wunan@wunan.com.tw

劃撥帳號：01068953

戶　　名：五南圖書出版股份有限公司

法律顧問　林勝安律師事務所　林勝安律師

出版日期　2020年7月初版一刷

定　　價　新臺幣380元